新城镇田园主义 重构城乡中国丛书

美丽乡村：休闲农业规划设计

吕明伟 任国柱 刘 芳 编著

中国建筑工业出版社

图书在版编目（CIP）数据

美丽乡村：休闲农业规划设计/吕明伟，任国柱，刘芳编著.
北京：中国建筑工业出版社，2015.5（2022.8 重印）
（新城镇田园主义 重构城乡中国丛书）
ISBN 978-7-112-17946-6

Ⅰ.①美… Ⅱ.①吕…②任…③刘… Ⅲ.①观光农业-
研究-中国 Ⅳ.①F592.3

中国版本图书馆CIP数据核字（2015）第057551号

本书将理论探讨与具体规划案例、建设实例相结合，共分规划开发篇、规划案例篇、实例分析篇。本书主要由全国休闲农业旅游农业管理人员培训班授课老师以及相关人员共同编写。在编写过程中力求体例清晰、内容简洁、图文并茂、通俗易懂，以便更好地适用于从事旅游、农业、林业、生态环境建设、新型城镇化建设等领域的政府工作人员、经营管理从业人员及大中专院校师生等参考使用。

责任编辑：杜　洁　李玲洁
责任校对：李欣慰　党　蕾

新城镇田园主义　重构城乡中国丛书
美丽乡村：休闲农业规划设计
吕明伟　任国柱　刘　芳　编著
*
中国建筑工业出版社出版、发行（北京西郊百万庄）
各地新华书店、建筑书店经销
北京中科印刷有限公司印刷
*
开本：889×1194 毫米　1/20　印张：$11^{2}/_{5}$　字数：392 千字
2015 年 5 月第一版　2022 年 8 月第七次印刷
定价：85.00 元
ISBN 978-7-112-17946-6
（27173）

《新城镇田园主义 重构城乡中国》丛书编委会

主　　任　刘家明

副主任　孟宪民　公冶祥斌　李　亮　任国柱　申　琳　高　进

主　　编　吕明伟　黄生贵

副主编　潘子亮　郭　磊　蔡碧凡　李先军　刘　芳　孙起林

常务编委　耿红莉　谢　琳　袁建奎　张　新　陈　宾　刘　洋

　　　　　陈　明　李彩民　张舜尧　董文秀　田相娟　范　娜

学术秘书　王南希　余　玲

《美丽乡村：休闲农业规划设计》编写组

编写人员　吕明伟　任国柱　刘　芳

参编人员　杨记磙　蔡碧凡　耿红莉　孙　雪　傅　博　解志涛　张　媛

总序一　新城镇田园主义

2011年，中国城镇化率已经达到51.27%，城镇人口首次超过农村人口，达到6.9亿人，到2013年，中国大陆总人口为136072万人，城镇常住人口73111万人，乡村常住人口62961万人，中国城镇化率达到了53.7%，具有悠久历史的中国完成从农业社会结构向以城镇为主导的社会结构的转变。这一转变过程迄今已经历近百年，预计到2030年，中国城镇化率有可能达到70%左右，基本完成城镇化。21世纪，中国新型城镇化进程将对全球发展产生深远影响，随着中国新型城镇化规划与建设步伐的加快，我们必须重新审视我们的城乡规划思路和方法、重新审视人与自然环境的关系。

在全球城镇化发展浪潮中，每一次城镇化的大发展都能产生里程碑式的规划思潮和方法，第一次英国的城镇化浪潮大约用了近200年时间，在这期间诞生了《明日的田园城市》这本城市规划的伟大著作，奠定了近代城市规划学发展的基础。第二次美国及北美国家城镇化浪潮从1860年到1950年，用了90年的时间，在这期间诞生的区域规划学说以及后来的设计遵从自然、新城市主义、精明增长等新的规划思潮涌动，继续探寻着城市之间以及城乡之间和谐发展的理想模式。被称为第三次城镇化浪潮，即我国的城镇化过程与美国城镇化过程几乎一样长，约一百年左右。但是中国城镇化不同于英美等发达国家和地区的城市化道路，中国是世界上人口最多的国家，面临着人地关系矛盾突出、资源短缺、地区发展不平衡、速度与质量不匹配等诸多挑战。发展的时代需要科学的理论指导和科学的实践方法，更需要理论研究成果转化成解决实际问题的实战技术。

显然，自19世纪末、20世纪初针对现代城市发展的现代城市规划学诞生以来，理想城市发展模式的世纪探索从未停止，比较著名的规划理论和思潮如城市公园运动、城市美化运动、田园城市理论、卫星城镇理论、有机疏散理论、新城市主义、景观都市主义、生态都市主义等。然而这些极具远见、思潮澎湃的规划思想一方面多关注于城市发展，对于乡村地区的发展并没有给出很好的思路；另一方面其思想创新有限，即便是在解决西方发达国家自身的城市发展上也乏善可陈，更加不适应发展中国家和转型国家所面临的挑战和问题。

没有了山水田园牧歌式的理想，“田园将芜胡不归？”，我们的家园又该何去何从？以心为形役，规划思想上的拿来主义，反映在城市规划建设上就是可怕的规划功能主义盛行，城市也就没有了思想灵魂，如此这般又怎么指导我国城镇化规划建设的可持续发展呢？

因此，中国的城乡规划建设领域需要自己“接地气”的规划理念和思想，来满足新型城镇化进程中现实发展的需求，切切实实解决中国城乡大地上遇到的问题。新城镇田园主义规划理念的提出符合政策，合乎时宜，不失为一种新的城乡规划思想方法。

新城镇田园主义是在中国传统的山水田园自然观、天人合一哲学思想的基础上提出的城乡一体化发展构想与规划理念，对于推动形成人与自然和谐发展的城乡一体化新格局具有一定的启发意义。

从文化传承看，中国人历来钟情山水田园，从孔子《论语·雍也》中的“智者乐水，仁者乐山”、庄子《庄子·知北游》中的“山林与，皋壤与，使我欣欣然而乐欤”、魏晋陶渊明的“采菊东篱下，悠然见南山”到20世纪90年代钱学森提出的山水城市，再到中央城镇化工作会议公报中“让城市融入大自然，让居民望得见山、看得见水、记得住乡愁”，中国人的山水田园情结源远流长，承传了数千年。

从人文地理空间角度看，新城镇田园主义理念从自然物质空间渗透到生活空间和精神空间，从山水延伸到林田、乡村和城市，贯穿于广泛的时空、资源、环境、城乡之间，所提出的以山为骨架，水为脉络，田为基底，林为脊梁，城（镇、村）为内核的山—水—林—田—城（镇、村）和谐发展的山水田园城市（镇、村）人居环境建设模式，有利于重塑和谐的城乡生产、生活、生态空间，重构人文环境与自然环境相协调、融合的城乡一体化空间格局。

从规划理念看，新城镇田园主义是在新型城镇化快速发展背景下提出的，认为山水田园城市（镇、村）、绿色基础设施、产业集聚区等是新型城镇化建设、统筹城乡区域发展、重构城乡中国的重要组成部分。山水田园城市（镇、村）为城乡居民构筑和谐的人居环境；绿色基础设施重塑国土大地景观，重构城乡中国的生态基础；产业集聚区发展加速产业集聚，增强城镇化建设进程中的“造血”功能，强力支撑城乡发展。中国传统的山水田园文化以及以此为基础形成的自然观、哲学观应用到现代城乡规划建设中，并为之提供一套完整的规划思路和可行方案来解决城乡规划建设中复杂的现实问题，具有重大的规划思想创新性，但更需要长期、艰辛的探索和努力。

新城镇田园主义重构城乡中国是一种期许，也是一个目标，真实而生动地凝聚了中国天人合一的哲学思想精髓和数千年来华夏传统文化中的山水田园情结。

我们每一个人都可以为国家和民族的发展贡献自己的一份力量，规划设计师更是责无旁贷！《新城镇田园主义 重构城乡中国》丛书，内容丰实、观点新颖，理论联系实践，是国内数十家规划设计院与相关科研院所的合作结晶，是在对规划案例实践进行归纳总结基础上编写而成，是我国最新研究新型城镇化规划设计的一套著作。全套丛书理论和实践相结合、文字论述和图纸图表相结合，表现形式好，可读性和应用性强，能为我国新型城镇化建设提供良好的启发和经验借鉴。

当前，中国新型城镇化、城乡统筹发展再度进入改革推动新发展的重要时期，且进入取得历史性突破的关键时期。党的十八大首次专篇论述生态文明，把生态文明建设摆在五位一体的总体布局的高度来论述，首次把“美丽中国”作为未来生态文明建设的宏伟目标，并明确指出“把生态文明建设放在突出地位，融入经济建设、政治建设、文化建设、社会建设各方面和全过程，努力建设美丽中国，实现中华民族永续发展。”产业发展、社会繁荣、城乡和谐，山水田园，美丽中国，是一种真实存在，也是人们为之向往和追求的中国梦。

每一位华夏炎黄子孙心中都有一块田园，一个梦想，田园梦、中国梦真实生动地深深扎根在中国人的心中，激励着每个中国人为国家的发展繁荣和中华民族伟大复兴而奋斗。

是为序！

中国科学院地理科学与资源研究所

刘家明　研究员、博士生导师

2014 年 11 月

总序二　新城镇田园主义 重构城乡中国

——21世纪风景园林师的责任和担当

在世界文化交流史上，东学西渐比近代的西学东渐要早得多，有着一千多年的历史。东学西渐是一个和西学东渐互相补充的过程，对世界文化的发展有十分深远的影响。其实很久以来，欧洲就一直渴望了解中国，早在罗马帝国时期，中国的丝绸作为一种奢侈品就曾在上流社会引起轰动，古丝绸之路也由此成为连接东西方之间经济、政治、文化交流的重要载体，上下跨越了2000多年的历史。

早期西方商人和旅行家，尤其是传教士，是东学西渐的重要使者，“中国热”在欧洲开始流行。17~18世纪欧洲文化思潮中引发了中国文化热的一个高潮，“中国热”盛行，东学西渐，汉风正劲。这一时期正值清朝的康乾盛世，疆域辽阔、社会安定、经济繁荣、文化昌盛……中国的盛世图景惊羡了整个欧洲，中国文化艺术开始引领欧洲时尚，中国的文学、艺术、建筑园林等文化的各个领域对英国乃至欧洲产生了重要影响。

18世纪，随着圈地运动、启蒙思想运动以及东学西渐等各种社会文化思潮的影响，日不落帝国英国相继出现了坦普尔、艾迪生、蒲伯等热爱中国文化并歌颂美丽大自然的自然风景式造园思想家，为自然风景更加深入人心奠定了基础，使整个国家都沉浸在对于自然风景、乡村景观的热爱与追求之中。一时间，英国贵族和资产阶级更加崇尚乡村田园和自然风光，精心经营并开始美化自己农庄牧场，风景式造园热潮高起，人人都在美化自己的园子，全国面貌焕然一新。因此1760~1780年，即工业革命开始时期，成为英国庄园园林化的大发展时期，也是英国自然风景式造园的成熟时期。

实际上英国在城市化开始以前，即完成了乡村地区国土大地景观的重构，走的是乡村包围城市的路子，这是与美国和中国大不相同的地方。

英国作为工业革命的摇篮和世界上城市化水平最高的国家之一，乡村田园成为这一国家的景观标志和国家特征，尤其是受风景式造园影响最深远的英格兰，英式乡村景观成为其民族景观形象的缩影，被普遍认为是真正的英格兰之心。如今，起伏的地形、蜿蜒的河流、自然式的树丛和草地，以农场和牧场为主体的乡村景观，在很大程度上构成了英国国土景观的典型特征，成为英国国家景观的象征。当然，威廉·肯特、朗斯洛特·布朗、威廉·钱伯斯、汉弗莱·雷普顿等造园大师功不可没，他们的努力改变了英国18世纪国土大地景观，重塑了一个全新的英国国家景观特色。

可以这样理解，在18世纪下半叶，英国工业革命开始时期，庄园园林化发展达到巅峰，持续上百年的自然风景式造园完成英国乡村地区国土大地景观的重构。而早在17～18世纪初，早期的殖民者将英国风景式造园带到了美国，整个19世纪，杰斐逊、唐宁以及后来的沃克斯、奥姆斯特德等设计大师在继承欧洲风格的基础上，建立标准的建筑式样，并重新定义了乡村，为年轻的美国建构了整体的国家景观风貌，重塑了田园式的美国理想和生活。受欧洲风景式造园的影响，杰斐逊成为美国风景园林最忠实的实践者，造就了帕拉第奥式建筑和自然风景的完美融合。如果说《独立宣言》是美国梦的根基，自由女神像是美国梦的象征，那么，杰斐逊所创造的帕拉第奥式建筑与自然风景相结合的田园牧歌式景观，则代表了广阔的美国国家景观的梦想。杰斐逊提倡改变美国荒野原始的自然，营造田园牧歌式的景观效果，并建立起一套精确的平行分配土地的数学系统，构建了美国国家的大地网格和田园式美国理想，几乎影响了全美所有的国土布局和城乡结构，形成了至今我们从飞机上俯瞰整个美国壮观的大地网格化的田园景观。这一在美国国土大地景观重构上的创举成为田园式美国理想的典范，美国梦的国土景观梦想的真实写照。

18~19 世纪的工业革命不仅带来了生产方式的改变，也带来了生活方式的改变，使成千上万人从农村和小城镇移居到城市之中，城市人口迅猛增加，人口超过 50 万的欧洲城市有 16 座。1880 年，伦敦人口为 90 万，巴黎人口为 60 万，柏林人口为 17 万；到 1900 年，这一数字分别增至 470 万、360 万和 270 万。无疑 18、19 世纪工业革命是西方城市迅速发展的时期。随着全球城市化发展的到来，其视角多转向城市，然而随之而来的是一系列的城市问题：人口爆炸、城市基础设施缺乏、流行病蔓延、社会阶级差距拉大……因此在 19 世纪末、20 世纪初，针对现代城市发展的现代城市规划学诞生，理想城市模式的世纪探索也由此开启。比较著名的规划理论如城市公园运动、城市美化运动、田园城市理论、卫星城镇理论、有机疏散理论等。

1898 年，埃比尼泽·霍华德出版《明日,一条通向真正改革的和平道路》，1902 年修订再版，更名为《明日的田园城市》。霍华德在书中提出了带有开创性的城市规划思想；论证了城市规模、布局结构、人口密度、绿带等城市规划问题，提出一系列独创性的见解，是一个比较完整的城市规划思想体系。田园城市实质上是城和乡的结合体，是一种兼有城市和乡村优点的理想城市。霍华德设想的田园城市包括城市和乡村两个部分，认为“城镇与乡村必须联姻，除了幸福的结合之外，还将孕育出一个新的希望、一种新的生活和一个新的文明。”田园城市理论对现代城市规划思想起到了启蒙作用，被公认为最具经典性的城市规划理论专著，被誉为“迷茫时代的理性之光”。同时期，也出现了一批关心人民生活环境建设的城市规划理论家，尊称为“人本主义城市规划理论家”，最为杰出的代表是帕特里克·格迪斯和刘易斯·芒福德。格迪斯强调城市和区域之间不可分割的联系，把毕生的主要精力用于在世界各地举办城市展览会，宣扬自己的思想观点；芒福德则在很大程度上继承和发展了格迪斯的理论，用其丰富的著作（毕生撰写了 30 多本书和千余篇论文）传承自己博大精深的思想。

但似乎这些规划理论和思想并没有给 20 世纪的城市化发展开出一剂“济世良方”，西方的工业化和城市化发展迅猛，城市郊区化无序蔓延，环境与生态系统破坏严重，城市发展饱受诟病，城市时代大都市的梦想依旧那样遥不可及。当梦想照进现实，让生活更美好的城市依旧如此不堪一击，从而进一步激发起有识之士对都市梦想、生活方式和生态环境的反思。20 世纪 50 年代至 70 年代，道萨迪亚斯的人类聚居学（1954 年）、简·雅各布斯的《美国大城市的死与生》（1961 年）、蕾切尔·卡逊的《寂静的春天》（1962 年）、麦克哈格的《设计结合自然》（1969 年）、德内拉·梅多斯等人撰写的《增长的极限》（1972 年）等学说与著作相继问世，在世界各地尤其在西方引起了强烈的反响。

在 20 世纪中叶城市发展最为迅猛的美国，正当大多数主流规划观点都主张消除城市贫民窟，由政府主导进行大规模旧城更新建立新的大都市时，1961 年，一位坊间主妇、城市异见者简 · 雅各布斯二十万字的著作《美国大城市的死与生》出版，在当时的美国社会引起巨大轰动，成为美国城市规划转向的重要标志，对美国乃至世界城市规划发展影响深远。这本非专业人士撰写的非专业书籍，却成为关于美国城市的权威论述，不但启发了美国 20 世纪 70 年代以后各种类型的强调以社区和居民为主体的社区规划，还在美国城市旧城更新的重大问题及当代城市建设方面影响深远，甚至启迪了 20 世纪 90 年代的一些建筑师和设计师,发起了“新城市主义”运动，继续探索城市时代大都市的梦想。

新城市主义以田园城市和现代城市的失误为出发点，以终结郊区化蔓延为己任，向郊区化无序蔓延宣战，并对城市郊区化的扩张模式进行了深刻反思。1992 年，新城市主义的创始人之一彼得 · 卡尔索普重新阐释美国城市与郊区的发展模式，提出“以公共交通为导向”的开发模式，试图从传统的城市规划设计思想中发掘灵感，核心是以区域性交通站点为中心，以适宜的步行距离为半径，设计从城镇中心到城镇边缘，重构环境宜人、具有地方特色和文化气息的紧凑型邻里社区。

然而，20 世纪 90 年代末，景观都市主义悄然崛起，对新城市主义理念提出了质疑和挑战，成为郊区化的捍卫者，新城市主义者将这一流派视为自己主要的对手，甚至认为景观都市主义是“拉美式的政变”。

景观都市主义以新的景观概念为核心，宣称景观突破学科的界限，取代建筑作为城市塑造的媒介，正如其代表人物查尔斯 · 瓦尔德海姆在世纪之交发表的景观都市主义基本宣言中宣称的那样“在这种水平向的城市化方式之中，景观具有了一种新发现的适用性，它能够提供一种丰富多样的媒介来塑造城市的形态，尤其是在具备复杂的自然环境、后工业场地以及公共基础设施的背景下”。因此，景观都市主义更多地被认为是城市的生存策略，主张在城市设计中将自然区域、开放空间和建筑物实体整合为一个和谐的整体系统。

现任哈佛大学设计研究学院院长的莫森 • 莫斯塔法维，在 21 世纪初是景观都市主义最有力的支持者，在传承景观都市主义思潮的基础上，提出了生态都市主义，并于 2009 年在哈佛组织召开生态都市主义大会，以期把哈佛大学设计学院转化为生态都市主义的大本营，继续探求人们的都市梦想。

正如同新城市主义一样，也很难给景观都市主义、生态都市主义下精确的定义，他们更多属于与现代主义思潮相对应的后现代主义思潮。哈佛的设计大师们效仿唐宁、奥姆斯特德、麦克哈格等设计先驱，期望创造其当年的辉煌，解决城市发展的现实问题。但不管从哪个方面来说，他们的理论都还只是一个刚刚起步、尚未成体系的理念，其影响也远没有宣扬的那么大。从实践项目来看，景观都市主义作品颇为有限，生态都市主义作品更是凤毛麟角，更多体现在概念、理念、思潮阶段。景观都市主义、生态都市主义是悖论还是真理，其应用和效果恐怕还有待实践检验。

从 18 世纪以来，英美等发达国家已率先实现了城市化的快速发展，城乡重构日趋完成。我国经过 30 年的城市化发展，数据显示，2013 年末，中国城镇化率升至 53.73%；到 2020 年，城镇化率将达到 60%；2030 年中国的城镇化水平将达到 70%,中国总人口将超过 15 亿人，届时居住在城市和城镇的人口将超过 10 亿人。中国的新型城镇化建设拥有着巨大的发展潜力，面临着重大历史机遇，但我们必须清醒地意识到，千百年来形成的国土景观风貌、传统生活方式以及地区产业结构正在经历着由于发展所带来的前所未有的挑战，发生着深刻的时代巨变。正如2013年，吴良镛先生在《明日之人居》著作中所言“美好的人居环境是生成中的整体，这种整体是人工创造与自然创造完美结合的产物，城与乡、城市与山川河湖、建筑物与场所、建筑物中与各种技术、技术的融合等都反映了这种整体性。近代的中国人居环境对此逐渐淡然了，其原因多样。

为今之计，是需要寻找失去的整体性。途径之一是寻找、重组已经破裂的，尚未完全消失的传统中国的‘相对的整体性’，意在利用局部的整体性，进行新的重构和激发，在混沌中建构相对的整体。”

城乡统筹发展，规划设计先行。从东学西渐、风景式造园到新城镇田园主义，伟大的中华传统文化是我们设计创作的源泉。在新型城镇化时代背景和新的功能要求下，如何继承和发扬传统的、优秀的华夏文化是我们不可回避的责任，如果离开了其赖以发展的传统文化这一沃土，便如无水之源、无根之木，势必会导致其生命力的丧失。当然，以国际化的视野和专业背景为招牌，在欧美等发达资本主义国家都还停留在“概念”阶段的规划理念和思想，只能博一时之眼球，并不能切实解决中国大地上的发展问题。中国的问题还是要靠中国人民自己来解决，中国新型城镇化道路还是要靠中国自己的规划设计师来探索！“接地气”的规划设计作品必然是融合了世界先进文化与科技和中华民族文化与艺术精华的、具有中国特色的现代设计，代表这种中国特色现代设计的力量，不是西方设计师，而是为数众多的、扎根在中华民族文化与艺术殷实土地上的规划设计师。

发展的时代需要科学的理论指导科学的实践方法，为促进新型城镇化建设进程中山水田园城市（镇、村）、绿色基础设施、产业集聚等方面的研究和可持续发展，相关科研院所、规划设计单位等合作，相继出版《新城镇田园主义 重构城乡中国》系列丛书。本套丛书将从城乡统筹产业发展、规划布局、社会建构等角度组织海内外生态、地理、规划、旅游、建筑、园林、农业等各个领域的专家学者与设计单位共同编写，将最新理论研究成果与经典规划案例相结合，理论研究与实践并举，加强行业内外的互动交流，为构建新型城镇化健康可持续发展之路提供智力支持，希望能够对业界有所启发。

“民族的，才是世界的”，
梳理—分析—承传—重构
华夏传统之大端源远流长……

我们应以开放的、民主的和负责任的方式来对待中国大地上发生的事情，通过更为因地制宜的规划设计语言，重构尚未完全消失的传统中国、城乡中国，重构尚未失魂的自我……

新城镇田园主义 重构城乡中国
从一寸土地，一份产业，一处风景，一抹乡愁……
开始

编者
2014年7月于林泉艺术馆

改变心情
中国梦
奔小康

前言

近年来，休闲农业逐渐为人们所熟识，并与旅游、度假、游览、体育、健身、文化娱乐等活动相互结合，由提供单一的观光型旅游产品转向提供吃、住、行、游、购、娱为一体的综合旅游产品开发，形成了一定的市场规模和较为完善的产业发展体系，从而取得了可观的经济、社会、生态效益。据农业部的不完全统计，截至2012年底，我国共有8.5万个村开展了休闲农业与乡村旅游活动，休闲农业与乡村旅游经营主体达到170万家，其中农家乐150万家；从业人员2800万，占全国农村劳动力的6.9%；年接待游客8亿人次，实现营业收入超过2400亿元。2014年，我国各类休闲农业与乡村旅游经营主体已超过180万家，营业收入2700亿元，接待人数和经营收入保持年均15%以上的增速。

《汉书·文帝纪》:“农，天下之大本也，民所恃以生也”。农业兴则百业兴，农民富则社会富。进入新世纪，人类更加向往自然，农业拥有最多的自然资源，所以农业不仅能为我们提供赖以生存的食物，具有生产性功能，还具有改善生态环境质量，为人们提供观光、休闲、度假的生活性功能。因此，生产、生态、生活成为休闲农业发展的基本思路和实践准则，传统农业也正一改以往的掠夺式生产模式，逐渐向农旅结合、以农促旅、以旅强农的休闲农业与乡村旅游方向转型，日益成为农村第二、三产业的重要组成部分，成为统筹城乡发展的有效途径。

休闲农业是根植于农业、农村、农民并服务于城乡居民的产业。欧美等国家已发展农业旅游100多年，我国已发展了20多年。目前，我国休闲农业和乡村旅游步入良好的发展机遇期，并已逐步形成省、地、县、乡、村多层次共同推进的格局。随着休闲农业的快速发展，休闲农业规划设计与开发越来越受到产、学、研等各方面的关注。作为休闲农业规划设计与开发建设的身体力行者，作者经历了从大城市郊区观光果园、观光农园到休闲农业园区发展的历程，见证了休闲农业对于城乡统筹发展、社会主义新农村建设、新型城镇化建设的重要意义。深感于此，我们编著了《休闲农业园区规划设计》(2007年)、《休闲农业规划设计与开发》(2010年)，两本著作分别印刷了三次，对休闲农业规划与开发建设起到了很好的推动促进作用。

作为休闲农业产业发展的研究者和实践者，面对当前全国各地休闲农业如火如荼的发展，我们深感欣慰；但是盲目的投资建设造成了人力财力的极大浪费，甚至导致地方资源环境的破坏，为了更好地总结最新的理论研究和实践成果来指导休闲农业健康可持续的发展，我们在《休闲农业园区规划设计》、《休闲农业规划设计与开发》两本著作的基础上，结合最新的研究与实践重新汇总编著本书。

本书将理论探讨与具体规划案例相结合，全书图文并茂，共分3篇13章。第1篇是规划开发篇，阐述了休闲农业的概念、内涵、发展历程；探讨了休闲农业规划设计与开发的类型、原则、园区规划设计，提出了以市场、资源、活动项目设计为导向的休闲农业旅游产品开发和系统的市场营销体系，并对休闲农业的投融资和经营管理作了详细的论述；第2篇是规划案例篇，通过中科地景规划设计机构等单位在休闲农业区域发展规划、休闲农业园区总体规划、休闲农业园区景观规划设计等层面8个具体项目实践案例分析和评价了不同层面的休闲农业规划与开发，提出了自然性、独特性、文化性、参与性和可持续性的休闲农业规划与开发的新理念和新思路；第3篇是实例分析篇，选取了全国发展较好、颇具代表性的10处休闲农业园区进行了图文并茂的解读和分析。

本书主要由全国休闲农业旅游农业管理人员培训班授课老师以及中科地景规划设计机构规划人员共同编写。本书将理论探讨与具体规划案例、建设实例相结合，在编写过程中力求体例清晰、内容简洁、图文并茂、通俗易懂，以便更好地适用于从事旅游、农业、林业、生态环境建设、新型城镇化建设等领域的政府工作人员、经营管理从业人员及大中专院校师生等参考使用。

休闲农业在我国发展形势喜人，满足各地积极发展休闲农业的迫切需求和打破在规划开发过程中遇到的“瓶颈”，是我们编写本书的真正目的所在，希望本书对于行业发展能起到积极推动作用。

吕明伟
2010年3月16日初稿
2014年9月12日修订

目　录

规划开发篇

规划案例篇

实例分析篇

规划开发篇

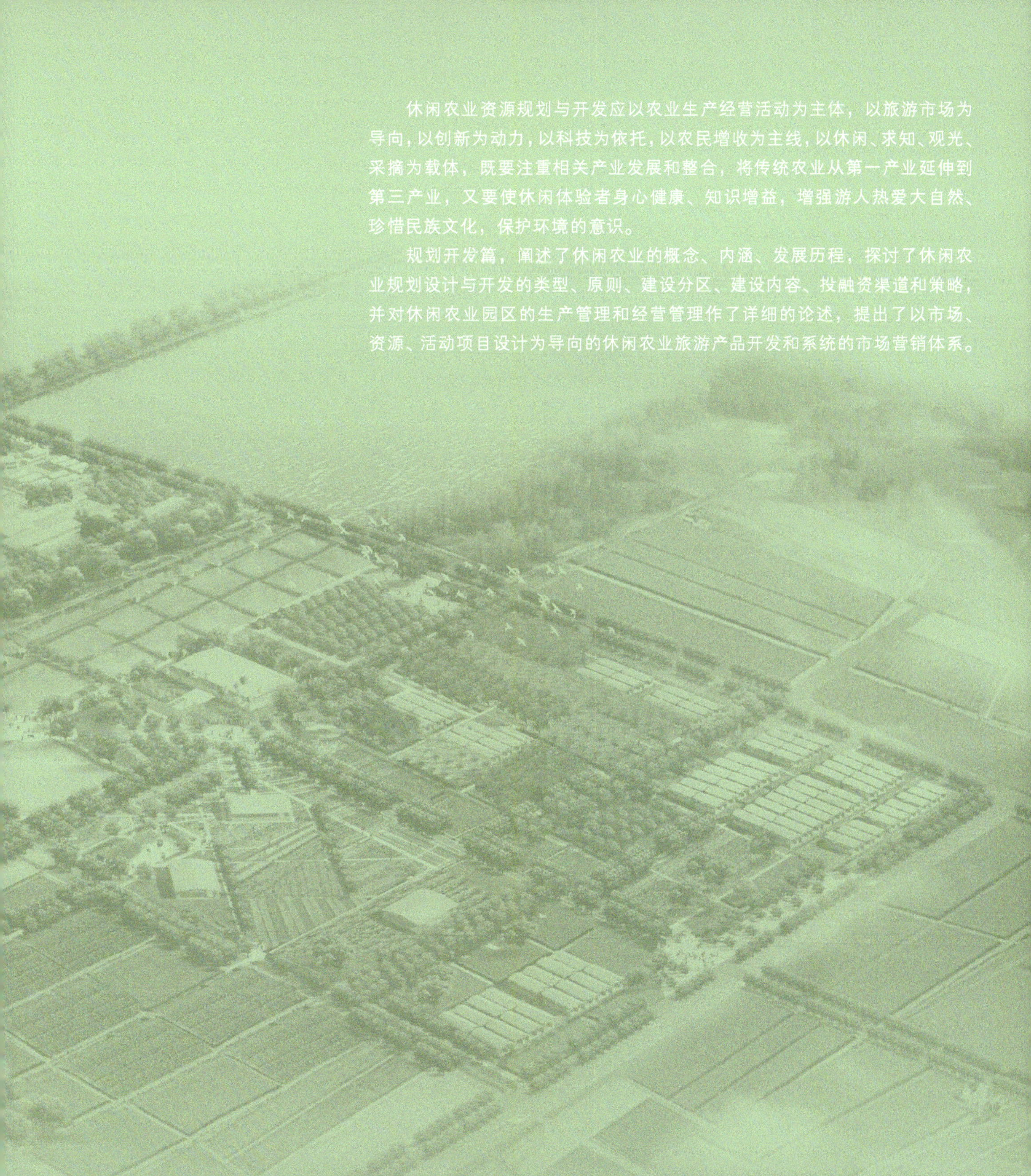

休闲农业资源规划与开发应以农业生产经营活动为主体，以旅游市场为导向，以创新为动力，以科技为依托，以农民增收为主线，以休闲、求知、观光、采摘为载体，既要注重相关产业发展和整合，将传统农业从第一产业延伸到第三产业，又要使休闲体验者身心健康、知识增益，增强游人热爱大自然、珍惜民族文化，保护环境的意识。

规划开发篇，阐述了休闲农业的概念、内涵、发展历程，探讨了休闲农业规划设计与开发的类型、原则、建设分区、建设内容、投融资渠道和策略，并对休闲农业园区的生产管理和经营管理作了详细的论述，提出了以市场、资源、活动项目设计为导向的休闲农业旅游产品开发和系统的市场营销体系。

1 休闲农业发展概述

1.1 休闲农业概念和内涵

休闲农业是指在农村范围内，利用农业自然环境、田园景观、农业生产、农业经营、农业设施、农耕文化、农家生活等资源，通过科学规划和开发设计，为游客提供观光、休闲、度假、体验、娱乐、健身等多项需求的经营形态。从广义的观点来看,休闲农业还包括休闲林业、休闲渔业、休闲牧业、休闲农家乐等。因此可以说，休闲农业是以农业为基础，以休闲为目的，以服务为手段，以城市游客为目标，农业和旅游业相结合，第一产业和第三产业相结合的新型产业。

休闲农业是以农业生产经营活动为主，农业和旅游业相结合的一项新型产业。它是以农业的有形及无形资源为基础所引申的一种经营形态。就经营范围而言，休闲农业已将传统农业从第一产业延伸到第三产业。休闲农业不只生产固定形式的产品，而且还包括各种蕴含创意的服务，这样可以创造出许多附加价值，增加农民的收益。

1.2 我国休闲农业发展历程和阶段

我国休闲农业兴起于改革开放以后，开始是以观光为主的参观性农业旅游。20 世纪 90 年代以后，开始发展观光与休闲相结合的休闲农业旅游。进入 21 世纪，观光、休闲农业有了较快的发展。回顾我国休闲农业发展的过程，大致可以分为三个阶段：早期兴起阶段（1980~1990 年），初期发展阶段（1990~2000 年），规范经营阶段（2000~ 今）。

传统农业与休闲农业产业发展比较表 **表 1-1**

比较方面	传统农业	休闲农业
功能	单一农产品生产	生产、生活、生态保育“三生”一体的生产、服务功能
空间格局	单一的农业、农田景观	构筑了“城市—郊区—乡间—田野”的空间休闲系统
产业规模	单一化的农业生产经营	产业多样化：是以多资源综合利用为基础的综合农业
产业类型	第一产业、第二产业	第一产业、第二产业、第三产业
产业布局	品种单一化，种植连作化	立体种植、用养结合，农业生产与休闲体验融为一体
经济效益	整体效益偏低	综合效益高、整体效益大
生态效益	自我更新能力差、农业生态系统脆弱	景观异质性增强，利于景观生态安全格局的形成与优化
社会效益	机械化程度提高、就业机会减少	就业机会增加，可吸纳剩余的农村劳动力

注：传统的农业生产属于第一产业范畴，农产品加工制造属于第二产业范畴，休闲农业则是包括了生产、加工、休闲服务等第一、二、三产业相结合的产业，使农业资源开发利用得到了更充分的发挥。农业资源开发，尤其是大都市边缘的农业景观开发更加趋向于多元化，其功能也日趋丰富。

农业部 国家旅游局部署全国休闲农业与乡村旅游示范县示范点创建工作

为深入贯彻落实2014年中央1号文件精神，近日农业部办公厅、国家旅游局办公室联合发出通知，部署全国休闲农业与乡村旅游示范县、示范点创建有关工作。计划2014年在全国择优创建35个休闲农业与乡村旅游示范县、100个示范点，进一步探索休闲农业与乡村旅游发展规律，理清发展思路，树立发展典型，优化发展环境，引领全国休闲农业与乡村旅游持续健康发展。

《通知》要求各地在创建过程中，要以科学发展观为指导，以推进现代农业发展和建设社会主义新农村为目标，以促进农民就业增收和满足城乡居民休闲消费为核心，以规范提升休闲农业与乡村旅游发展为重点，坚持示范创建与示范带动相结合、政府引导与社会参与相结合、系统开发与突出特色相结合、设施改造与素质提升相结合的原则。通过示范创建，加快培育一批生态环境优、产业优势大、发展势头好、示范带动能力强的示范县和一批发展产业化、经营特色化、管理规范化、产品品牌化、服务标准化的示范点。

《通知》对全国休闲农业与乡村旅游示范县、示范点创建提出了具体要求。创建的示范县应该有发展休闲农业与乡村旅游的资源禀赋、区位优势、产业特色和人文历史，休闲农业与乡村旅游是发展县域经济的主导产业，而且规划编制科学、扶持政策完善、工作体系健全、行业管理规范、基础条件完备、产业优势突出、发展成效显著，年接待游客100万人次以上。创建的示范点示范带动作用强、经营管理规范、服务功能完善、基础设施健全、从业人员素质较高、发展成长性好，年接待游客10万人次以上。

开展全国休闲农业与乡村旅游示范县、示范点创建工作，是贯彻落实中央1号文件精神的具体行动，是引导休闲农业与乡村旅游提档升级的重要举措。《通知》要求，各级休闲农业、旅游行政主管部门要按照《通知》中的创建条件进行评定，严格相关工作程序，从严控制申报数量。要突出示范县、示范点的示范引领作用，重点选取在体制机制、政策措施、资金支持、发展模式、经营管理方式等方面具有示范作用、取得明显成效的单位。要对本辖区内已认定的全国休闲农业与乡村旅游示范县、示范点加强指导。农业部和国家旅游局将对创建的示范县、示范点进行监督检查，对于示范作用不明显，工作推进缓慢，没有实际成效的示范县、示范点予以公告取消。

（资料来源：农业部网站，发布：农业部农产品加工局 日期：2014-05-07）

近十多年来，我国休闲农业引起相关部门的高度重视，相继对休闲农业发展加以引导，取得了很好的效果。

1998年，国家旅游局推出“华夏城乡游”，提出“吃农家饭，住农家院，做农家活，看农家景，享农家乐”的口号，有力地推动了我国休闲农业的发展。

1999年，国家旅游局推出“生态旅游年”，全国各地抓住机遇，充分利用和保护乡村生态环境，开展乡村农业生态旅游，又进一步促进了我国休闲农业的发展。

2001年，国家旅游局把推进农业旅游发展工作列为当年旅游工作要点，并通过对山东、江苏、浙江等省的调研形成了《农业旅游发展指导规范》，于年底公布了首批农业旅游示范点候选名单。

2002年初，国家旅游局正式倡导开展农业旅游，并发布实施《全国农业旅游示范点检查标准（试行）》，为创建全国农业旅游示范工作，提高农业旅游产品的规范化、专业化和市场化水平提供了依据。

2004年，国家旅游局根据全国农业旅游示范点评定标准，从接待人数、旅游效益、产品、设施、管理、经营、安全、可进入性、发展后劲等方面，在全国评选出203个农业旅游示范点。

2006年初，国家旅游局将当年全国旅游主题确定为“中国乡村旅游年”，宣传口号为“新农村、新旅游、新体验、新风尚”，要求各地旅游管理部门和各类旅游企业将“旅游业促进新农村建设”作为本地区旅游业发展的重要目标之一。

2006年7月，全国旅游工作座谈会推出了《关于促

中国休闲农业与乡村旅游发展高层论坛会议现场
（图片来源：农业部网站）

中国旅游协会休闲农业与乡村旅游分会成立大会
（图片来源：农业部网站）

进农村旅游发展的指导意见》。指出我国农村旅游资源丰富，生态环境良好，民俗文化丰厚。依托这些优势资源，发展农村旅游，是推进社会主义新农村建设的有效途径之一。

2007 年中央 1 号文件指出："农业不仅具有食品保障功能，而且具有原料供给、就业增收、生态保护、观光休闲、文化传承等功能。建设现代农业，必须注重开发农业的多种功能，向农业的广度和深度进军，促进农业结构不断优化升级。"

2007 年 4 月，农业部和国家旅游局联合发出关于大力推进全国休闲农业和乡村旅游发展的通知，提出了发展休闲农业和乡村旅游的指导思想，基本原则和工作要求，并组建了中国休闲农业网（中国乡村旅游网），以此为平台有力地推动全国乡村旅游和休闲农业的发展。

2007 年 10 月，农业部、国家旅游局综合协调司在北京联合召开部分省区休闲农业和乡村旅游工作座谈会。北京、河北、黑龙江、江苏、浙江、江西、安徽、山东、湖南、四川、广东等省市农业和旅游部门的同志参会。

2008 年，农业部明确由乡镇企业局负责休闲农业工作。并在农业部农村社会事业发展中心专门成立了休闲农业处。休闲农业处在理顺体制、制定标准、交流研讨、试点示范、教育培训、信息服务和加强行业协会建设等方面积极开展工作，取得初步成效。

2009 年 5 月，农业部孙政才部长在考察江西休闲农业时明确提出了"农旅结合、以农促旅、以旅强农"的指示。

2009 年 10 月，由农业部、国家旅游局、民革中央和浙江省人民政府共同主办的中国休闲农业与乡村旅游发展高层论坛暨 2009 首届中国休闲农业与乡村旅游节在浙江安吉举行，中国休闲农业与乡村旅游发展的《安吉宣言》首次正式发布[①]。

2009 年 10 月，中国旅游协会休闲农业与乡村旅游分会在浙江省安吉召开了成立大会。来自全国农业和旅游系统的 187 名代表参加了成立大会。大会选举 80 名理

① 中国（安吉）休闲农业与乡村旅游发展高层论坛呼吁：各级党委政府强化政策指导和项目、资金支持，专家学者加强规划指导和理论研究，社会各界和相关部门多为休闲农业和乡村旅游保驾护航。中国（安吉）休闲农业与乡村旅游发展高层论坛倡议：休闲农业与乡村旅游企业一定要加强行业自律，诚信经营，以独特的资源优势和亲切热情的服务赢得更多消费者的信任和支持。相信有各级党委和政府的高度重视和支持，有我国经济快速发展的保障和支撑，有社会各界的关注和帮助，有广大农民的辛勤开拓和努力，休闲农业与乡村旅游的明天一定会更好！

事组成理事会。

大会审议并通过了《中国旅游协会休闲农业与乡村旅游分会管理办法》、《中国旅游协会休闲农业与乡村旅游分会会费收取及管理办法》。

2009 年 10 月，全国休闲农业旅游农业工作座谈会在湖南长沙成功召开，来自全国 30 个省、市、区的 110 多名代表及农业部有关单位领导参加了会议。会议以“交流、启发、鼓励、推动”为目标，总结了全国休闲农业旅游农业发展成效，交流了各地发展经验和做法，提出了今后一个时期我国休闲农业旅游农业发展思路和重点工作。

2009 年 11 月，农业部农村社会事业发展中心在北京举行休闲农业与乡村旅游现场研讨会。会上明确，农业部将与国家旅游局联合开展全国休闲农业与乡村旅游示范县创建活动，进一步推动全国休闲农业与乡村旅游发展。

2009 年 10~12 月，由农业部乡镇企业局和农业部乡镇企业发展中心联合举办的一、二、三、四期全国休闲农业旅游农业管理人员培训班分别在北京市、长沙市、南京市、北海市顺利开班，来自全国各个省（区、市）的近千名休闲农业旅游农业管理人员参加了培训。

2010 年 1 月，中共中央关于“三农问题”的中央 1 号文件指出要“因地制宜发展特色高效农业、林下种养业，挖掘农业内部就业潜力。推进乡镇企业结构调整和产业升级，扶持发展农产品加工业，积极发展休闲农业、乡村旅游、森林旅游和农村服务业，拓展农村非农就业空间。”

2010 年 8 月，《农业部国家旅游局关于开展全国休闲农业与乡村旅游示范县和全国休闲农业示范点创建活动的意见》（农企发 [2010]2 号）指出，农业部、国家旅游局决定开展全国休闲农业和乡村旅游示范县和全国休闲农业示范点创建活动。此项活动从 2010 年起，利用 3 年时间，培育 100 个全国休闲农业与乡村旅游示范县和 300 个全国休闲农业示范点。

2011 年 2 月，中国旅游协会休闲农业与乡村旅游分会公布北京张裕爱斐堡国际酒庄有限公司等 40 家星级企业（园区）名单。

休闲农业与乡村旅游现场讨论会
（图片来源：农业部网站）

2011 年 6 月，农业部办公厅、国家旅游局办公室下发《农业部、国家旅游局办公室关于启动 2011 年全国休闲农业与乡村旅游示范县、示范点创建工作的通知》（农办企 [2011]10 号）、《农业部关于开展 2011 年中国最有魅力休闲乡村推荐活动的通知》（[2011]7 号）文件，两部局将继续在全国范围内开展休闲农业与乡村旅游示范县、休闲农业示范点创建活动，农业部将组织开展 2011 年中国最有魅力休闲乡村推荐活动。

2011 年 8 月 23 日，农业部组织编制的《全国休闲农业发展十二五规划》发布，为我国首部关于休闲农业的十二五发展规划。

2011 年 12 月，通过自愿申报、地方主管部门审核和专家评审等程序，拟认定河北省涉县等 38 个县（市、区）为全国休闲农业与乡村旅游示范县，北京市延庆县井庄镇柳沟村等 100 个点为全国休闲农业与乡村旅游示范点。

2011 年 12 月，2011 全国休闲农业创新发展会议在广西桂林成功举办。

2012 年 4 月 19 日，在北京平谷国际桃花音乐节开幕式上，农业部发布了 2011 年中国最有魅力休闲乡村。

2012 年 9 月，中国旅游协会休闲农业与乡村旅游分会向社会推介 2012 中国休闲农业与乡村旅游十大精品线路。

2012 年 12 月，农业部、国家旅游局认定北京市密云县等 41 个县（市、区）为全国休闲农业与乡村旅游

中国最有魅力休闲乡村

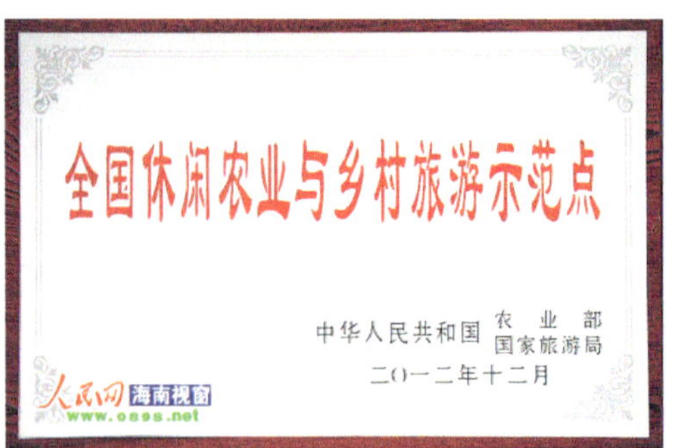

全国休闲农业与乡村旅游示范点

五星级休闲农业与乡村旅游企业（园区）

示范县，北京市朝阳区蟹岛绿色生态农庄等100个点为全国休闲农业与乡村旅游示范点。

2013年2月25日，农业部发布了《农业部办公厅关于申报全国休闲农业品牌培育试点项目的通知》（农办企[2013]5号），决定从2013年起启动实施全国休闲农业品牌培育试点项目，在全国范围内选择一批规划科学、布局合理、特色鲜明的农家乐集聚村或休闲农业经营点，通过支持其提升发展能力，培育在业内示范带动作用强、消费者中有广泛影响的休闲农业知名品牌。

2013年3月，农业部发布了2012年10个中国最有魅力休闲乡村。

2013年5月，由郭焕成、吕明伟、任国柱主持编制的《休闲农庄建设规范》NY/T 2366—2013行业标准发布，为我国首部关于休闲农业的标准规范。

2013年12月，农业部、国家旅游局认定北京市延庆县等38个县（市、区）为全国休闲农业与乡村旅游示范县，北京市怀柔区白河湾沟域经济产业带等83个点为全国休闲农业与乡村旅游示范点。

2014年2月24日，在贵州省黔西南布依族苗族自治州召开的第二届“中国美丽乡村·万峰林峰会”上，农业部正式对外发布中国美丽乡村建设十大模式，为全国的美丽乡村建设提供范本和借鉴。

2014年3月28日，第二届北京农业嘉年华暨2014全国休闲农业创意精品展开幕。

2014年5月18日，2014中国（兰陵·代村）休闲农业与美丽乡村建设系列活动开幕，开幕式上，全国休闲农业与乡村旅游星级评定委员会发布了2014年全国十佳休闲农庄、全国十大精品线路名单。

2014年9月19~22日，以“走进美丽乡村，体验农游乐趣”为主题的“2014长三角休闲农业与乡村旅游博览会”在上海国际农展中心首次举行。

2014年10月11日，全国休闲农业经验交流会在江苏南京召开。会议提出，要紧紧围绕促进农民就业增收、满足居民休闲消费的目标，以农耕文化为魂，以美丽田园为韵，以生态农业为基，以创新创造为径，以古朴村落为形，将休闲农业与现代农业、美丽乡村、生态文明、文化创意产业建设融为一体，更注重规范管理、内涵提升、公共服务、文化发掘、氛围营造，加快构建完善的政策扶持、公共服务、宣传推介、资金投入等支撑体系，通过深化改革，把发展的强大动力和需求的巨大潜力释放出来，推动形成政府依法监管、经营主体守法经营、城乡居民文明休闲的发展格局。

2014年10月20日，农业部发布《2014年中国最美休闲乡村和中国美丽田园推介结果的通知》，认定北京市密云县干峪沟村等100个村为2014年中国最美休闲乡村，北京市密云县蔡家洼玫瑰花景观等140项农事景观为2014年中国美丽田园。

2014年11月，农业部发布《关于进一步促进休闲农业持续健康发展的通知》，指出休闲农业是重要的民生产业和新型消费业态，为农业增效、农民增收、农村环境改善和经济社会发展做出了积极贡献。明确发展休闲农业的目标任务：到2020年，力争使休闲农业成为促进农业增效、农民增收、农村环境改善的支柱性产业。产业规模进一步扩大，接待人次和营业收入年均增长10%；布局优化、类型丰富、功能完善、特色明显的格局基本形成；社会效益明显提高，从事休闲农业的农民收入较快增长，全国农民受益面达到3500万人；发展质量明显提高，服务水平较大提升，可持续发展能力进一步增强。

2014年12月6日，“2014中国休闲农业与乡村旅游年度峰会”在海南省海口市召开，在这次年度峰会上，中国休闲农业与乡村旅游联盟正式成立。来自全国20个省区和台湾地区的休闲农业与乡村旅游精英汇聚一堂助推中国休闲农业与乡村旅游发展联盟的成立，成立联盟的宗旨意在为促进中国休闲农业与乡村旅游跨越式发展努力探索。联盟的目标旨在建立长效的交流交友、互学互助、互动互利、合力合作、共创共赢的大平台。

2014年12月30日，农业部、国家旅游局发布《关于公布全国休闲农业与乡村旅游示范县和示范点的通知》，认定北京市平谷区等37个县（市、区）为全国休闲农业与乡村旅游示范县、北京市通州区第五季富饶生态农业园等100个点为全国休闲农业与乡村旅游示范点。

2014 全国休闲农业创意精品展

2014 年全国休闲农业经验交流会

2014 长三角休闲农业与乡村旅游博览会

2014 中国休闲农业与乡村旅游年度峰会现场

2014年中国美丽田园名单　　表1-2

序号	农事景观类别	数量（项）	典型实例
1	油菜花景观	10	上海市奉贤区庄行油菜花景观、江苏省南京市高淳区慢城油菜花景观、安徽省望江县沿江油菜花景观、重庆市巫山县万亩油菜花景观、四川省泸州市江阳区油菜花景观、云南省腾冲县万亩油菜花景观、陕西省南郑县油菜花景观、甘肃省永昌县油菜花景观、青海省祁连县卓尔山油菜花景观、新疆生产建设兵团第四师76团油菜花景观
2	稻田景观	16	北京市海淀区稻香小镇稻田、吉林省和龙市平岗绿洲稻田、黑龙江省五常市金福稻田、江苏省常熟市支塘镇蒋巷村稻田、浙江省泰顺县稻田、安徽省潜山县官庄稻田、福建省德化县上涌稻田、江西省资溪县稻田、湖北省大悟县稻田、广东省罗定市苹塘镇稻田、广西壮族自治区隆安县布泉河稻田、海南省琼海市龙寿洋稻田、贵州省惠水县稻田、云南省云龙县检槽稻田、陕西省岚皋县稻田、新疆生产建设兵团第四师68团稻田
3	桃花景观	10	北京市平谷区桃花景观、河北省顺平县桃花景观、山西省夏县兴南桃花景观、江苏省徐州市贾汪区桃花景观、浙江省嘉兴市南湖区凤桥桃花景观、山东省乳山市石佛山桃花景观、河南省西华县万亩桃花景观、湖北省孝感市孝南区万亩桃花景观、重庆市沙坪坝区虎峰山桃花景观、贵州省瓮安县桃花景观
4	梨花景观	10	河北省赵县梨花景观、山西省平遥县梨花景观、江苏省苏州市高新区树山梨花景观、安徽省寿县八公山梨花景观、福建省德化县辉阳梨花景观、广西壮族自治区灌阳县大仁村梨花景观、四川省金川县雪梨花景观、甘肃省景泰县条山农庄梨花景观、青岛市黄岛区梨花景观、宁波市余姚市朗霞梨花景观
5	梯田景观	10	河北省围场县梯田、浙江省云和县梯田、福建省永定县岩太梯田、山东省安丘市辉渠镇梯田、广东省乐昌市上黎组梯田、重庆市万州区大石板梯田、贵州省从江县加榜梯田、云南省元阳县哈尼梯田、陕西省宜君县哭泉乡旱作梯田、甘肃省庄浪县赵墩沟梯田
6	茶园景观	10	江苏省金坛市薛埠镇有机茶园、浙江发省临海市羊岩山茶园、安徽省东至县龙泉镇生态茶园、福建省武夷山市星村镇茶园、江西省武宁县白鹤坪茶园、湖南省长沙县湘丰飞跃有机茶园、广东省英德市积庆里茶园、贵州省瓮安县茶园、云南省勐海县贺开古茶园、陕西省平利县长安十里茶园
7	草原景观	9	内蒙古自治区固阳县春坤山草原、内蒙古自治区锡林浩特市白音锡勒草原、湖南省城步苗族自治县南山草原、贵州省兴仁县放马坪草原、云南省会泽县大海草原、甘肃省山丹县军马场草原、甘肃省玛曲县草原、新疆维吾尔自治区和静县巩乃斯草原、新疆维吾尔自治区巴里坤县草原
8	果园景观	10	福建省龙岩市新罗区葡萄景观、河南省洛宁县苹果采摘景观、重庆市合川区枇杷景观、四川省华蓥市华蓥山葡萄景观、贵州省兴义市下五屯镇葡萄景观、云南省弥勒市葡萄景观、陕西省洛川县李家坳苹果旅游景观、青海省大通县北川河果景观、青岛市黄岛区墨禅庵果园景观、新疆生产建设兵团第四师61团果园景观
9	荷花景观	10	天津市宝坻区休闲观光园荷花景观、山西省左权县荷花景观、上海市松江区南杨村荷花景观、江苏省丰县大沙河镇荷花景观、浙江省建德市荷花景观、福建省漳平市拱桥镇荷花景观、江西省广昌县荷花景观、山东省济宁市微山岛湿地荷花景观、湖北省钟祥市石牌镇荷花景观、广西壮族自治区柳江县荷花景观
10	向日葵景观	8	北京市房山区天开花海葵花景观、内蒙古自治区杭锦后旗葵花景观、黑龙江省九三农场管理局荣军农场葵花景观、浙江省仙居县下各镇葵花景观、河南省遂平县四季花卉葵花景观、广西壮族自治区武宣县葵花景观、四川省古蔺县梦里苗乡葵花景观、新疆维吾尔自治区阿勒泰市塘巴湖葵花景观
11	渔作景观	9	吉林省前郭尔罗斯蒙古族自治县查干湖冰湖腾鱼景观、黑龙江省虎林市石头河水库渔作景观、江苏省海安县里下河白甸水乡渔作景观、浙江省淳安县千岛湖渔作景观、江西省新余市仙女湖渔作景观、山东省东平县东平湖湿地渔作景观、湖北省洪湖市洪湖生态旅游风景区渔作景观、广西壮族自治区东兴市北仑河口渔作景观、宁夏回族自治区中卫市腾格里沙漠湿地渔作景观
12	花卉景观	18	北京市密云县蔡家洼玫瑰花景观、河北省易县牡丹花景观、辽宁省沈阳市沈北新区紫烟薰衣草景观、吉林省和龙市金达莱花景观、江苏省南京市江宁区大塘金村薰衣草景观、浙江省遂昌县高坪杜鹃花景观、浙江省义乌市龙溪香谷薰衣草景观、安徽省亳州市谯城区芍药花景观、江西省南昌县凤凰沟樱花景观、山东省博兴县黄河打渔张风景区薰衣草景观、河南省巩义市薰衣草景观、湖南省浏阳市大围山花卉景观、重庆市秀山县金银花景观、贵州省兴义市杜鹃花景观、贵州省盘县哒啦仙谷薰衣草景观、陕西省榆林市榆阳区杏花景观、宁夏回族自治区中卫市沙坡头区薰衣草景观、新疆生产建设兵团第四师70团薰衣草景观
13	其他类景观	10	天津市蓟县白庄子湿地景观、河北省围场县马铃薯花景观、江苏省邳州市港上银杏景观、安徽省滁州市南谯区滁菊花景观、湖北省安陆市万亩银杏景观、广西壮族自治区灵川县银杏景观、重庆市渝北区古路镇草坪红枫景观、四川省金川县红叶景观、宁夏回族自治区隆德县麦田景观、宁波市余姚市四明山红枫景观

2 休闲农业规划与开发类型

休闲农业资源是指应用于休闲活动上的各类农业资源，休闲农业资源不局限于传统农业生产，农村环境、农民生产生活方式、农耕文化、农业设施等都可构成进行休闲农业开发的资源。

利用农业资源开展休闲活动设计在我国台湾地区发展已有近半个世纪，在我国大陆地区也已有10多年历史。从众多休闲农业资源分类来看，农业生产方面的资源是发展休闲农业的资源基础，而近年来随着人们休闲旅游需求的提高，农民生活、农耕文化、农村环境等资源也日益受到重视，成为各地发展休闲农业的重要资源类型。

可用于发展休闲农业的资源十分丰富，我国大陆和台湾的学者也曾从不同的专业角度和层面归纳总结。我国台湾辅仁大学叶美秀教授在总结众多学者对休闲农业资源类型分类基础上绘制了农业资源分类架构图，整理出了围绕以农业生产、农民生活、农村生态为核心的数百种适合休闲农业开发的资源要素。

目前，依托农业资源发展起来的休闲农业的范围相当广泛，从我国北京、湖南、台湾等省市和地区休闲农业园区发展来看，已呈现多元化发展的趋势。主要有乡村花园、观光农园、休闲农场、市民农园、教育农园、休闲牧场、观光采摘园、休闲农庄等几种类型。这些以农业旅游为主导的休闲农业园区在旅游、教育、环保、医疗、经济、社会等方面发挥了重要作用，已成为发展前景良好的新兴产业之一。

休闲农业园区类型按照不同的划分依据可分为不同的类型，划分依据主要有用地规模、区域位置、投资主体等。

2.1 按照用地规模分类

主要按休闲农业园区规划建设的范围和用地规模的大小划分为四类：

（1）小型园区：其用地范围在5 hm^2 以下。

（2）中型园区：其用地范围在5~100 hm^2 之间。

（3）大型园区：其用地范围在100~200 hm^2 之间。

（4）特大型园区：其用地范围在200 hm^2 以上。

2.2 按照区域位置分类

主要按休闲农业园区规划建设的区域位置划分为三类：

（1）城市依托型（大城市周边）：位于大中城市郊区，以大城市为依托，具有宁静、优美的乡村景观。由于靠近城市，拥有一定量的门槛客源，客源市场丰富。如北京丰台区绿野田园休闲农场。

（2）景区依托型：一般毗邻景区，以景区丰富旅游资源为依托，客源市场主要是景区游客量的一部分，如昌平十三陵景区附近的休闲采摘园。该类型的园区与景区在吸引游客上产生互补，互相提供客源，协同发展。如台湾台一生态教育农园。

（3）景区型：一般规模面积较大，农业资源丰富且集中分布，赏果赏花的吸引力都比较大，可以成为功能多样、旅游项目多样、景观优美、设施齐全、管理规范的景区。如平谷大华山的万亩桃园。

在多数情况下，休闲农业园区是城市依托型和景区

可用于休闲农业开发的资源要素表 **表 2-1**

农业生产资源	农业生产资源	农作物	特用作物	如纤维、油料、糖类等作物
			园艺作物	如果树、蔬菜、花卉等作物
			饲料、绿肥作物	如禾本科、豆科等作物
			药用作物	如可依采用全株或根茎叶花之区分
		农耕活动	水田耕种	如水稻、莲花、茭白笋之耕作方式
			旱田耕种	如玉米、包括整地、播种、管理及采收
			果园耕种	如木本或藤蔓，包括修剪、疏果等
			蔬菜、花卉栽培	如各种蔬菜制畦、耕作、采收
			茶园等特殊作物耕种	如修剪、采茶、制茶
		农具	耕作工具	如水田耕作工具、坡地耕作工具
			运输工具	如人力车、畜力车、铁牛车、吊笼
			储存工具	如贮谷类、贮果实、贮蔬菜
			装盛工具	如麻袋、箩筐、簸箕、桶具
			防雨防晒工具	如斗笠、蓑衣、龟壳
		家禽家畜	家禽	如鸡、鸭、鹅
			家畜	如牛、羊、猪、兔
	农民生活特色	农民本身特质	当地的语言	如闽南语、客家语及原住民语言等
			宗教信仰	如信奉佛教、道教、天主教、基督教
			农民特色	如个性、群体性
			历史	如地名由来、开发史、神话故事
		日常生活特色	饮食	如种类、烹调、加工、饮食习惯、用具
			衣物	如布、衣服、帽子、饰品
			日常生活建筑	如农宅、庙宇、具纪念性建筑物
			开放空间	如村庄、养殖场、市场、广场
			交通方式	如道路、交通工具及运输方式
		农村文化庆典活动	工艺	如雕刻、泥塑、绘画、编织、童玩
			表演艺术	如杂技、乐器、戏剧、民谣、舞蹈
			小吃	如海鲜类之蚵仔煎、酱料类之豆瓣酱
			庆典活动	如各种宗教活动、野台戏、年节活动
	农村生态环境	农村气象	气候与农业关系	如二十四节气、七十二气候
			气象预测方法	如观测天象法、观察动植物法
			特殊的天、气象	如日、月、星及云、雾、雨景
		农村地理	地形与农业关系	如坡地、沼泽、旱地等
			土壤与农业关系	如肥沃与贫瘠处之不同农作物
			水文与农业关系	如灌溉、饮用、家用、雨捞
		农村生物	乡间植物	如长在田间、水边或田野间之草本
			乡间动物	如鸟、两栖类、水族、小型哺乳动物
			乡间昆虫	如蜻蜓、蝴蝶、萤火虫、农业益害虫
		农村景观	全景景观	如山地中之村落、平原之集、散村
			特色景观	如稻田、果园、传统聚落景观
			围闭景观	如村中之巷道、大树荫蔽之林间
			焦点景观	如特别的作物、大树、著名建筑物
			框景景观	如由山洞或树间看出去之景观
			细部景观	如果实纹理、花朵造型、昆虫构造
			瞬间景观	如炊烟、飞鸟、云雾、雨打芭蕉

注：表 2-1 根据叶美秀《休闲活动设计与规划》一书整理。

农产品加工和休闲农业全线飘红

今年以来，农业部大力推进政策扶持体系、科技创新体系、人才支撑体系、公共服务体系和组织管理体系建设，创新理念、转变职能、改进作风，推动农产品加工业、休闲农业、农民创业和乡镇企业持续健康发展。

上半年，在国内经济总体放缓和消费需求不旺的情况下，规模以上农产品加工业仍然实现主营业务收入8.4万亿元，同比增长9.5%，比全国规模以上工业增速高1.4个百分点，呈现总体回稳态势，质量效益持续提高。一是努力推进扶持政策落实。组织起草了《农业部关于进一步促进农产品加工业持续健康发展的意见》；积极实施农产品初加工补助政策，今年补助资金增长20%，资金规模达6亿元；推动农产品加工机械纳入农机购置补贴范围。同时，开展了农产品加工综合利用、补助政策、主食加工等7个重大战略问题研究；启动了农产品加工合作社示范社创建活动；与国家开发银行合作，择优推荐第一批176个重点项目，融资需求380亿元。二是努力推进科技创新推广。实施科技创新驱动战略，编制完成《农产品加工技术集成基地建设规划》。加快农产品加工技术研发体系建设，组织开展关键共性技术战略性、前瞻性、基础性研究。在13个省区开展果蔬加工等共性关键技术示范推广，在14个省区开展科企技术对接，推动科技成果转化应用。三是努力推进主食加工业提升行动。推进加工业标准化和品牌化，认定发布了100家主食加工示范企业及品牌商标，开展宣传推介活动。组织开展了主食加工科企对接、"老字号"推介等主题活动，在大中城市郊区开展主食加工现场交流，主食加工成为农产品加工业的亮点。

围绕建设美丽乡村，休闲农业规范有序发展。将发展休闲农业与文化传承、生态涵养、创意产业和现代农业建设融为一体。开展农业文化遗产挖掘保护，成立了专家委员会，认定并发布了20个中国重要农业文化遗产，制定了保护管理办法，推进农耕文明、民俗文化、景观资源的动态传承；向社会推介了10个中国最美乡村和108个中国美丽田园；开展了全国休闲农业与乡村旅游示范县和示范点创建活动；开展了全国休闲农业创意精品推介活动，集中展示4000余件创意精品，推动创意产业发展；启动制定休闲农业行业标准，推进休闲农业融资服务。据不完全统计，上半年全国休闲农业接待游客近5亿人次，营业收入近1500亿元，增速超过10%，带动3000万农民受益。

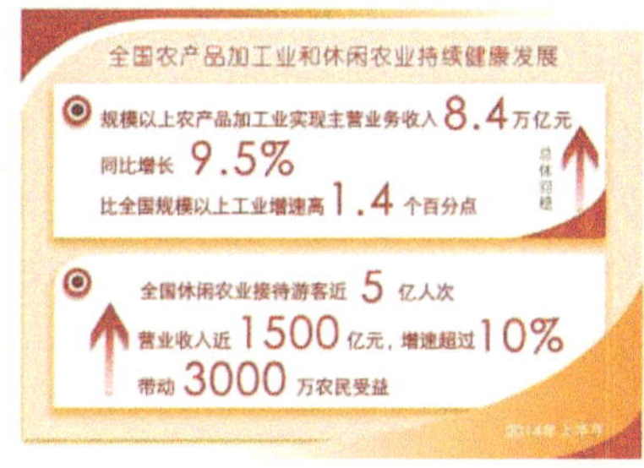

（资料来源：任璐，农民日报，2014年7月16日）

依托型的叠合，这种休闲农业园区具有较大的旅游客源市场。景区型休闲农业园区虽孤立存在，但往往也依托城市和大型旅游景区景点。

2.3　按照经营主体分类

主要按休闲农业园区的经营主体划分为四类：

（1）政府主导型：以各级政府相关部门为主体承建的园区，这类园区一般在原有国有农场、林场、果园的基础上进行承建。如辽宁省大连金科生态园艺场。

（2）集体经营型：以乡、镇、村为主体承建的园区，有利于农业的规模化生产和农民收入的增加，应该成为以后引导与扶持的重点。如河北省秦皇岛集发农业生态观光园。

（3）企业公司型：以企业为主体承建的园区，采取园区建设机制灵活，能够以市场需求为导向，市场适应能力强。如辽宁省本溪市绿色生态园。

（4）个体经营型：以农民个体经营为主体，一般经营规模很小，多以果品采摘户为主，有利于直接富民，应该成为以后引导与扶持的重点。

2.4 综合开发类型和模式

（1）田园农业旅游模式

即以农村田园景观、农业生产活动和特色农产品为旅游吸引物，开发农业游、林果游、花卉游、渔业游、牧业游等不同特色的主题旅游活动，满足游客体验农业、回归自然的心理需求，主要类型有：

1）田园农业游。以大田农业为重点，开发欣赏田园风光、观看农业生产活动、品尝和购置绿色食品、学习农业技术知识等旅游活动，以达到了解和体验农业的目的。如上海孙桥现代农业观光园，北京顺义"三高"农业观光园。

2）园林观光游。以果林和园林为重点，开发采摘、观景、赏花、踏青、购置果品等旅游活动，让游客观看绿色景观，亲近美好自然。如四川泸州张坝桂园林。

3）农业科技游。以现代农业科技园区为重点，开发观看园区高新农业技术和品种、温室大棚内设施农业和生态农业，使游客增长现代农业知识。如北京小汤山现代农业科技园。

4）参与体验游。通过参加农业生产活动，与农民同吃、同住、同劳动，让游客接触实际的农业生产、农耕文化和特殊的乡土气息。如广东高要广新农业生态园。

云南元阳哈尼族梯田

油菜花景观

中国最美的乡村婺源油菜花景观，吸引着无数的中外游客

深圳市西海岸海上田园景观

北京朝阳区蓝调庄园

福建省北溪村彩色田园交响曲

福建省北溪村田园风貌

湖南省张家界永定区石堰坪村丰收季

“梦水乡”全国摄影大赛于缸顾千垛菜花风景区举行，民俗表演活动在花田之中进行巡游表演

北京市朝阳区安翔里南瓜长廊

哈尔滨市北方现代都市农业示范园

天津水高庄园柱式立体栽培

第七届世界草莓大会《草莓博览园》

（2）科普教育旅游模式

利用农业观光园、农业科技生态园、农业产品展览馆、农业博览园或博物馆，为游客提供了解农业历史、学习农业技术、增长农业知识的旅游活动。主要类型有：

1）农业科技教育基地。在农业科研基地的基础上，利用科研设施作景点，以高新农业技术为教材，向农业工作者和中、小学生进农业技术教育，形成集农业生产、科技示范、科研教育为一体的新型科教农业园。如北京昌平区小汤山现代农业科技园、陕西杨凌全国农业科技农业观光园。

2）观光休闲教育农业园。利用当地农业园区的资源环境、现代农业设施、农业经营活动、农业生产过程、优质农产品等，开展农业观光、参与体验、DIY 教育活动。如广东高明蔼雯教育农庄。

3）少儿教育农业基地。利用当地农业种植、畜牧、饲养、农耕文化、农业技术等，让中、小学生参与休闲农业活动，接受农业技术知识的教育。

4）农业博览园。利用当地农业技术、农业生产过程、农业产品、农业文化进行展示，让游客参观。如沈阳市农业博览园、山东寿光生态农业博览园。

（3）农家乐旅游模式

即指农民利用自家庭院、自己生产的农产品及周围的田园风光、自然景点，以低廉的价格吸引游客前来吃、住、玩、游、娱、购等旅游活动。主要类型有：

徐家大院优美的景观和完善的服务设施建设被评为成都市四星级农家乐

1）农业观光农家乐。利用田园农业生产及农家生活等，吸引游客前来观光、休闲和体验。如四川成都龙泉驿红砂村农家乐、湖南益阳花乡农家乐。

2）民俗文化农家乐。利用当地民俗文化，吸引游客前来观赏、娱乐、休闲。如贵州郎德上寨的民俗风情农家乐。

3）民居型农家乐。利用当地古村落和民居住宅，吸引游客前来观光旅游。如广西阳朔特色民居农家乐。

4）休闲娱乐农家乐。以优美的环境、齐全的设施、舒适的服务，为游客提供吃、住、玩等旅游活动。如四川成都碑县农科村农家乐。

5）食宿接待农家乐。以舒适、卫生、安全的居住环境和可口的特色食品，吸引游客前来休闲旅游。如江西景德镇的农家旅馆、四川成都乡林酒店。

6）农事参与农家乐。以农业生产活动和农业工艺技术，吸引游客前来休闲旅游。

中国农家乐第一家四川成都农科村徐家大院

国外游客体验部北京农家乐

宁波市余姚九龙湾乡村度假民宿

农家乐宣传标识

（4）民俗风情旅游模式

即以农村风土人情、民俗文化为旅游吸引物，充分突出农耕文化、乡土文化和民俗文化特色，开发农耕展示、民间技艺、时令民俗、节庆活动、民间歌舞等旅游活动，增加乡村旅游的文化内涵。主要类型有：

1）农耕文化游。利用农耕技艺、农耕用具、农耕节气、农产品加工活动等，开展农业文化旅游。如新疆吐鲁番坎儿井民俗园。

2）民俗文化游。利用居住民俗、服饰民俗、饮食民俗、礼仪民俗、节令民俗、游艺民俗等，开展民俗文化游。如山东日照任家台民俗村。

3）乡土文化游。利用民俗歌舞、民间技艺、民间戏剧、民间表演等，开展乡土文化游。如湖南怀化荆坪古文化村。

4）民族文化游。利用民族风俗、民族习惯、民族村落、民族歌舞、民族节日、民族宗教等，开展民族文化游。如内蒙古呼伦贝尔金帐汗旅游部落。

北京大兴桑椹文化节

乡村篝火晚会

游客可以参加每日一次的由蒙古族主持人主持的拜祭敖包活动，以体会蒙古这一独特的民俗风情

花楸茶艺表演

湖南省皇都侗族文化村——吃合扰宴

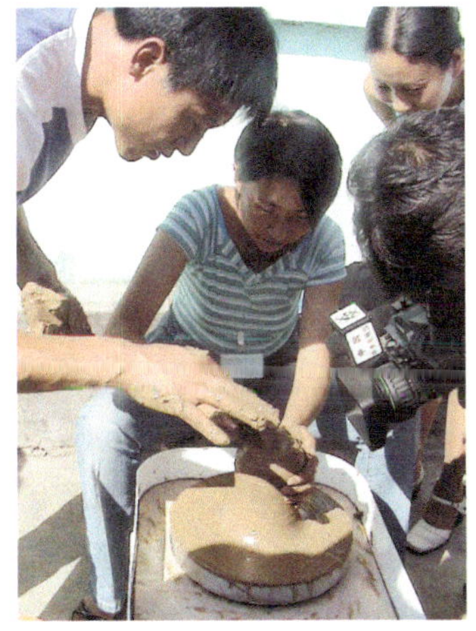

陶艺制作

湖南省皇都侗族文化村——秋阳高照赛芦笙

成都洛带客家民风民俗体验

火把节是彝族人民特有的传统佳节

中外游客参与潍坊杨家埠风筝制作

农耕文化展示

湖南省皇都侗族文化村——斗牛

（5）村落乡镇旅游模式

以古村镇宅院建筑和新农村建设格局为旅游吸引物，开发观光旅游。主要类型有：

1）古民居和古宅院游。大多数是利用明、清两代村镇建筑来发展观光旅游。如山西王家大院和乔家大院、福建闽南土楼。

爨底下村位于门头沟区斋堂镇，距今已有400多年历史，现保存着500间70余套明清时代的四合院民居，是我国北方地区原始风貌保存最完整、具有独特价值的山地四合院群体，被建设部和国家文物局授予首批"中国历史文化名村"称号。著名影视作品《手机》、《投名状》曾取景于此

寨门迎宾：客人在进入侗寨时，寨中女孩在寨门前把路拦住，主客双方须对唱拦路歌，若客人唱赢了主人才迎客进寨，若不能对歌则需喝罚酒方得进寨

陕西蒲城县翔村乡黄土高原民俗村

中国历史文化名村福建省下梅村鸟瞰图

2）民族村寨游。利用民族特色的村寨发展观光旅游，如云南瑞丽傣族自然村、红河哈尼族民俗村。

3）古镇建筑游。利用古镇房屋建筑、民居、街道、店铺、古寺庙、园林来发展观光旅游，如山西平遥、云南丽江、浙江南浔、安徽徽州镇。

4）新村风貌游。利用现代农村建筑、民居庭院、街道格局、村庄绿化、工农企业来发展观光旅游。如北京韩村河、江苏华西村、河南南街。

鲤鱼溪公园全景，鲤鱼溪以八百年人鱼同乐的民俗风情名扬海内外，被中央电视台推崇为“中华奇观”，是中华鲤鱼文化在江南最完美的延续，是人与自然和谐相处的典范，是“福建省三大民俗风情区”之一

鲤鱼溪古巷

（6）回归自然旅游模式

利用农村优美的自然景观、奇异的山水、绿色森林等资源，发展观山、赏景、登山、森林浴、滑雪、滑水等旅游活动，让游客感悟大自然、亲近大自然、回归大自然。

主要类型有：森林公园、湿地公园、水上乐园、自驾车营地、露宿营地、自然保护区。

天津蓟县白庄子湿地景观

牧场观光

生态茶园观光

生态田园观光

台湾青青草原观光游览

（7）休闲度假旅游模式

依托自然优美的乡野风景、舒适怡人的清新气候、独特的地热温泉、环保生态的绿色空间，结合周围的田园景观和民俗文化，兴建一些休闲、娱乐设施，为游客提供休憩、度假、娱乐、餐饮、健身等服务。主要类型有：

1）休闲度假村。以山水、森林、温泉为依托，以齐全、高档的设施和优质的服务，为游客提供休闲、度假旅游。如广东梅州雁南飞茶田度假村。

2）休闲农庄。以优越的自然环境、独特的田园景观、丰富的农业产品、优惠的餐饮和住宿，为游客提供休闲、观光旅游。如湖北武汉谦森岛庄园。

3）乡村酒店。以餐饮、住宿为主，配合周围自然景观和人文景观，为游客提供休闲旅游。如四川郫县友爱镇农科村乡村酒店。

集民俗风情及绿色饮食文化为一体的重庆秀山北园山庄

以彰显农家风情为特色的上海南汇区书院人家

郑州上街区卢卡乡村酒店

中国美丽乡村建设十大模式

2月24日，在贵州黔西南召开的第二届“中国美丽乡村·万峰林峰会”上，国家农业部正式对外发布中国美丽乡村建设十大模式，分别为：产业发展型、生态保护型、城郊集约型、社会综治型、文化传承型、渔业开发型、草原牧场型、环境整治型、休闲旅游型、高效农业型。美丽乡村建设模式涵盖了美丽乡村建设“环境美”、“生活美”、“产业美”、“人文美”的基本内涵，具有很强的借鉴意义，能够为中国各地美丽乡村的建设提供范本。

1. 产业发展型模式

主要在东部沿海等经济相对发达地区，其特点是产业优势和特色明显，农民专业合作社、龙头企业发展基础好，产业化水平高，初步形成“一村一品”、“一乡一业”，实现了农业生产聚集、农业规模经营，农业产业链条不断延伸，产业带动效果明显。典型：江苏省张家港市南丰镇永联村。

2. 生态保护型模式

主要是在生态优美、环境污染少的地区，其特点是自然条件优越，水资源和森林资源丰富，具有传统的田园风光和乡村特色，生态环境优势明显，把生态环境优势变为经济优势的潜力大，适宜发展生态旅游。典型：浙江省安吉县山川乡高家堂村。

3. 城郊集约型模式

主要是在大中城市郊区，其特点是经济条件较好，公共设施和基础设施较为完善，交通便捷，农业集约化、规模化经营水平高，土地产出率高，农民收入水平相对较高，是大中城市重要的“菜篮子”基地。典型：上海市松江区泖港镇。

4. 社会综治型模式

主要在人数较多，规模较大，居住较集中的村镇，其特点是区位条件好，经济基础强，带动作用大，基础设施相对完善。典型：吉林省松原市扶余市弓棚子镇广发村。

5. 文化传承型模式

主要是在具有特殊人文景观的地区，包括古村落、古建筑、古民居以及其他传统文化景观等，其特点是乡村文化资源丰富，具有优秀民俗文化以及非物质文化，文化展示和传承的潜力大。典型：河南省洛阳市孟津县平乐镇平乐村。

6. 渔业开发型模式

主要在沿海和水网地区的传统渔区，其特点是产业以渔业为主，通过发展渔业促进就业，增加渔民收入，繁荣农村经济，渔业在农业产业中占主导地位。典型：广东省广州市南沙区横沥镇冯马三村。

7. 草原牧场型模式

主要在我国牧区半牧区县（旗、市），占全国国土面积的40%以上。其特点是草原畜牧业是牧区经济发展的基础产业，是牧民收入的主要来源。典型：内蒙古锡林郭勒盟西乌珠穆沁旗浩勒图高勒镇脑干哈达嘎查。

8. 环境整治型模式

主要在农村脏乱差问题突出的地区，其特点是农村环境基础设施建设滞后，环境污染问题，当地农民群众对环境整治的呼声高、反应强烈。典型：广西壮族自治区恭城瑶族自治县莲花镇红岩村。

9. 休闲旅游型模式

休闲旅游型美丽乡村模式主要是在适宜发展乡村旅游的地区，其特点是旅游资源丰富，住宿、餐饮、休闲娱乐设施完善齐备，交通便捷，距离城市较近，适合休闲度假，发展乡村旅游潜力大。典型：江西省婺源县江湾镇。

10. 高效农业型模式

主要在我国的农业主产区，其特点是以发展农作物生产为主，农田水利等农业基础设施相对完善，农产品商品化率和农业机械化水平高，人均耕地资源丰富，农作物秸秆产量大。典型：福建省漳州市平和县三坪村。

3 休闲农业规划原则与功能构建

3.1 休闲农业规划与开发原则

休闲农业资源规划与开发应以农业生产经营活动为主体，以旅游市场为导向，以创新为动力，以科技为依托，以农民增收为主线，以休闲、求知、观光、采摘为载体，既要注重相关产业发展和整合，将传统农业从第一产业延伸到第三产业，又要使休闲体验者身心健康、知识增益，增强游人热爱大自然、珍惜民族文化，保护环境的意识。

休闲农业资源规划与开发应遵循以下原则：

3.1.1 可持续发展的原则

休闲农业资源规划与开发应以生态优先、可持续发展为第一指导原则。在具体的开发建设中要注重妥善解决开发所带来的环境破坏和污染，采取必要的生态措施和技术改善林网、水系、田园的农业生态环境，培育生态绿色产业，繁荣生态文化，构建生态产业体系。把“生态文明”、“可持续发展”融入各项目区的规划建设之中，高度重视生态保护和文化传承，充分发挥农业、农村、农民的生态和文化优势，吸引游客观光休闲和精心体验，避免盲目开发、无序开发和破坏性开发，走资源节约型、环境友好型的可持续发展道路。

我国是一个具有几千年悠久历史的农业古国，在传统的天人合一的东方哲学思想下，营造了人与自然和谐的生态农业。我国传统农业中早就有了“天人合一”的辩证认识，并用于指导农业生产。休闲农业园区内的农业生产经营、休闲体验等活动以与自然和谐共存为最高准则，必须遵循自然生态规律，在保护、开发、培育资源与环境的过程中实现提高农业的开发和利用，以确保园区景观的完整性、原真性和生态性。

休闲农业发展要依据产业目标和功能定位，增加优势产业总量与优化空间布局，产业发展与资源环境并重，优化产业结构，发展循环经济。休闲农业在布局规划时，使农业产业项目安排具有层次性和有机性，项目之间有衔接、有互动，做到生态环境保护与经济社会发展相结合，实现经济、社会、生态效益的可持续发展。

3.1.2 统筹城乡发展的原则

休闲农业资源规划与开发应深入贯彻落实科学发展观，统筹城乡发展，打破城乡分割体制的影响，要求城乡基础设施建设必须一体化，加速缩小城乡发展差距。在实施规划过程中，要坚持重点区域先行，加快规划区域内核心区、辐射区、基地、园区、重点村镇的建设，引导产业要素向重点区域集中。统筹第一、二、三产业布局，加快现代农业和第三产业发展步伐，实现产业和各类要素有效集聚。坚持统筹考虑，分步实施，以点带面，以线穿面，整体协同，互动共进。与此同时，在具体开发过程中还应引入创新统筹发展的体制机制，形成政府引导、企业主体、农民参与、多方支持、充满活力的发展格局，加强部门联合和联动，形成合力，共同推进。

3.1.3 以农为本，农游结合的原则

休闲农业规划与开发必须坚持以农为本，以农业生产为基础，把农业的生产功能放在第一位，确保农业产品在开发中占有主导地位。通过第一、二、三产业的有效结合，更好地提高农产品附加值，创造更大的经济效益。

农业不仅具有食品保障功能，而且具有原料供给、就业增收、生态保护、观光休闲、文化传承等功能。因此休闲农业规划与开发要积极拓展农业的多功能，加强农业与旅游业有效结合，发展“农游合一”的新型产业。通过旅游的带动加快农业走向市场的步伐，建立自己的市场地位，提高农业的价值，获得巨大经济效益。同时，休闲旅游农业又为旅游业的发展开拓了新领域，丰富了旅游的内涵，促进了现代旅游业的延伸和发展。通过“农游合一”的新型产业模式的发展变农业生产资源为农业资本，变生态环境资源为生态资本，变农村民俗资源为农耕文化资本；使农民“足不出户就业创业、经营山水增收致富”，使农民成为城镇居民消费需求的供给者，成为农业资源和资本的经营者和管理者。

休闲农业规划与开发必须把农业发展、农民增收、农村进步作为根本出发点和落脚点，紧紧依托农业特色、优势和高效设施农业，充分发挥和调动社会各界的积极性和创造性。重点项目建设要注重游客的参与体验，充分发挥农业资源空间广阔，内容丰富，极富有参与性等特点，设计出融参与性、知识性、趣味性于一体的农业休闲活动项目。使人广泛参与到农业生产、农村生活的方方面面，更多层面地体验到农业生产及农村生活的情趣，享受原汁原味、丰富多彩的乡村氛围。

3.1.4 因地制宜、体现特色的原则

休闲农业规划与开发要充分考虑农业生产具有的地域性和季节性特点，因地制宜，体现特色。在农业产品开发和项目设计上必须根据各地区的农业资源、农业生产条件和季节特点，考虑其区位条件和交通条件，因地、因时制宜，突出区域特色。特色是休闲农业发展的生命之所在，越有特色其竞争力和发展潜力就会越强，因此休闲农业发展要与实际相结合，明确资源优势，选准突破口，使其特色更加鲜明，保持其“人无我有、人有我新、我精、我特”的垄断性地位。如北京门头沟区的“妙峰樱桃园”、平谷区的“桃花海”观赏采摘区、大兴区的“万亩优质梨休闲采摘园”等无一不是以特色取胜的休闲农业园区。

休闲农业应因地制宜地选择开发价值高的现代农业新品种、新技术、新设备，利用重点项目、重点产业的集中建设，示范带动区域农业产业化发展。重点项目建设要形成差异化发展，形成丰富的发展类型，通过招商引资、规范管理，提升休闲农业档次，达到满足实际情况、可操作性强、效益叠加的目标。

飞牛休闲牧场早期以乳牛饲养为主，在与政府适时推动休闲农业的环境前提下，加以转型，改为以经营休闲农业为主的休闲农场，成为中国台湾地区重要的旅游目的地

● 宜兰县冬山乡中山休闲农业区 ●

台湾省宜兰县冬山乡中山休闲农业区：中山休闲农业区位于台湾省宜兰县冬山乡，面积 806hm^2，园区内以种植茶树及果树为主，生产茶叶及文旦柚，多数的山坡地为保护林地，是宜兰县境内最好的生态旅游场所；中山休闲农业区于 2001 年获准成立，已有 7 年时间，是台湾省农业部门第一批核准的农业区，并在 2004 年获选为示范区；中山休闲农业区经营包含餐厅、休闲农场、观光果园、民宿等，共有 35 家观光相关业者，以柚香、茶香为基调，发展出各家不同的特色

休闲农业乐了市民富了农民

农业部乡镇企业局局长甘士明近日接受了本报记者专访，介绍了中国休闲农业的现状，以及如何挖掘巨大潜力来满足民众日益增长的休闲需求。甘士明认为，休闲农业和乡村旅游迎来了难得的发展机遇。

业态繁多产业规模不断扩大

提到休闲农业和乡村旅游，人们自然就会想到“农家乐”。其实在许多地方，各式乡村酒店、采摘园、度假村、牧场、渔村、民俗村等新业态，正在朝着规范化、高标准、文化内涵不断丰富的方向发展。

甘士明解释说，休闲农业是指利用农村田园景观、自然生态环境资源、现代高效特色农业示范园区，结合农业生产经营、农村文化及农民生活习俗，经过科学规划、开发，为游人提供休闲、观光、度假、体验、娱乐、健身及教育、推广、示范等多种服务，以促进农民就业增收和新农村建设。休闲农业集生产、生活、生态一体化，充分体现了人与自然的和谐，为城市居民提供了亲近自然、回归自然的机会。

甘士明告诉记者，全国休闲农业发展迅速。据农业部对全国 19 个省区市的不完全统计，截至 2009 年 8 月，各类休闲农业园共有 18361 家，其中年产值 500 万元以上的规模企业有 3084 家。休闲农业园年营业收入超过 1175 亿元，带动就业近 280 万人，其中农民就业达 267 万人。以目前休闲农业发展的规模和发展速度可以预见，未来休闲农业将会形成庞大的产业规模。

"三农"发展的助推力

休闲农业在促进农民就业增收，推动现代农业发展和新农村建设等方面发挥着越来越重要的作用。据统计，休闲农业每增加1个就业机会，就能带动5个农村人口就业。一个年接待10万人次的休闲农庄，可实现营业收入1000万元，直接和间接安置300名农民就业，可拉动1000个农民家庭增收。最近两年以"农家乐"为主的创业活动迅速发展，目前全国"农家乐"已接近130万户，带动400多万农民就业。甘士明举例说，湖北省仙桃市已发展农家乐97家，年营业收入3亿元以上，实现利润1.2亿元，上缴税金1500万元，吸纳农民工就业4000多人，带动农民增收2000万元。全国首个"休闲农业与乡村旅游示范县"浙江安吉，农民人均收入2009年已经超过万元。

休闲农业集吃、住、行、游、购、娱于一体，吸纳了大量农村劳动力。据测算，休闲农业对相关产业拉动的比例为1：4，促进了农业、农副产品加工业、手工艺品生产、旅游用品和纪念品开发以及商贸、运输等产业的发展。

休闲农业同时也带动了新农村建设。长沙市黄兴镇近年累计投资100多万元，用于修路、建厕所和垃圾站、停车场，设立中英文指路牌等，推动了当地"农家乐"示范区的发展。长沙市大明生态休闲山庄积极参与所在村的基础设施建设，出资建起了村垃圾处理站、污水处理工程和自来水管道工程，改善了村里的基础设施，美化了村容村貌，优化了自身发展环境。新疆昌吉回族自治州天山村、天津蓟县常州村、北京平谷黄草洼村、河北秦皇岛新建村等，这几年通过发展休闲农业和乡村旅游，建设成了小康村、文明村。

集群式发展投资主体多元化

甘士明告诉记者，目前我国休闲农业呈集群式发展。例如，湖南形成以长株潭经济发展区、湘中南区、环洞庭湖区、湘西山区为主的四大休闲农业特色区。长沙市形成了"一环三带四板块"的休闲农业布局。四川成都郊区的"五朵金花"，北京郊区"虹鳟鱼一条沟"、草莓采摘村等，都已经成为市民休闲旅游的重要选择。浙江安吉围绕竹子、白茶等特色产业还打造出闻名全国的生态休闲县。湖南张家界荷花园建成了以荷花为载体，集水生动植物养殖、土家文化展示、荷文化及建筑、雕塑为一体的土家民俗与荷花生态专题休闲农业园。

集群式发展有利于产业向规模化成熟化发展，让投资者看到了休闲农业广阔的市场前景。甘士明介绍说，目前休闲农业吸引了大批投资者，投资模式各不相同，投资主体日趋多元化。除了企业家直接投资这种方式，有的采取村镇集体或农民广泛参与的模式，有的采取城市职工下乡兴办的方式。从经营主体上看，从以农户经营为主，向农民合作组织经营、社会企业家共同投资经营发展。近两年，京郊的一些上规模、上档次的休闲农业园区，都是一些房地产业、建筑业等行业的企业家投资兴建的，这带来了城市的资本、技术、管理和发展理念，大幅度地提升了休闲农业与乡村旅游的水平。

以农促旅、以旅强农

《国务院关于加快发展旅游业的意见》中明确提出，要充分发挥相关产业和行业的资源优势与积极性。据甘士明介绍，其实农业部门与旅游部门的相关合作此前就已开局。

早在2007年，农业部与国家旅游局就签署了《关于促进社会主义新农村建设与乡村旅游发展合作协议》。2009年5月，时任农业部部长孙政才提出了"农旅结合、以农促旅、以旅强农"的要求，两部局的合作也越来越紧密。

甘士明向记者透露，农业部将促进休闲农业与乡村旅游的发展作为"十二五"期间重点工作之一。为了做好休闲农业与乡村旅游示范县和示范企业认定工作，农业部与国家旅游局正在研究修改有关标准和办法，将确认一批休闲农业与乡村旅游发展好的县（市）、村和企业为全国休闲农业与乡村旅游示范县和示范企业，加快培育一批休闲农业重点企业。

另外，农业部将重点围绕发展规划、标准化管理、信息平台、教育培训和市场拓展等方面，大力加强服务平台建设。积极引导和鼓励行业协会和社会力量参与服务体系建设，为休闲农业发展创造良好的外部环境。

（资料来源：《人民日报海外版》2010年3月10日第06版）

3.2　休闲农业规划与开发功能体系构建

休闲农业是一种结合农业生产与休闲游憩的新兴产业，其具有以下多项功能：

（1）经济功能

休闲农业一般采用高度集约化生产，具有产品优质化、设施现代化和管理科学化的特点。休闲农业能够提供大量名优农产品，满足城市居民日益增长的消费欲望和市场竞争的要求，从而创造可观的经济效益。其次，农业作为观光休闲场所，通过提供观赏、体验、品尝、选购等消费服务形式，使农业资源延伸为旅游资源，此外又可直接增加其附加经济价值，提升农业产业结构，这对入关后面临全球化挑战的农业产业，无疑是一条可持续发展的新路。如北京市顺义区实施观光采摘促进战略，在以下方面加快开发农业旅游功能：①以优质农产品为基础、以农村风情为特色，逐步建立一批吃、住、娱、购一体的高档次农业观光园区，开发一批体验型、租赁型休闲项目；②大力发展精品观光型、园区采摘型、农耕体验型、生态度假型、新村生态型、民俗旅游型、农业节庆型、产品会展型和生态餐饮型等形式的农业休闲观光旅游；③围绕都市型农业的“生产、生活、生态”功能，不断开发农业休闲观光旅游新项目，满足市民体验农耕、品尝美味、欣赏田园、修身养性的休闲需要。

休闲农业功能体系构建图

可以预言作为农业经济的新增长点，休闲农业的经济效益将是十分巨大的，对高效农业的发展和加速农业、农村现代化具有重要意义。

（2）生态环保功能

城市迅速发展后，交通、工业、消费的发展，使废气、废水和噪声等对城市环境的危害日趋严重。绿色产业是城市环境的最佳卫士，可以净化环境，吸收反射噪声，调节区域气候，防止水土流失，维护生态平衡，提高城市环境质量，创造良好的生活空间，发挥生态屏障功能。据测，1 亩果园可减少噪声 8~15 dB，1 hm^2 园地夏季调节温度的效能相当于 50 台空调器。因此，休闲农业被誉为“城市的净化器”。另一方面，休闲农业有环保和防御灾害的机能。经由妥善经营管理，休闲农园内的人类活动可以有效控制，使其对环境的冲击力减少到最低。尤其农园的经营者为了生产安全食用的农产品而大力提倡

顺义区北石槽镇御杏园

北京顺义三高农业科技示范区

硕果累累的果树景观

有机农业，免除对农药和化肥的使用，有利于保护环境。此外，城市中预留的农田景观在灾害发生时，可起到适当疏散空间、减少（减轻）灾害的作用。如北京市果树面积占全市林木总面积的20%，在水源涵养、防风固沙、改善生态环境中发挥了重要作用。

（3）社会功能

现代休闲农业促进了城郊地区的经济发展，加快了城市化进程，促进了农村劳动力转移；提高了郊区农民的生活水平，显著得减小了城乡之间的差距，加快了城乡一体化的进程，实现了城乡经济协调发展。城郊农村

位于北京市昌平区山前暖区苹果产业带的崔村基地景观

享有“海上田园”美誉的大兴区万亩梨园景观

山东省郯城县国有苗圃

四川省成都市平乐简洁朴素的乡村景观

新疆喀纳斯湖畔图瓦村游牧景观

湖南省长沙市西郊望城县百果园农庄

深圳青青世界公园青青豆腐坊

江苏江阴市华西村都市园艺中心

成都市平乐八景之一：沫水渔舟景观

著名的旅游度假地德国南部小城菲森，为了不破坏大片山林、农田，不污染环境，菲森至今没有高速公路

农产品的深度开发：中国台湾省初鹿休闲牧场纪念品展卖厅

北京市星湖园度假村农业旅游产品开发系列展示

充分利用自然景观、果业景观、绿色果品和农村文化等资源，大力发展现代休闲农业，促使休闲农业由城郊传统型向都市现代型转变，农业格局由单一型向综合型转变，产品输出由初级产品向深加工产品转变。通过农业结构的调整，休闲农业可以有效地带动旅游、休闲相关的第三产业的发展，扩大农村就业，促进农村劳动力转移，增加农民收入，加快农民致富。同时，现代休闲农园吸引更多的城市人到郊区去，促进公众对农业和农村的认识，在提高人们对休闲农业的认可度和参与程度的同时，增强了政府和社会各界对现代休闲农业的关注，加快了郊区农业的发展，实现了更大的经济利益。城市人下乡观赏果园、参与农作，还给农民带来了先进的经营、管

2008北京奥运推荐果品评选——奥运会徽图案展示

2008北京奥运推荐果品评选苹果专场一位女士在展示有“奥”、“运”字样的获奖苹果

2008北京奥运推荐果品评选——京剧脸谱图案展示

法国北部城市鲁贝比勒社区移动菜园
（图片来源：Ecology,source of creation，P6）

理理念，促进了城乡之间的文化和信息交流，促进农村开放，转变了农民传统、落后的观念，增进人们之间的情感交流，减轻了城乡居民之间的隔阂。

（4）游憩功能

休闲农业融农村自然风光与社会人文景观于一体，提供给游客一个清静、优雅、温馨、祥和的户外开放空间，使游憩者享受乡野风光及大自然的乐趣，是丰富市民的文化生活、调节市民心态、提高生活质量的有效途径。此外，城市化及休闲农业的发展，使城市与农村的界限相对模糊，形成城市包含农村、农村包围城市、城市与农村浑然一体的格局，从而极大地满足了现代都市居民渴望回归自然的愿望。越来越多的人已经认识到没有农业和绿地的城市是不符合人类天性的。

（5）教育、文化功能

休闲农业为市民参与农业、了解农产品生产过程、体验农村生活创造了良好的机会，尤其为城市的青少年了解自然、认识社会、了解农业和农村文化，创造了条件；使农村特有的生活文化及民俗技艺，获得进一步的发展、延续和继承，同时创建出具有特殊风格的农村文化。此外，在参与农业的活动中，观光休闲活动增加了人们的交往和沟通机会，可以增进人与人之间的情感交流，降低城

浙江安吉百草园农业示范园游览步道

采摘的收获：樱桃果篮

广西南宁八桂田园

河南郑州丰乐农庄

台湾省休闲农业体验之丰收的稻田

台湾省飞牛牧场滚草

农场客栈中的葡萄酒酒窖

北京市通州区台湖生产实践园农事趣味体验室

北京市通州区台湖生产实践园农事趣味体验室

台湾省台一生态教育休闲农园

台湾省福田园教育休闲农场

安溪尤俊农耕文化园

农耕文化的传承：河北张家口安家沟体验磨坊

台湾省原生应用植物园植物养生保健标示牌

台湾省原生应用植物园植物养生保健产品展卖

乡居民彼此之间严重的疏离感。如在一些农业园区利用农场环境和产业资源，将其规划成学校的户外教室，具备教学和体验活动场所、教案和解说员，为游客提供活生生的教材和案例。

（6）医疗功能

休闲农园的静谧、优美、开阔的环境，可以放松人们紧张的情绪，减少心理上的焦虑和生理上的压力。鲜果绿树、阳光照射、自然声音，有利于病人恢复健康。鸟语花香的气息，可以减少人类思维的失误；农产品富含的营养物质，可以预防和治疗各种疾病，发挥保健和医疗价值。

总之，休闲农业作为兼经济、生态、社会、教育文化、医疗等多功能的产业，是一项兼具生产、生活、生态“三生”一体的产业。

英国东茂林生态园

稻田能作画，“情侣”在起舞
——湖南最大彩色稻田艺术人物图案在开慧镇成形

在长沙县开慧镇，一片稻田里，出现了一对“情侣”翩翩起舞的身姿，这是湖南的农业科技达人团队用水稻组成的50m长、35m宽的稻田艺术图案，目前已经成形，是湖南最大的人物彩色水稻图案。

“情侣”在稻田牵手起舞

进入开慧镇骄阳大道，一块块有着图案的彩色水稻田映入眼帘，在绿叶稻田中，由紫色的紫叶稻组成了板仓小镇的中英文字形，接着是手捧心形的图案。

而在板仓国际露营基地，一个巨大的图案出现在眼前。在暗红色的红叶稻田中，一个“绿衣男士”站在左侧，插着左手，很绅士地伸出右手，呈现“邀舞”的姿势，而右侧，一位穿着公主裙的“女士”伸手过来。一旁的稻田里还错落着音符和键盘图案。

“这样的稻田有创意。”游客汪先生在一边用手机转发微信朋友圈。“我们使用了绿叶稻和红叶稻来创作这幅图案，用了110亩稻田，其中人物图案有50m长，约35m宽，这是湖南最大的稻田人物图案。”省农科院水稻研究所技术专家闵军介绍。

大地做画板，技术达人画图案

“为了符合板仓镇的气质，我们选取了‘情侣起舞’这个创意，当初在设计的时候收集了许多图案。”当看到一幅男女牵手起舞的剪影图案时，闵军一拍脑门，对着团队大声说：“就是它了。”

画好图样后，两名技术人员在田间插秧，先插轮廓，再安排一人站在10m多高的观景台拿着图样进行对比，用电话指挥插秧的人矫正图案，经过一天劳作，图案轮廓就成形了。“由于透视关系，图案中的男子看上去脖子粗了点，鼻子长了点，但整体效果还不错。等技术更加成熟后，我们会采取直接抛秧或者十字绣方法进行彩色水稻图案种植。以后的图案会更精美。”闵军说。除了“两人牵手图”外，在彩稻展示区还设计了“我心奉献”、“初恋板仓”、“彩稻八卦图”等精美图案。

彩色水稻可观可食，营养好

对于彩色水稻，一些现场游客心生疑惑，“我只看过五颜六色的花朵，吃过彩色的棉花糖，却从没见过彩色的水稻？”闵军现场做起了“科普”，“世界上的东西五颜六色，我们运用常规杂交的方式让不同品种的水稻生长出不同的颜色。之所以会出现红色、紫色等颜色是一种叫‘花清素’的物质在发挥作用。开慧镇现在培育出来的彩色水稻种植面积约600亩，‘情侣图’中的绿叶稻结白米，红叶稻结紫米。”

“彩色水稻能吃吗？”对于这个疑问，闵军将他的彩稻概括为八个字：“观食共享，医食同源。”他说不但能吃，而且营养价值很好。闵军打趣地说，这对“情侣”会随着季节换“服装”。等到秋天，它们将换上黄衣裳，而原本在它们身旁环绕的一大片暗红将会变成大红。

开慧镇党委书记冯赛军告诉记者，今年4月份，在开慧镇试验种出了第一批彩色油菜花，这在湖南尚属首次。而在开慧镇国际露营基地，占地近百亩的薰衣草也长势良好。

（资料来源：长沙晚报　2014-07-10）

4 休闲农业园区规划设计

4.1 休闲农业园区规划建设选址

城市郊区是城市的外缘地区，它是城市地域结构的重要组成部分，是城市功能和农村功能互为渗透、社会经济发展特殊而又十分活跃的地区。乡村旅游在城市郊区、特别是城市近郊的各种旅游中发展极为活跃。城市近郊的乡村旅游地成了城郊旅游地和环城市游憩带的一个亮点。欧洲联盟(EU)和世界经济合作与发展组织(OECD，1994)将乡村旅游(Ruraltourism)定义为发生在乡村的旅游活动。乡村性(Rurality)是吸引旅游者进行乡村旅游的基础，是乡村旅游整体推销的核心和独特卖点，是界定乡村旅游的最重要标志。注：这里的乡村旅游(Ruraltourism)与农业旅游(Agri-tourism)和农场(农家)旅游(Farmtourism)严格区别，而是把农业旅游和农场(农家)旅游看作乡村旅游的重要实现形式。

休闲农业园区作为城市重要的游憩地，其发展、繁荣不仅推动农村产业的多功能化，有利于新兴产业发展，还能促进乡村景观整治，推动乡村风貌塑造，全面增加农民收入，改善农村环境，提高生活质量。休闲农业的逐步开展，最为直接的结果是在城市近郊建立起来的绿色地带式的农业园区，供人们游憩。

我国休闲农业园区从空间分布上看，主要有3种类型区：(1)城市依托型(大城市周边)；(2)景区依托型；(3)景区型。北京大学吴必虎、黄琢玮、殷柏慧等学者在对中国大中城市周边72处观光休闲农业地空间布局进行抽样调查、统计分析的基础上得到结论认为：观光休闲农业地在大、中城市周围分布总体上呈现距离衰减趋势(除了在开始的30km范围内)，即与主城距离越远，观光休闲农业地分布越少；85%的城市郊区型观光休闲农业地集中分布在距离一级客源地城市100km范围内；

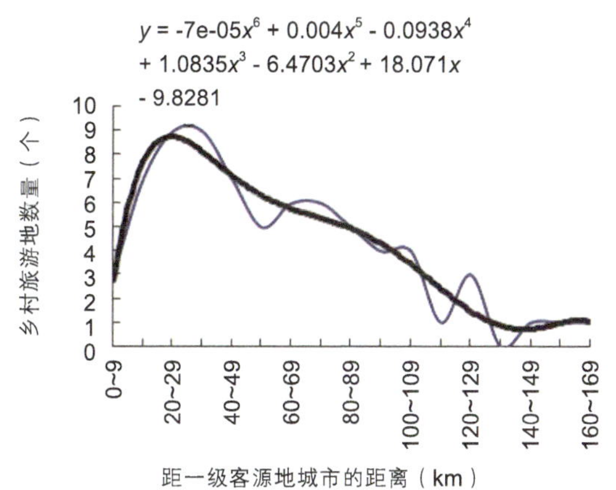

观光休闲农业在其一级客源地城市周围的距离衰减及其6次方程模拟曲线（北京大学吴必虎、黄琢玮、殷柏慧等）

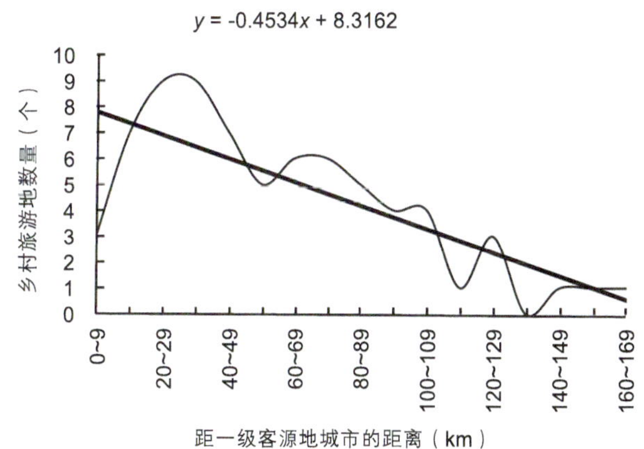

观光休闲农业在其一级客源地城市周围的距离衰减及其1次方程模拟曲线（北京大学吴必虎、黄琢玮、殷柏慧等）

观光休闲农业地在城市周边分布主要有两个密集带，最密集地带出现在距一级客源地城市 30km 左右的地区，次密集带出现在距一级客源地城市 80km 左右的地区。

但同时也形成了另外一种规律，就是距离城市愈远，则建立了愈来愈大的休闲农业园区和游憩地供人们较长时间的滞留。从以上的研究结论中不难得出，休闲农业园区规划建设选址应选择在城市、景区较近且公路交通非常便利之处，既距离一级客源地城市 100km 范围内或距一级客源地城市 30km 左右的地区和 80km 左右的地区。

4.2 休闲农业园区规划设计阶段

4.2.1 项目建议书

休闲农业园区规划建设项目建议书（又称立项申请）是项目建设筹建单位或项目法人，提出的园区建设项目的建议文件，是对拟建园区提出的框架性的总体设想。它是在调查研究、收集资料、勘察建设地点、初步分析投资效果的基础上，论述拟建园区的必要性和可能性，它的目的在于争取批准立项。对于大中型休闲农业园区建设项目，还要编制可行性研究报告，作为项目建议书的主要附件之一。园区项目建议书是项目发展周期的初始阶段，是相关政府部门选择项目的依据，也是可行性研究的依据。

休闲农业园区规划建设项目建议书的主要内容应包括：(1) 总论；(2) 项目提出的必要性和条件；(3) 项目建设方案，拟建规模和建设地点的初步设想；(4) 投资估算、资金筹措及还贷方案设想；(5) 项目的进度安排；(6) 经济效果和社会效益的初步估计，包括初步的财务评价和经济评价；(7) 环境影响的初步评价，包括治理“三废”措施、生态环境影响的分析；(8) 结论；(9) 附件。

4.2.2 可行性研究报告

休闲农业园区项目建议书批准后，建设筹建单位应确定项目建设的机构、人员、法人代表、法定代表人；选定建设地址；落实筹措资金方案；落实供水、供电、供热、雨污水排放、电信等基础设施配套方案；进行详细的市场调查分析；编制可行性研究报告。可行性研究报告须由有资格的设计单位或工程咨询公司编制。

休闲农业园区规划建设可行性研究报告是园区建设投资之前，从经济、技术、生产、供销直到社会各种环境、法律等各种因素进行具体调查、研究、分析，确定有利和不利的因素、项目是否可行，估计成功率大小、经济效益和社会效果程度，为决策者和主管机关审批的上报文件。

休闲农业园区规划建设项目可行性研究报告的主要内容应包括：（1）项目总论；（2）项目背景；（3）市场预测与分析；（4）项目地点的选址；（5）项目规划建设宗旨与目标；（6）项目总体方案设计；（7）项目总投资估算与资金筹措；（8）项目的组织与管理；（9）项目效益评价；（10）可行性研究结论与建议；（11）附件。大型园区规划建设需单独做环境影响评价。

4.2.3 总体规划

确定休闲农业园区的性质、范围、总体布局、功能分区、总体定位、产品发展方向和设施布置，规定农业保护地区和控制建设地区，提出园区发展目标原则以及规划实施措施。在内容上包括：

（1）分析休闲农业园区的基本特征，提出园区内资源评价报告。

（2）确定休闲农业园区规划依据、指导思想、规划原则、园区性质与发展目标，划定园区范围。

（3）确定休闲农业园区的功能分区、结构、布局等基本框架，提出园区环境容量和游人容量、预测游人规模。

（4）制定休闲农业园区的农业资源保护、培育规划。

（5）制定休闲农业园区的植物景观规划。

（6）制定休闲农业园区的游憩景点与游览线路规划。

（7）制定休闲农业园区的旅游服务设施和基础设施规划。

（8）制定休闲农业园区的土地利用协调规划。

（9）提出休闲农业园区的规划实施措施和分期建设规划。

园区总体规划的文件和图纸：规划说明书；现状条件分析；旅游市场分析；旅游资源评价；规划原则和总体构思；用地布局；空间组织和景观特色要求；道路和植物种植系统规划；各项专业工程规划及管网综合；工程量及投资估算。图纸比例可根据园区规模、功能需要和现实可能确定。

4.2.4 详细规划

在园区总体规划的基础上，对园区重点发展地段上的土地使用性质、开发利用强度、环境景观要求、保护和控制要求、旅游服务设施和基础设施建设等作出控制规定。

详细规划分为控制性详细规划和修建性详细规划。

（1）控制性详细规划内容应包括：

1）确定园区规划用地的范围、性质、界线及周围关系。

2）分析园区规划用地的现状特点，确定规划原则和布局。

3）确定园区规划用地的分区、分区用地性质和用途、分区用地范围，明确其发展要求。

4）规定各分区景观要素与环境要求、建筑风格、建筑高度与容积率、建筑功能、主要植物树种搭配比例等控制指标。

5）确定园区内的道路交通与设施布局、道路红线和断面、出入口位置、停车场规模。

6）确定园区内各项工程管线的走向、管径及其设施用地的控制指标。

7）制定园区相应的土地使用与建设管理规定。

控制性详细规划的文件和图纸包括规划文本和附件，规划说明及基础资料收入附件。规划文本中应当包括规划范围内土地使用及建筑管理规定；控制性详细规划图纸包括：规划地区现状图、控制性详细规划图纸。图纸比例 1/500~1/1000。控制性详细规划图纸要求：

1）区域位置图：比例不限，须突出园区与周边交通网络的衔接关系。

2）用地现状图：比例为 1/500~1/1000，标明各类用地范围、用地性质、道路网络等。

3）道路交通规划图，比例 1/500~1/1000，须标注控制点坐标标高、道路断面及宽度等，须包含现状地形。

4）控制指标规划图，比例 1/500~1/1000。

5）各项工程管线规划图，比例 1/500~1/1000，包括给水、雨水、污水及电力、电信、燃气工程管网的平面位置、管径、控制点坐标和标高以及管网综合等。

（2）修建性详细规划内容应包括：

以总体规划、控制性详细规划为依据，制定用以指导各项建筑和工程设施的设计和施工的规划设计。在内容上包括：

1）建设条件分析及综合技术经济论证。

2）作出建筑、道路和种植区等的空间布局和景观规划设计，布置总平面图。

3）道路交通规划设计。

4）种植区系统规划设计。

5）工程管线规划设计。

6）竖向规划设计。

7）估算工程量、总造价，分析投资效益。

修建性详细规划文件和图纸主要包括：修建性详细规划文件为规划设计说明书；修建性详细规划图纸包括：规划地区规划图、规划总平面图、各项专业规划图、竖向规划图、反映规划设计意图的透视图。图纸比例为 1/500~1/1000。修建性详细规划的图纸要求：

1）规划地段位置图。标明规划地段在城市的位置以及周围地区的关系。

2）规划地段现状图。图纸比例为 1／500～1／1000，标明自然地形地貌、道路、绿化、工程管线及各类用地和建筑的范围、性质、层数、质量等。

3）规划总平面图。比例尺同上，图上应标明规划建筑、绿地、道路、广场、停车场、河湖水面的位置和范围。

4）道路交通规划图。比例尺同上，图上应标明道路的红线位置、横断面，道路交叉点坐标、标高、停车场用地界线。

5）竖向规划图。比例尺同上，图上标明道路交叉点、变坡点控制高程，室外地坪规划标高。

6）单项或综合工程管网规划图。比例尺同上，图上应标明各类市政公用设施管线的平面位置、管径、主要控制点标高以及有关设施和构筑物位置。

4.3 休闲农业园区规划设计分区

充分分析各种功能特点及其相互关系的基础上，以休闲度假区和农业种植体验区为核心，合理组织各种功能系统，既要突出各功能区特点，又要使之各功能区之间相互配合、协调发展，构成一个有机整体。

根据休闲农业园区综合发展需要，结合地域特点，应因地制宜设置不同功能区。总结各地休闲农业园区规划分区大体上包括入口区、服务接待区、科普展示区、特色品种展示区、精品展示区、种植采摘区、引种区、休闲度假区、生产区、设施栽培区等 10 个区。目前大多说休闲农业园区包括入口区、服务接待区、种植采摘区、生产区等四区。对于规模较大，经营成熟的园区规划分区会更全面。

北京、河北、辽宁、浙江、广西、四川主要代表园区功能分区与建设项目表 **表 4–1**

园区名称	面积（hm^2）	功能分区	重点建设项目	备注
北京市蟹岛绿色生态度假村	200	农业种植养殖区、可再生能源利用区、湖滨生态展示区、环保生态产业园区、休闲度假区	三点钟农业园、蟹宫、开饭楼、会议楼、仿古农庄、宴蟹楼、赶海宫、体育中心、高尔夫练习场、恋歌楼、城市海景水上乐园、科普爱心动物园	全国农业旅游示范点、北京绿色生态园区基地
河北秦皇岛北戴河集发农业观光园	240	大田采摘区、蔬菜采摘区、果品采摘区、花卉观赏展示区、水产养殖区、畜禽示范养殖区、江南水乡度假区、休闲娱乐健身区	集发观光园 4D 巨幕特效动感影院、绿色饭庄、水上乐园、热带植物园、四季花园、动物园、民俗大院、丝瓜长廊、蝴蝶谷、四季果园、连栋智能温室	国家 4A 级景区、全国农业旅游示范点
辽宁省葫芦岛葫芦山庄	900	正门景观区、生态种植采摘区、休闲度假区、旅游娱乐区、笊篱渔港垂钓休闲区	中国关东民俗博物馆、葫芦展览馆、葫芦岛历史陈列馆、葫芦大观园、生态种植采摘园、山庄大戏台、圣水湖、野鸭塘、欢乐园	国家 4A 级景区、全国农业旅游示范点
浙江湖州市安吉中南百草园	250	生态植物观赏区、野生动物繁殖区、户外体育运动区、原始淡竹迷宫、高效生态农业区、湿地漂流区和休闲度假区	景区拥有八景十八园。八景是：碧水晨曦、虎啸飞泉、虹彩夕照、丹枫流霞、松林晚樵、狮熊追月、淡竹迷宫和百草映雪。十八园是：白茶园、桔园、桂花园、观赏竹园、玫瑰园、红枫园、梅园、葡萄谷、樱花园、紫竹园、湿地松林、杉木林、兰花园、药材园、香樟园、天然阔叶林、采摘果园、淡竹林。	国家 4A 级景区、全国农业旅游示范点
四川成都三圣花乡——五朵金花旅游区	1200	花乡农居、幸福梅林、江家菜地、东篱菊园、荷塘月色五大景区	幸福梅林天地五牛广场、小木屋、梅花知识长廊、精品梅桩、梅花大观广场、观瓜果长廊、川西草舍、百花园乡村酒店、揽菊广场、万福风光画意村、流水花香、环荷路、采莲路、精品荷塘、红砂村水景广场	国家 4A 级旅游景区； 首批农业文化产业示范基地
广西田阳县布洛陀芒果风情园	704	景区按照“一园多庄”的规划，建有香芒庄、金穗庄、桂香庄三个大庄园	香芒庄主楼、芒果文化廊、游客摄像区、摘果区、金穗庄主楼、水上度假木屋、垂钓区、烧烤区、茶趣馆、大型游泳池和水上娱乐、网球场、迷你高尔夫球场、垂钓区、民族歌圩广场	全国农业旅游示范点

北房城市农业公园入口景观

台湾某园区入口景观

郑州丰乐农庄入口景观

4.3.1 入口区

入口区是用于游客方便入园的用地，游人在此换乘园内的游览车入园。大型休闲农业园区一般规划建设2~3个入口。主入口区包括入大门、入口停车场、服务建筑、导游牌、假山水池等。入口广场一般建成石块嵌草铺地的生态型广场，加强绿化效果。

4.3.2 服务接待区

服务接待区用于相对集中建设住宿、餐饮、购物、娱乐、医疗等接待服务项目及其配套设施。入园后首先到达服务接待区，作为园内的过渡空间，游人将在此做短暂停留，做好入园的准备。此区可规划建设办公楼、游客服务中心、果品文化展示室、停车场等。

4.3.3 科普展示区

科普展示区是为儿童及青少年设计的活动用地，以科学知识教育与趣味活动相结合，具备科普教育、电化宣教、住宿等功能。休闲农业园科普展示区可广泛收集、整理、保存、介绍园区内农作物的品种、栽培历史、文化知识，结合青少年的活动特点，以科学知识教育与趣味活动相结合，进行知识充电和娱乐健身。该区可设计安排以下活动项目：生存训练活动、趣味寻宝活动、夏令营活动、冬令营活动、健身比赛活动、入队仪式、成人仪式等。

4.3.4 特色品种展示区

本区是各种不同的、具有当地特色的农业品种植展示区，为观赏性较强的品种提供展示空间。本区以各种不同的果品栽培架式、不同的材料加以形式上的改造，形成形式多样，观赏性较强的园林景观。

4.3.5 精品展示区

精品展示区即精品农业种植区，可满足高端层次观光采摘者的要求。精品展示区在展示精品农业的同时，

新郑黄帝贡枣苑入口

浙江温州流水白农耕文化园入口

还可结合传统的园林艺术设计手法和盆景艺术制作技法，利用廊架、篱架、棚架等不同架式的排列组合来分割组织景观空间。

4.3.6 种植采摘区

此区面积最大，是休闲农业园的基本用地。种植采摘区可以分为不同果品的采摘区，在景观营造上应保留农田景观格局，在不破坏农业景观的基础上规划建设适当的园林小品和游憩采摘道路。在此人们通过认养果树的方式，选择性地参与农业生产的施肥、剪枝、疏花、疏果、套袋、采摘等各项技术劳作。种植体验区除了栽培果品以外，还栽培各种蔬菜，瓜果、浆果类植物，增加采摘的多样性和趣味性。此外还可开辟出小范围场地作为认养区，让人们通过认养果树的方式增强环保意识，从而拉近与大自然的距离。认养后游人可选择性地参与果树剪枝、疏花、疏果、套袋、采摘、入窖等各项技术劳作。

4.3.7 引种区

引进和驯化国内外优良的农作物品种，建立优良农产品品种引进、选育和繁育体系。引进国内外不同成熟期（极早熟、早熟、晚熟、极晚熟）和不同颜色（红色、绿色、紫色、褐色品种）优质农产品，对抗性强的品种进行适应性、抗性等方面的观测，选育适合当地生长的优良品种进行繁育。

4.3.8 休闲度假区

主要用于观光休闲者较长时间的观光采摘、休闲度假之用地。休闲农业园在合理的园区土地利用控制下可适当建设度假木屋，度假小别墅等住宿设施，延长游客在园区内停留的时间，增强休闲农业园的休闲度假功能。

4.3.9 生产区

从事传统农业生产的区域，在园区其他功能区农产品供给量不能满足游客时可开放，生产区在景观建设、管理方面比其他分区要粗放。

4.3.10 设施栽培区

进行农作物设施栽培的区域，北方地区的休闲采摘园多设有设施栽培区，目的是通过果品的周年设施栽培，让游客在果品的非正常成熟季节采摘到新鲜的农产品。

天津水高庄园

内蒙古岱海旅游景区向日葵园

休闲农业园的休闲度假木屋

休闲农业园中的休闲度假院落

优质丰产的苹果树王

湖南高州温泉度假村

休闲农业园中的休闲度假院落

天津水高庄园中的高科技农业园区

D-1

4.4 休闲农业园区规划设计内容

休闲农业园区规划建设应统筹规划，分期建设，有计划地分期实施，逐步建设，为今后发展留有余地。

4.4.1 景观设施

景观游览服务设施建设应与旅游观光规模和旅游观光需求相适应，高、中、低档相结合。其选设应有利于保护景观，方便旅游观光，为游客提供畅通、便捷、安全、舒适、经济的服务。休闲农业园区景观游览服务设施主要有：园门、园路、园垣、园桥、园灯、园椅、标识解说设施、公共厕所、饮水台与洗果池、凉亭与园舍、垃圾桶、园林绿化等。

（1）园门

休闲农业园园门的设计、式样、材料、颜色、高矮、宽窄等，均应与整个乡村景观相协调。常有高大石柱、铁门、月门、棚架等形式和材料。

（2）园垣

休闲农业园的园垣应具备保安、隔离、隐蔽、局部的划分、扶持、景观装饰的作用。园垣主要种类有围垣、短垣、栅篱、栏杆、花栅、照壁等。

（3）园桥

休闲农业园中桥形须与地形相协调，外形应美观，桥梁式样大小须与路幅一致。园桥的桥面切忌溜滑，需要相当程度的粗糙面，以保证行人车辆通行的安全。园桥的施工结构应视交通工具的不同及交通流量大小而别。桥体两侧应设置安全美观的护栏。园内建桥类型可视景观要求和安全要求，配置铁桥、水泥桥、砖桥、土石桥、木板桥、石板桥、竹木桥等。

（4）园灯

在休闲农业园中，凡门柱、走廊、亭舍、水边、草地、花坛、塑像、园路的交叉点以及主要建筑物及干路等处，均宜设置园灯，光源最好高 6m 以上，光度在 150W 以下者为宜。电源配线应尽量为地下缆线配线法，埋入深度应在 45cm 以上。园灯设置可充分考虑与杀虫灯设置相结合。

（5）园椅

休闲农业园中园椅应在地面平坦、避风、阴凉干燥及出入方便等条件良好处设置。一般以高度 40~50cm，宽度 30~45cm 为宜，长度依实际情况而定。设置地点：园舍、凉棚、铺石地、露台边、道路旁、水岸边、山腰墙角、

竹制栅篱是北京市休闲农业园最常用的园垣材料

丰台区大枣休闲采摘园木桥

房山区窦店休闲农业园中与园门结合的竹桥

乡土气息浓郁的木桥为游客提供了休闲体验的方便

草地、树下均可设置。设置地点应避免阴湿地、陡坡地、强风吹袭场所等条件不良的地方或对出入有妨碍的地方。

（6）绿廊

休闲农业园中绿廊设计多为平顶或拱门形，宽度2~5m，高度则视宽度而定，高与宽的比例为5:4，四侧柱子的距离宜在2.5~3.5m之间。

在水边、草地上、园路旁、轴线端点、平台上或门窗前均可设置绿廊。但一般均有园路引导，可与园路成正交，亦可与之平行。或与园路相同，或变更地面铺砌，如铺以石片、磨石子等，以作区划。绿廊中应配置休息座椅。

绿廊棚架上多选择蔓性植物，一般可分三类：

1）以欣赏为目的常用牵牛花、茑萝、蔓蔷薇、紫藤等；

2）以遮阴为目的常选用枝叶浓密并具有观赏价值的种类，如金银花、九重葛、紫藤、常春藤等；

3）以食用为目的，一般选择果实可食用的，如丝瓜、苦瓜、葡萄等。

（7）凉亭

在园区的采摘区、观景区、人行步道交叉口应设置凉亭。山地、坡地观光园可设在位置显要处，山顶、山腰、水边、林间，或附设于其他建筑物旁。用于景观搭配和游人观景、纳凉、避风、遮雨。凉亭内部设置桌椅、栏杆、盆钵、花坛等附设物，但以适量为原则。

（8）饮水台和洗果池

饮水台和洗果池饮水台高度应为50~90cm；宽度要40cm左右。位置须在集散场所、休憩设施旁边等，避免在其他不容易排水的场所或不卫生的场所附近设置。为小孩用时要加设台阶。

饮用水栓要有防止破损的对策，同时亦必须容易调水量。材质卫生、坚固、不易腐蚀，棱角要加圆。

（9）植物景观

植物景观营造应按园林景观需要，结合园林（种草、种花）、改造进行设计。不应大量破坏原有的种植格局，应保持农田的原始景观。植物景观应突出农田景观的特色，充分利用乡土植物群落结构、树种、果树干、花、叶、果等形态与色彩，形成不同结构景观与四季景观。

以具有观赏和食用价值的农作物为造景的主体材料，以“农业”文化为线索，展现农业的种植资源、历史文化、栽培知识、品种分类等，创造出简洁、质朴、美观、实用的园林景观。对于园内空地，应结合观赏游憩需要，进行园林化的处理，形成宜人的园林景观。植物景观布局应突出果园特色和多样性，总体上应合理搭配、相互协调。

珍奇瓜果长廊

农家乐观光长廊

北京小汤山农业科技示范园中的瓜果长廊

北京延庆县休闲农业园中的观景亭

北京绿野田园休闲农场中的观景亭

深圳青青世界公园标识牌

北京市延庆县张山营休闲农业园中标识牌

福建省休闲渔业示范基地标识

北京市平谷区北部山区乡村旅游带标识牌

河北张家口安家沟乡野木质游憩道路

台湾台北某市民农园游憩道路

北京市四季青樱桃采摘园中道路绿化景观

4.4.2 旅游服务设施

（1）餐饮设施

休闲农业园区餐饮服务点和布局，应按照游览路线和园区实际条件加以统筹安排，凡是不靠近风景区或民俗村的园区，均宜设置餐饮服务设施。餐饮建筑除供游人进餐外，造型应新颖、独特，与乡村自然环境协调。餐饮建筑设计，内外空间应互相渗透，与园区景观相融合，并应符合现行《饮食建筑设计规范》的规定。餐饮建筑的体量和烟筒高度不应破坏原有景观和环境。

（2）住宿设施

休闲农业园区的住宿服务，应根据游客规模和需求，确定接待房间、床位数量及档次比例。根据休闲农业园区总体布局，确定建筑的位置、等级、风格、造型、高度、色彩、密度、面积等。住宿服务设施设计，应符合现行《旅馆建设设计规范》的规定。残疾人使用的建筑设施，应符合《方便残疾人使用的城市道路和建筑设计规范》的规定。

（3）标识、解说设施

休闲农业园规划布局中，应在各种不同观光区域的显著位置设置标识、解说牌等。标识、解说牌应起到改善游憩体验、增进游客安全、避免意外灾害、阐释科普知识，宣传经营政策理念的作用。解说系统设计都应该以人为本，充分考虑到公众和旅游者的需要，通过系统、生动、有效的解说设施与服务，提高旅游者的游览质量和园区服务与推销效果。解说标牌的制作要精美，使其成为园区一道独特的景观，材质选用木质及大理石石材，与园区的整体环境相协调。牌示解说系统包括引导指示标志、公共信息标志。引导指示标志包括全区导游图、标示牌、景点介绍牌等。

4.4.3 道路交通系统

休闲农业园区内道路应以总体设计为依据，确定路宽及路面结构。道路网设计必须满足农业生产、农产品观光采摘、环境保护及果园职工生产、生活等多方面的需要。园区内部生产道路可采用规则式网格状布局，游憩道路以多种形式组成网络。并与外部道路合理衔接，沟通内外部联系，并根据示范区内的活动内容、环境容量、运营量、服务性质和管理需要，综合确定道路建设标准和建设密度。

休闲农业园区道路按使用性质分为主路、支路、步游道路三类：

（1）主路

为休闲农业园区与外部公路之间的连接道路以及园区内的主道。外部主路按相应的国家公路等级进行设计。内部主路路基宽度一般按 5.0~7.0m 进行设计，其纵坡小于 8%，横坡小于 4%。

（2）支路

休闲农业园区内通往各功能分区、采摘区的道路。支路路基宽度一般按 3.0~5.0m 进行设计，其纵坡小于 12%。

（3）步游道路

休闲农业园区内通往景点、景物供游人步行游览观光采摘的道路。可根据自然地势设置自然道路或人工修筑阶梯式道路。步游道路宽度一般按 1.0~3.0m 进行设计，不设阶梯的人行道纵坡宜小于 18%。

5 休闲农业体验活动项目设计与开发

5.1 体验经济视角下的休闲农业

20 世纪 70 年代，著名未来学家托夫勒在他所著的《未来的冲击》一书中预言：人类社会在“服务”的竞争之后，下一个需要的就是“体验”。之后，有许多学者对体验行为进行了研究。具有广泛代表性的体验的定义出现在 1999 年 B · 约瑟夫 · 派恩和詹姆斯 · H · 吉尔摩共同撰写的《体验经济》一书中。派恩等认为体验是“当一个人达到情绪、体力、智力甚至是精神的某一特定水平时，他意识中所产生的美好感觉”。对企业而言，体验是“企业以服务为舞台，以商品为道具，以消费者为中心，创造能够使消费者参与、值得消费者回忆的活动”。在这里，消费是一个过程，体验是一种感受，当活动结束后，这种体验将会长久地保存在消费者脑中。消费者愿意为体验付费，因为它美好、难得、非我莫属、不可复制、不可转让、转瞬即逝。体验分为视觉体验、听觉体验、触觉体验、味觉体验和嗅觉体验等，实际体验往往是多种感觉的综合体验。由这种追求“体验”和提供“体验”环境和设施，消费者和企业经营者进行互动而产生的经济相关活动称之为“体验经济”。体验经济的显著特点：一是价值判断的主观性；二是消费者与经营者的互动参与性；三是劳动的非生产性；四是活动的娱乐性；五是产品的高增值性。

农业经济时代，以农业耕作生产新鲜产品提供消费；工业经济时代，以经过加工的产品提供消费；服务经济时代，以最终产品加上销售服务提供消费；体验经济时代，通过布置一个舒适、氛围高雅的环境，让消费者体验贴心的产品与服务来提供消费。体验经济在企业营销中的应用已经屡见不鲜。如厂家以免费体验产品形式吸引消费者亲身体会产品的性能，通过营造舒适的体验空间，提供体贴周到的服务，长此以往使消费者对产品的价值认识超出了其本身的性能，从而欣然购买。同样的现象如去茶馆消费，优雅的环境、古典的音乐、精湛的茶艺、周到的服务给消费者带来了美好的精神体验，而与之相适应的是，一壶茶的价格也因为融入了“体验”因素而身价倍增。

马萨诸塞州的 Harvard Pilgrim 公司有自己的种植园，既增强了员工的身心健康，又节省了不少资金（图片来源：国际在线）

Harvard Pilgrim 公司冬天在植物防寒温室种植莱菔子、胡萝卜和甜菜（图片来源：国际在线）

美国公司流行开辟种植园　丰富员工业余生活

国际在线专稿：据美国《纽约时报》2010年5月12日报道，在美国拥有种植园的企业并不多，但现在许多美国公司已经或者正在开辟菜园，谷歌、雅虎和Sunset杂志已经有了自己的有机种植园。

美国百事可乐公司在总部一片荒芜之地上建立起了一座有机蔬菜种植园，公司的智多星们穿着锃亮的皮鞋在走廊中漫步。从公司办公楼只需5分钟就能走到有机蔬菜种植园。这里既没有什么电子表格，也不需进行业绩审查，一切都让位于零陵香和薄荷植物。员工们可以在午餐时间到这里除草，并在收获时节将蔬菜拉回家。由于最近一段时间气温还比较低，百事可乐的种植园仍长满杂草。

在美国，由于大多数公司很少花钱建设自己的水上乐园等设施，或者采取其他措施关注员工的身体健康。一种时尚的“津贴”正日渐走俏：员工可以在公司开辟的园子里种植胡萝卜和绿皮胡瓜等蔬菜。经过对大楼间草皮的改造，或在屋顶上放几个容器，或者占用吸烟区，这些公司的边边角角都得以充分利用，员工们也对园艺越来越感兴趣。这也反映出公司需要利用创新的方式，增强员工的身心健康。

非营利组织美国园艺协会研究部门负责人布鲁斯·巴特菲尔德表示：“老板们想：既然不能给员工增加薪金，那就为他们做些事情改善生活质量。”这股时尚之风也吹到了一贯比较传统的公司。位于密尔沃基附近的连锁百货店Kohl's Corp. 总部，就有一个为救济食品发放中心提供有机蔬菜的种植园和供孩子玩耍的游乐场。

（资料来源：国际在线）

在体验经济视角下，消费者不再限于购买产品后所获得的使用体验，更加注重产品生产过程中所获取的美好体验，即生产与消费过程的同步性体验。随着体验经济研究的深入，体验经济的思维已经渗透到各个领域，休闲农业更不例外。休闲农业作为一种新型农业产业形态，其特性和目标与体验经济的思想呈现高度的一致性。

从休闲农业的特性来看，休闲农业不仅依靠生产农产品直接获利，而且可以将农业生产过程、自然生态、农村文化和农家生活都变成商品出售，城市居民通过身临其境地体验农业、农村、农民资源，满足其愉悦身心的需求。高度的参与性和互动性成为休闲农业与体验经济的重要结合点。因此，可以说，休闲农业活动的本质是体验。以“体验经济”的理念创新休闲农业，设计和开发适当的体验活动项目，会更好地满足消费者的休闲消费需求，提高休闲农业企业的竞争力。

体验经济视角下休闲农业的体验类型主要有：

（1）审美体验

休闲农业体验是一种审美活动，是一种体验农村自然美、生态美、生活美的过程。如欣赏优美的田园风光，观看淳朴的民俗表演等都会使消费者沉醉其中，获得美的享受。这种心路历程是普通审美活动所无法给予的，它甚至会在相当长的时期内留在消费者的记忆深处。

（2）遁世体验

当代都市人在现实生活中承受太多的工作紧张和竞争压力，当他们沉浸在乡村生活、农事生产等乐趣的时候，也短暂地忘却了城里的工作和生活的烦扰，获得一种全身心的解脱。如认养动物、认养农作物等体验活动可以在一定程度上缓解城市紧张生活带来的压力。

（3）教育体验

放下书本，走出学校，亲近大自然，是一种有别于学校传统教育的有效学习方法之一。中小学生通过亲身观察农作物、参与农事劳作等，可以印证书本中学到的知识，可以学到书本中无法学到的知识。如学习农作物种植技术、水果的采摘技术以及各种蔬菜水果的营养价值等，都是一种教育体验。休闲农业体验除了可以增强消费者对农作物的感性认识和生态环境的保护意识外，还可以提高他们热爱大自然的兴趣，丰富人生的阅历。

体验日式服务

体验“实战演习”

远离城市的遁世休闲

宁静幽美的山村（日本）

硕果诱人的果园

大自然中的认知体验

耳目一新的视觉享受

（4）娱乐体验

在休闲农业体验中，经营者为消费者提供劳作工具，示范劳作方式，手把手教给旅游者从事农业生产、农家饮食的技巧，与消费者进行城乡生活文化方面的直接沟通交流。在这种互动实践中，消费者自身心理和生理状态的某种匮乏可以在体验活动中得到一定程度的补偿，愉悦身心。而一些依据农事活动设计的竞技比赛更是带给消费者直接的快乐。体验经济的娱乐价值在休闲农业中得到了充分的体现。如北京延庆西王化营村彩薯认养活动就是一种富有创意的农业旅游活动——体验消费，它带给了市民独特的休闲消费体验，更给农业经营者带来了远比纯农业收入高得多的增值收入。

5.2 休闲农业体验活动设计与开发的原则

5.2.1 特异性原则

在进行体验活动项目设计时应力求独特，要给游客耳目一新的感觉。乡村休闲是有别于人们日常生活的另类体验，只有那些城里人平日无法切身体验的活动才具有吸引力。有时候体验项目的设计可以超越现实，让游客有充分的体验空间。如经营人员可以配合体验的主题、氛围身着特定的服饰，以更好地营造体验的情境。此外，体验项目的设计可以同创意农业结合起来，通过共享创意农业的成果，将其合理地引用到体验项目设计当中，促进创意农业的成果转换，提升其市场价值。只有进行体验项目设计的不断创新，才能满足游客的新鲜感，带来更多的回头客。

5.2.2 参与性原则

农业休闲体验区别于农业观光的重要方面是游客更多的积极参与。体验活动中一定要让顾客主动参与。因此，在活动设计时为游客参与提供必要的缺口，如在节庆活动中留出游客参与的角色。此外，各种动植物认养活动也是参与性原则的具体体现。在休闲农业规划时开辟出小块土地让游客种植农产品，收取适当的管理费，休闲农业经营者帮助日常管理，收获季节游客来品尝或处理自己种植的农产品。动物认养亦是如此，游客可不定期照料自己认养的动物，与之交流互动。

5.2.3 协调性原则

体验活动必须与当地农村自然环境或人文环境相协调。如进行乡村休闲体验空间分割设计时，就可采用篱笆墙而不是用水泥墙。又如我国南北乡村文化差异较大，南方的纤巧精致的小园意境如果生硬地照搬到北方，显然与北方粗犷豪放的格调不相符合。此外，体验项目、

游客在北京市延庆县新庄堡杏花村中嬉戏，杏树种植区域透光性好，拍摄条件良好

“我家彩薯在妫川”认养活动启动仪式

市民彩薯田里插秧苗

景观营造确立的主题，应与特色农业资源相一致，否则会给人突兀的感觉，甚至是不伦不类。

5.2.4 科技性原则

将最新的农业技术和农业成果与休闲农业相结合，设计多种类型、风格的休闲体验活动和产品，以满足不同游客的需求。如通过无土栽培繁殖的农作物、嫁接的农作物展示增加游客的感性认识；通过开发设计软件，将现代农业科技知识融入电脑游戏之中，让游客进行人机互动等。除此之外，还可以利用科技手段在体验产品设计中加入感官的刺激（视觉、听觉、味觉、嗅觉、触觉），使游客增加体验的真实感，并适时进行体验产品更新和换代。此外，利用技术手段保证体验产品在设计和游玩中的卫生、环保等也特别重要。

5.2.5 文化性原则

我国农业生产历史悠久，民族众多，各个地区的农业生产方式和习俗有着明显的差异，文化资源极其丰富，在进行休闲农业体验活动设计时要充分挖掘当地的文化资源，包括文化遗存、自然生态、文化底蕴等等，对其进行整理、包装，设计出游客可以亲身感受的体验产品。在体验活动项目设计中融入文化元素，一方面可以提升乡村休闲体验的档次，另一方面也是对农耕文化的保护和传承。

游客与动物之间的交流其乐融融（日本）

民宿体验（日本）

房屋修缮体验（日本）

自然和谐的乡村休憩空间

可用于体验项目的无土栽培技术

喜乐园农场 2014 年服务项目价格一览表 **表 5-1**

项目类型	单位数量	优惠价（元 / 年）	原价格（元 / 年）	注明	服务内容
自主型小资菜园：自己播种、管理和收获，做健康生活的都市农夫	$33m^2$	800	1000	赠餐 3 人次	1. 农场免费提供农具、种子、水电以及技术指导和看管服务；2. 根据面积大小免费周末田园简餐（需预约）
	$66m^2$	1500	2000	赠餐 6 人次	
	$88m^2$	2200	2800	赠餐 9 人次	
	$132m^2$	2800	4000	赠餐 12 人次	
托管型富农菜园（自己提需求，农场种植和管理，自己收获。体验悠闲快乐的田园生活）	$33m^2$	1300	1700	赠餐 5 人次	1. 农场免费提供种植和看管服务；2. 根据面积大小免费提供周末田园简餐（需预约）
	$55m^2$	2000	2500	赠餐 8 人次	
	$66m^2$	2300	2900	赠餐 10 人次	
	$88m^2$（含果树 2 棵 + 葡萄树 15 棵）	3600	4500	赠餐 15 人次	
	$132m^2$（含果树 4 棵 + 葡萄树 20 棵）	5200	6500	赠餐 20 人次	
配送型地主菜园（露天）自己提需求，农场种植和管理，定期配送到家	$66m^2$	4000	5000	1 周 1 次配送	农场免费提供种植和配送服务，配送时间当季蔬果（5~11 月份）
	$66m^2$（含果树 2 棵 + 葡萄树 15 棵）	4600	5800	1 周 1 次配送	
	$132m^2$（含果树 4 棵 + 葡萄树 20 棵）	8000	10000	1 周 1 次配送	
配送型地主菜园（露天）自己提需求，农场种植和管理，定期配送到家	$66m^2$（含果树 2 棵 + 葡萄树 15 棵）	9600	12000	1 周 1 次配送	农场免费提供种植和配送服务，配送时间当季蔬果（1~12 月份）
	$132m^2$（含果树 4 棵 + 葡萄树 20 棵）	16800	21000	1 周 1 次配送	
生态禽畜认养：天然饲料，圈地放养，拒绝激素，回归健康饮食	2 只鸡 +35 只鸡蛋	400	500		根据品种签约喂养出栏质量，提前预订根据数量加大优惠，预付一半定金
	4 只鸡 +75 只鸡蛋	800	1000		
	8 只鸡 +300 只鸡蛋	2000	2600		
	鸡、鸭、鹅、兔	100~200 元 / 只	200~300 元 / 只		
	猪	5000 元	6000 元 / 头		
	羊	3000 元	4000 元 / 头		
	宠物寄养		酌情商定		
田园贵宾绿卡：用于认购及农场消费，还可以用于参与农场活动和劳动的奖励积分	蔬果采摘	80 元 / 卡	100 元 / 次	赠餐 1 人次	在蔬果当季客户根据网站公布的品种和价格选择搭配计量
	蔬果禽蛋配送	400 元 / 卡	500 元 / 卡		在蔬果禽蛋的当季，客户根据网站公布的品种和价格选择搭配。根据卡内金额可多次配送，单笔满 300 元配送一次
		800 元 / 卡	1000 元 / 卡		
		1600 元 / 卡	2000 元 / 卡		
	各项消费支付	参照以上各项菜地认领、禽畜认养的费用标准支付			购卡已享受折扣的消费，支付时不再重复享受优惠
种植范围：油麦菜、小油菜、小白菜、圆白菜、大白菜、西葫芦、西红柿、黄瓜、圆茄子、心里美萝卜、白萝卜、胡萝卜、冬瓜、奶白菜、莴笋、红薯、生菜、紫生菜、球形生菜、蒿子杆、菠菜、茴香、空心菜、樱桃萝卜、白菜花、南瓜、豆角、架豆、豇豆、长茄子、山药、香葱、玉米、韭菜、香菜、娃娃菜、苦菊、芥蓝、菜心、苦瓜、丝瓜、小西红柿、红尖椒、青尖椒、柿子椒、大葱等等					

说明：

1. 关于面积和产量：$66m^2$ 的土地（也就是传说中的一分地）全年种植各种北方常见当季蔬菜一般统计产量在 500 斤左右，可以供应 3~5 口家庭需要；
2. 关于果树：品种为葡萄、苹果、梨、桃树等，可以根据需求认养或选种到自己的地里，春季移植的果树当年可挂果，但产量会受影响，需尽量提前选定；
3. 关于配送：配送范围限五环之内，配送时间和品种根据当季生长情况在网站和微信上定期公布，每次配送各种蔬菜和水果的数量平均在 15 斤左右，免费配送之外的配送需单独支付配送费用每次 50 元；
4. 关于价格优惠：各项目定价会因季节和时间而调整，以农场最新公布为准，优惠价格限 2014 年 5 月份前 100 名客户和团购客户（3 户以上）。大批量团购根据数量享受更多优惠，购卡已享受折扣的消费，支付时不再重复享受优惠；
5. 预订和支付流程：电话或网上预订（预订享受优惠）、选择网银支付或农场现场签约现金支付，支付后启动项目服务；
6. 关于会员活动：以上各项目成员可自主组织或参加农场组织的野炊烧烤、露营、亲子体验或文体活动。参与农场组织的活动和劳动可赚取工分用于农场采摘、餐饮消费。

黔江区中塘乡仰头山万亩现代农业观光示范园

天津天海风休闲庄园

5.3 休闲农业体验活动项目设计

如前所述，休闲农业已成为一种新型产业，并显示出较强的生命力和发展前景。各地休闲农业蓬勃发展，为充分开发农业资源，调整和优化产业结构，增加农民收入，促进城乡和谐发挥了重要作用。虽然我国休闲农业发展形势喜人，但从各地的实践来看，休闲农业园区的开发与经营依然存在不少亟待解决的问题。其中之一表现在休闲农业活动项目同质化现象严重，缺乏创意和吸引力，成为束缚我国休闲农业发展步伐的瓶颈之一。因此，以游客为中心，设计一些游客喜闻乐见、参与程度较高的体验活动项目，对增加休闲农业企业的市场客源非常必要。

5.3.1 可用于体验的农业资源

自古以来，农业资源运用于农业生产，供给人们基本生活所需。但随着农业功能的拓展，农业不仅具有食品保障功能，而且具有原料供给、就业增收、生态保护、观光休闲、文化传承等功能。农业的环境与资源特质，为发展休闲体验活动提供了最适当的来源。本书所述农业资源，是指所有能够投入体验活动的农业生产、农民生活、农村生态等要素的“三生”资源。我国台湾学者叶美秀教授对此进行了详细的阐述和分类。简略归纳如下：

（1）农业生产资源

一是农作物。主要区分为粮食作物（如谷类作物、豆类作物、薯芋类作物等）、特用作物（如纤维作物、油料与糖料作物、嗜好作物等）、园艺作物（如果树、蔬菜、花卉等）、饲料与绿肥作物、药用作物（如药草、香草等）。

二是农耕活动。主要有水田耕种、旱田耕种、果园耕种、蔬菜花卉耕种、茶园耕种等。

三是农具。主要有耕作工具、运输工具、贮存工具、装盛工具、防雨防晒工具等。

四是家禽家畜。如猪、羊、牛、马、驴、鸡、鸭、鹅等。

（2）农民生活资源

一是农民本身。如当地语言、宗教信仰、个性特质、人文历史等。

二是日常生活特色。如饮食、衣物、建筑物、开放空间、交通方式等。

三是农村文化及庆典活动。如工艺、表演艺术、民俗小吃、宗教活动等。

（3）农村生态资源

一是农村气象。如节气、天象等。

二是农村地理。如地形、土壤、水文等。

三是农村生物。如乡间植物、动物、昆虫等。

四是农村景观。如当地乡村整体风貌、稻田、果园、巷道、林间等。

5.3.2 休闲农业体验活动项目设计程序

（1）首先是进行资源评价，提炼主题

休闲农业的主题是休闲农业经营者对自身产品和服务特质的把握，是对休闲农业资源特色的集中和提炼，也是体验型休闲农业市场差异化的重要基础。在开展丰富的体验活动项目的基础上，如果能充分挖掘当地农业

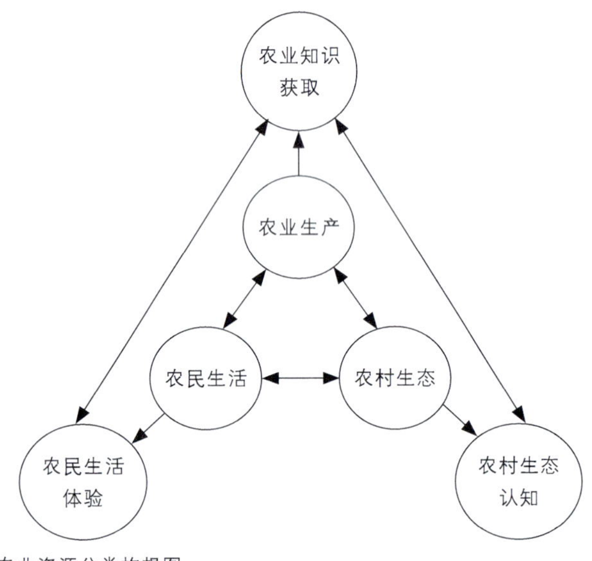

农业资源分类构想图

（资料来源：《休闲活动设计与规划——农业资源的应用》叶美秀 著 中国建筑工业出版社，2009 年 8 月第 1 版，P18）

资源及乡村文化设计有主题特色的体验活动，可加深游客的印象。休闲农业体验可以有多姿多彩的体验主题，如草莓节、插秧节、葡萄节等。将农业生产场所、农产品消费场所和乡村休闲场所有机地结合在一起，开展观赏、采摘、品尝、绘画、摄影、庆典等主题活动，让游客全面体验农业休闲的乐趣。因此，在进行休闲农业体验活动项目设计之前需要对当地的农业生产、农民生活、农村生态资源进行综合评价，特别要注意依托已经具有一定产业基础，形成一定产业规模，占有一定市场份额的特色产业。此外，在设计体验主题时需要设计者充分发挥想象力，体验活动越独特，对消费者的吸引力就越大。

（2）其次是规划功能分区，进行体验游程设计

有了好的主题，还要有好的内容去体现和填充。体验内容由活动的各个片断、情境和人物构成，并用一定的线索串联起来形成一个完整的主题。为了便于游客选择和统筹，有必要进行体验活动区的规划，并且在每个体验活动区，明确说明体验活动事项名称，有专人示范讲解，提供必要的农具，指导游客亲身体验。体验活动区之间有交通工具为游客提供方便，同时应有鲜明的路牌指示。总之，应以体验活动为主，将游客的集合点、用餐点等有机结合起来，形成一次完整的乡村休闲体验游程。借助于天时、地利、人和，从游客到达休闲农业园区开始，到游客离开，合理的体验游程设计会为游客带来充分且全面的体验，有助于提高休闲农业经济效益。

（3）再次是搭建体验场景，营造体验气氛

要利用现有的体验资源搭建体验的场景和“舞台”，营造真实的体验场景和气氛。一是进行体验空间的营建，包括人文活动体验空间，如农村公共休闲空间；生态景观体验空间，如农村的古树、绿竹、灌木等。景观营造遵循修旧如旧的原则，保持原有的乡村风情，民族传统和历史风貌，突出以人为本，人与自然和谐共生。可以在挖掘民俗文化底蕴的基础上，设计乡村民居、手工作坊等若干场景；二是进行体验气氛的渲染，可制作与体验项目风格一致的背景音乐，加之身着特定服饰的服务人员韵味十足的示范表演，为游客营造出身临其境的最佳氛围。除了调动游客的视觉和听觉以外，还应该全面调动游客各种感官参与，让所有人都成为体验活动的“演员”，参与表演。

（4）最后是活动策划，注重体验产品延伸部分的设计

农村地貌风情的观光、农作物的观赏等只是体验活动的类型之一。要围绕主题，进行整个活动的策划，利用传统手段和高科技手段提高游客体验的主动性。此外，“酒香不怕巷子深”的观念已一去不返，为了更好地将休

位于北京通州区的南瓜主题观光农业园

北京蟹岛科普园

闲农业的体验特色宣传出去，有必要通过各种途径开展市场营销。如休闲农业企业联合促销，策划重大旅游节庆日，同旅行社建立业务关系等等。此外，还可利用互联网技术进行网络营销等。为了提高休闲农业综合体验效益，加深游客对体验经历的体会和回味，除了对核心体验产品进行设计之外，还需要对体验活动的延伸部分进行设计，如体验活动纪念品的设计。

5.3.3 休闲农业体验活动项目

按照前述农业资源的分类，设计可供体验的活动项目如下：

（1）农作物体验项目

在不同的节令，观赏作物的枝、干、叶、花、芽、果的形态展现。

配合农耕活动，参与选种、育苗、移植、施肥、中耕、灌溉、修剪、除草、收获、加工处理。

体验果蔬采摘、煮食方法、加工利用方法、纺织等。

（2）农耕活动体验项目

大部分农耕活动包含春耕、夏耘、秋收、冬藏，各种农作物耕作活动的重点不同。

耕种：育种、育苗、整地及种植等。

管理：包括灌溉、施肥、病虫害防治、中耕除草、修剪等。

收获：采摘、收割等。

贮藏：晒干、冷冻、腌制等。

配合各季节农耕活动的生物特性进行技术性的讲解。

组织旅游者参与各项农耕活动或发展为竞赛。

（3）农具体验项目

各种形式农具的展示。

配合农耕体验活动的附带器具展示。

一些农具可供人操作，或实际使用。

（4）家禽家畜体验项目

可配合当地菜色，进行特别的烹调、加工。

参观体验家禽家畜的羽毛、毛皮或蚕丝的加工过程。

游客照顾小动物，如喂鸭喂鸡喂牛等。

配合各种农耕活动，进行牛、驴、羊等拉人活动。

（5）农民本身

挑选一些有个性、特色、专长的人员进行简单培训之后，面向游客服务。

教游客做农家饮食。

教游客织布、做衣。

直接和游客交流、聊天。

任短距离游程导游，进行农作物、农事解说及示范。

担任各种农事、节庆、器具使用的活动表演者。

穿上农家服饰担任游客服务活动。

（6）日常活动体验项目

游客品尝传统的农家饭、农家菜。

将农家传统服饰租给游客游玩时穿戴、照相。

游客住农家院落，使用家具摆设及设备。

游客享受乡村生活，饮茶聊天等。

教游客玩传统的民间游戏。

（7）农村文化和庆典活动体验项目

设立文化、民俗、庆典活动的展室。

让游客装扮成庆典活动中的角色，亲自参与到活动的表演之中。

农村文化：雕刻、绘画、玩具、杂技、歌谣、舞蹈等。

庆典活动：祭典、节日（嘉年华）。

（8）农村气象体验项目

根据气候与农业的关系，列出各季节与当地农事的关系，做成展板展示，并由专人讲解。

组织游客举行各种与天气有关的成语接龙或歌曲接龙。

组织游客扎、放风筝；制作风车；夜晚观测星空等。

利用二十四节气安排游客相应体验活动，如寒露时尝蟹赏菊；立冬时进补等等。

（9）农村地理体验项目

提供给游客不同类型的行走体验，如经过密密的竹林，穿越果实累累的果园等。

安排与水有关的活动：池塘捕鱼、钓鱼、观察蝌蚪、沟渠流水中玩水、水井边利用汲水器打水等。

亲手采摘，胜利在“握”

种植体验

苗家拦门酒礼

相互配合，扶犁耕地

比一比，看谁磨得好

冬日阳光下的农家院

夏日林荫中的拓展训练

体验土族婚俗文化

（10）农村生物体验项目

为游客提供捕捉、渔捞、采集、烹饪的设备和工具，让游客享受从田间到饭桌的过程。

教给游客各种鱼的煮食方法，如在烧烤台进行烧烤。

教给游客当地一些野菜的识别方法，游客挖野菜、洗野菜、烹饪野菜、品尝野菜。

（11）农村各类景观体验项目

建造乡村特色的景观提供给游客拍照、宣传。

开辟休憩空间，供游客休息。

设立观景台，供游客登高观景。

湖南邵阳神龙山庄民俗活动体验

斗志昂扬的行走体验

别具一格的农家气息婚纱摄影

6 休闲农业旅游产品规划与开发

旅游产品的概念包括广义、狭义两种情况，其本质是向旅游者提供一种或多种经历或体验。(注：广义的旅游产品由景观(吸引物)、设施和服务三类要素构成，其中景观是指自然和历史文化实体(包括文化氛围和传统习俗)所组成的中心吸引物；设施是指旅游者得以进入和满足生理需求的交通、食宿等设施；服务则是旅游者在体验景观和身处设施场所中接受的物质或精神享受，它们通常是非物质形态的。狭义的旅游产品往往仅指景观，可粗略等同于通俗意义上的景点景区以及一部分非具象的人文景观。)

休闲农业旅游产品指的是旅游者在农业旅游过程中由农业旅游经营者所提供的各种物品和服务的总和，是指以农业景观为基础，为现代农业体验与参与，能够给旅游者带来旅游效用和满足其所需消费和服务的总和，包括旅游资源、旅游设施、旅游纪念品及旅游服务等。虽然休闲农业旅游产品与一般旅游产品本质上是一致的，涵盖包括旅游资源在内的社会诸多因素，但只有同时满足现代农业和乡村社区的可持续发展、旅游行为的实质性需要，才能成为真正意义上的农业旅游。就其构成来看大致包括如下几个方面：

一是作为产品主题的农业生产，它包括可供参观学习参与体验的农业生产场景、农业生产工艺及生产过程、农业生产的设备工具及农业生产的产品、参观农业博物馆等。

二是农业、农村、农民生活，指的是农业经营者或农业旅游产品经营者的农村农民生活，可参观体验的饮食、居住起居等服务，也就是指在农家住、吃农家饭、做农家人。

三是观赏农村风光、田园风光，体味农村农业生产生活氛围并提供可供旅游者广泛参与的相关的及扩展开来的休闲娱乐活动，如有的农业旅游景点组织开展钓鱼、划船、登山、漂流、闯玉米地迷宫、骑马等的休闲娱乐活动，更有的农业旅游经营者组织开展诸如果品采摘等农事、节日、活动来吸引人。

四是提供并销售旅游商品，旅游商品包括农业产品及其副产品，也包括一些旅游纪念品和一些手工艺品。

另外休闲农业旅游产品也包含诸如提供导游等一些服务项目。休闲农业旅游产品除具有一般性旅游产品所具有的综合性、无形性、不可转移性、生产交换消费一致性、对公共物品的依赖性和脆弱性等共性特征外，还需要明确三点独有的特征，那就是农业主题突出、农业生产与农业旅游产品生产同一性和更强的季节性特征。

休闲农业旅游产品开发对于积极引导城市居民休闲消费行为、提高休闲质量、促进农业结构调整具有积极意义。

6.1 休闲农业旅游产品的主要特征

现阶段我国休闲农业发展处于起步发展时期，其旅游产品按功能定位主要有多元综合科技示范、高效生产、休闲度假和游览观光等基本类型。休闲农业旅游产品除具有农业的一般特点外，还具有以下明显特征：

6.1.1 绿色环保、科技含量高

休闲农业是生态系统的有机构成部分，直接运用生态学原理指导农业生产，农业活动中尽量避免用化肥、农药、

安溪尤俊农耕文化园2日游 表6-1

时间		行程安排
第一天	7：30~9：30	乘大巴前往尤俊农耕文化园，员工在车上休息及欣赏沿途乡村美景
	9：30~10：00	抵达文化园，配合园区工作人员安排宿舍、分发门票等事宜
	10：00~11：30	漫步绿荫小道，参观虎泉、百瓜长廊、二龟戏水、农耕情侣屋、烧烤区、农耕书屋、农作标本室、农耕公社、赏藤铁工艺品等。乘坐高空滑索或踩踏三农按脚园、滚桶过桥、浅水戏鱼、吊桥、竞渡桥
	11：30~12：30	欣赏文化园区风光，在"袖珍型"广场与神农氏照相留念 中餐在园区内尽享正宗农家菜，一饱口福
	12：30~14：30	午休
	14：30~16：00	参观农耕文化走廊、茶叶生产工具区、竹林迷宫、乡土童趣、户外拓展区、百锣百鼓、家禽畜动物园、农耕乐园。可了解犁田、耙田、插秧、榨油机、磨地瓜粉、农业工具及大米生产出来的整个过程，全面体验源远流长的农耕文化。 自费项目有：水上挑战者、钓鱼、脚踏船、射箭、趣味投篮、水上滚筒、神奇喂鱼，竹排等
	16：00~18：00	游泳（泳衣自理）
	18：00~19：00	晚餐（农耕公社）
	19：00~20：00	才艺演示（唱歌、跳舞）
	20：00~22：00	烧烤
	22：00~23：00	结束或自由活动（有户外卡拉OK、练歌房、上网、棋牌室、麻将、乒乓球、桌球、赏夜景、品茶，参观尤俊乡村夜景等）
第二天	8：00~8：30	睡到自然醒
	9：00	早餐
	9：30~11：30	分组拓展训练 ①竞渡网桥 ②攀岩 ③走天梯 ④空中单杠 ⑤搬沙包 ⑥拉汽车 ⑦插秧比赛
	11：30~12：30	午餐（农家菜）
	12：40~14：30	午休
	14：30~15：30	游览田园风光，耍农家玩具、体验农事农活等。参观工艺品厂、方形土楼，体验农家风情，还可饭菜自己做，水柴自己挑，亲自下菜地采摘喜爱的无公害绿色蔬菜，自费购买回家。
	15：30~17：00	集体训练项目：拔河、众志成城、信任背摔、漫漫人生路、雷区取水、相互依存
	17：00~18：00	文化园公社食堂会餐（联欢、抽奖）/50元
	18：00~19：00	欣赏安溪沿途乡村景公及县城夜景
	19：00~19：30	魏荫名茶欣赏茶艺表演，免费品尝安溪铁观音。 约19：30行程结束，返回

除草剂等化学药剂，可在人与自然之间形成广泛的、安全而富有生机的物质、能量和信息网络。同时，作为现代农业的代表，休闲农业有基础、有能力改善生产技术与生产设施，并由此挖掘出具有高科技含量的旅游产品，不仅推动现代农业发展，而且有助于推动科普教育普及，形成旅游、农业教育相互促进共同发展的良性循环。

6.1.2 经济社会综合效益高

休闲农业的发展在一定程度上起到了稳定农业生产、扩大农村经营范围、增加农村就业机会、壮大农村经济实力的作用。旅游消费也带动了农村第三产业的发展，对优化区域农业结构具有促进作用。同时，休闲农业内容多样，旅游资源涉及乡村景观、农业技艺和民俗风情，可以促进城乡居民的了解与沟通，拓展农村居民的人际关系，提高农民的生活质量，引导城市居民健康的生活方式。

6.1.3　具有明显的季节性、地域性特征

农业生产的各个阶段深受水、土、光、热、气候等自然条件的影响和制约，具有明显的季节性，春花秋果，各有千秋。除了少数自控温室生产活动，绝大多数农业旅游活动都具有明显的季节性。另外，不同的地域、不同的自然条件有不同的农事习俗和文化传统，反映在农业景观上也存在着极大的地域差异，北有青纱帐，南有桑田果园，再结合当地的民俗民风，形成了丰富多彩各具特色的农业文化旅游资源。

6.1.4　寓教于乐，寓教于游

农业科普教育是农业旅游活动的有机组成部分。通过休闲农业的开发，可以继承和发展农业文明、农业科技知识以及农业优秀传统等人类精神文明中的精华，并将之发扬光大。现在许多特有的乡土文化及民间技艺之所以得以保存和发展，就是有赖于有序的休闲农业开发，甚至还开创了具有独特风格的农村文化。随着现代高科技的引入，休闲农业为旅客了解农村，认识农业，参与农业生产提供了良好的平台，让游客在玩中学，动手操作，真正领略到现代农业的独特魅力。

6.1.5　加强生态审美，促进环境教育

随着经济发展对环境压力的不断增加，环境问题逐渐成为我国社会主义市场经济持续发展的主要制约因素，休闲农业对推动我国环境教育的进程意义重大。环境教育是着眼于人类同其周围自然的、人工的环境的关系，使人们正确理解人口、污染、资源分配与资源枯竭、自然保护、技术、城市与地方的开发规划等各种因素对环境的影响的一种教育。环境教育以培养公众对环境的关心和理解，密切环境同人类的关系，进而使公众广泛地了解到为了确保我们的生存并提高生活质量，必须认识环境的重要性并

从休闲农业发展情况来看，观光采摘是其最基本的旅游产品

经验借鉴

意大利休闲度假流行绿色农业旅游

“到乡下去旅游，体验淳朴的乡村风情”，成了意大利人旅游度假的新热点。

意大利民间环保组织——环境联盟最近公布的数字显示，夏季预计有120万意大利本国旅游者和20万外国游客前往意大利各地的“绿色农业旅游区”休闲度假，游客人数将比去年同期大增40%。

随着人们生活水平和对环保重视程度的提高，越来越多久居城市里的意大利人选择远离城市喧嚣的乡村作为度假地。对此，意大利环境联盟执委会官员朱塞佩·鲁杰罗近日在接受新华社记者采访时说，这一趋势表明，意大利人休闲度假的观念已发生了变化，“崇尚绿色、注重提高生活质量”已成为人们的新追求。

鲁杰罗特别指出，意大利“绿色农业旅游”的概念已不再是传统上单纯的观光游览。在意大利，传统上的“农业旅游”只不过是人们深入乡村，接触大自然，呼吸新鲜空气，从而使身心得到放松。而如今的“绿色农业旅游”则是被赋予了不少新的内涵，其中最重要的就是强调“以人为本”和“绿色环保”。

意大利农业旅游区的管理者们利用乡村特有的丰富自然资源，将乡村变成具有教育、游憩、文化等多种功能的生活空间，以满足现代人对休闲生活的各种需求。这种“绿色农业旅游”的经营类型多种多样，经营者增加了一系列具有文化教育和休闲娱乐功能的设施，使乡村成为一个“寓教于农”的“生态教育农业园”。在这里，人们不仅可以从事现代的健身运动，还可以体验一下农业原始耕作时采用的牛拉车，甚至还可以手持猎枪当一回猎人，或是模仿手工艺人亲手制作陶瓷，或用香草野菜做上一顿天然的美味佳肴。除此之外，人们还可以在这里领养狗、猫等家庭宠物，重新体验一下“家”的感觉。

意大利现有1.15万家专门从事“绿色农业旅游”的管理企业，它们管辖的景区主要分布在中部的托斯卡纳、翁布里亚、马尔凯大区，南部的坎帕尼亚大区以及北部的威尼托、特伦蒂诺和利古里亚大区。据意大利环境联盟执委会官员鲁杰罗介绍，这些景区为不同的游客提供了类型不同的个性化服务。目前，这些景区中，70%以上都配有运动与休闲器械，供那些喜欢健身运动的游客使用；55%的景区为游客提供外语服务，为外国游客解决语言不通的困难；50%以上的景区提供包括领养家庭宠物在内的多种服务项目。

事实上，意大利人喜爱“绿色农业旅游”并不奇怪，这与该国政府重视环保，发展生态农业不无关系。尤其是近5年间，意大利的生态农业发展得很快，生态农业耕地面积比5年前扩大了约400倍。目前，意大利拥有生态农业耕地面积120万hm^2，占欧盟生态农业耕地面积的43%。与此同时，绿色农业、生态农业的概念也被意大利人广泛接受。

（资料来源：人民网整理）

采取积极的行动。休闲农业比一般农业更强调农业的生态性，是基于生态审美的一种景观建设活动。而在旅游活动中通过教育解说服务，可使人们理解保护生态环境的重要性，是一种互动直观的环境教育方式。

6.2 休闲农业旅游产品开发原则

6.2.1 市场导向原则

建立起“产品—市场—产品”的反馈机制，休闲农业旅游产品也和其他产品一样，要受市场调节机制的作用，只有根据市场的变化，及时调整产品的开发策略，确定不同时期针对不同的目标市场开发不同的产品，才能出现产销两旺的局面。休闲农业旅游产品吸引点的打造，不仅要有巨额资金投入与政策支持，更要培养高端、多元的休闲农业消费市场。如中国台湾地区历史最悠久的台南“走马濑农场”建成20余年，但凡受追捧的游乐项目，都是结合城市人群的心理需求设计而成。牧草餐满足了游客追求另类素食、健康养生的需求；千人睡草地对夜晚只能看到城市霓虹灯的游客而言，无疑是惊喜；香水DIY则是捕捉到了城市白领对手工劳作的好奇与想象。

6.2.2 资源导向原则

农业产品的打造应该成为休闲农业的一大特色，一大品牌。但当前的农业产品常常作为休闲农业的一个附属品，没有被充分重视。农业产品缺少乡土文化特色。只有对具有浓郁乡土气息的传统饮食、服饰、手工艺品、音乐舞蹈、风俗习惯等乡土文化进行深入的挖掘，才能形成休闲农业所应有的乡土氛围。应根据农业资源的特点确定产品的类型，使资源得到合理的利用。避免不顾农业资源的状况，开发缺乏环境和文化背景的产品。如山东日照王家皂村所推出的渔业旅游产品，推出做一天渔民活动，白天随渔民出海打鱼，亲身体验渔猎情趣，晚上住在渔民家，吃在渔民家，玩在渔民家，让游人全面体验渔家民俗。

6.2.3 原真性及原生性原则

休闲农业旅游产品的开发应当根据农业旅游开发区域的实际情况，因地制宜，在尽量不破坏原基地植被及地形的前提下，谨慎地选择和设计，充分保留自然风景，表现田园风光。休闲农业旅游产品的开发建设对农村社会、经济和环境产生一系列的影响，生态环境和人文生态是可持续发展的根本。保护观念和相关设施的滞后，传统文化的流失以及开发建设活动过于商业化，农业旅游资源面临被破坏的危险。农业旅游资源开发应追求经济、社会、文化效益的和谐，把保护和开发协调起来，加强有序管理、政策调控，将生态保护与环境治理有机结合起来。如法国乡村旅游中的每一个产品及其由产品构建起来的系统都力图保持其原真性。以“农产品农场”为例，游客可在乡村购买当地的产品，也可享用农场的美食，但是每个农场销售的主要农产品必须是自己所生产的，主要原材料原则上不可以向外采购，必须是以农场种、养殖的动、植物为主，副材料可以来自农场之外的产区，其生产加工程序必须在农场内部进行，从而保证每个农场都有自己独特的产品。为了保证农产品不是大规模工业生产的产物，农场必须向有关部门提交有关资料，从制度上保证了乡村旅游与自然和谐，减少了农场之间同质恶性的竞争。

6.2.4 产品多样化原则

由于旅游吸引物包括自然旅游资源、人文旅游资源和各种旅游设施；旅游服务是千差万别的；旅游消费者因年龄、性别、层次、教育程度、旅游动机各不相同，对旅游产品的需求大相径庭，为吸引游客，增强旅游吸引力，应当开发不同类型、层次和组合的产品。

6.2.5 服务主体性原则

旅游产品不仅包括有形的资源，还包括无形的服务，而且随着旅游竞争的加剧，这种竞争越来越表现成服务的竞争，从旅游服务竞争，到售后服务竞争，因此服务已经成为旅游产品的一个重要组成部分，只有把服务作为主体对待，产品才更具有竞争力。

6.3 休闲农业旅游产品开发类型

6.3.1 观光采摘旅游产品

（1）观花

观花主要集中在如桃花、梨花、李花、苹果花、杏花、樱桃花等品种。这些果木的花期基本集中在早春，盛花期形成花海，非常壮观美丽。北京的观花休闲农业园区主要集中在平谷（桃花）、大兴（梨花）、昌平（苹果花），密云、怀柔山区的杏花等。四川成都的观花休闲农业园区主要集中在龙泉驿（桃花、梨花）等。

可开展的活动项目包括一般大众的赏花，配合其他活动如烧烤野餐；摄影爱好者的摄影活动；美术专业人员及业余爱好者的写生，中小学生的认知活动。

（2）观果

从春末到初冬陆续有各种不同的果品成熟，果品的色彩、形状、大小、香味各异，形成休闲农业园区中特有的风景。各种果木果实成熟后都具有观赏价值，一般都与采摘活动相结合。

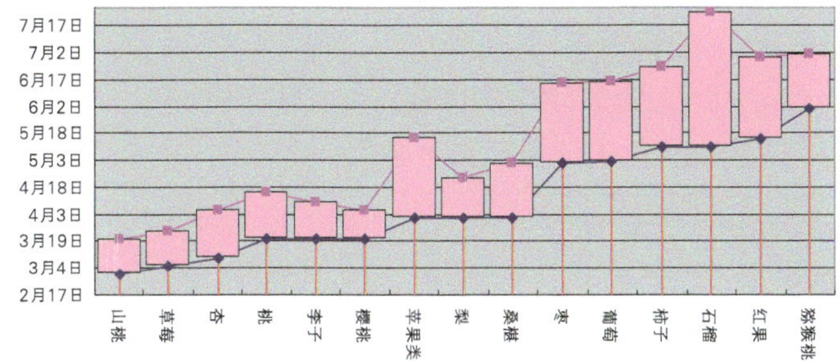

北京地区常见观光采摘品种观花期分析

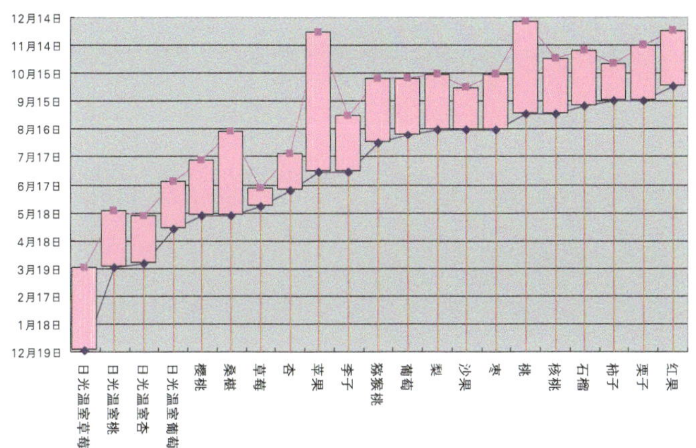

北京地区常见观光采摘品种观果期分析

可开展的活动项目包括一般大众的观赏；摄影爱好者的活动；中小学生的认知活动。

（3）采摘类旅游产品

采摘是休闲采摘园主打产品，是吸引众多游客前来休闲采摘园从事各项旅游活动的重要吸引物。北方可采摘的果品主要有樱桃；夏季成熟果品主要有晚春—初夏的杏，盛夏的桃、李；秋季有初秋的葡萄、梨，深秋的苹果、柿子、冬枣。以北京为例采摘樱桃的休闲农业园区比较著名的有海淀四季青樱桃园，门头沟樱桃村等；盛夏的桃李主要集中在平谷区，在其他各区也有一些桃园及综合性休闲农业园区分布；葡萄采摘主要集中在顺义、通州；梨采摘主要集中在大兴；苹果采摘主要集中在昌平；柿子主要集中在房山，冬枣在海淀及其他各区也有分布。

6.3.2 休闲度假旅游产品

根据各个休闲农业园区的建设用地规模和经济能力，在休闲农业园区外和休闲农业园区内建设规模适中的具有地方特色、田园气息的住宿度假设施。避免不合时宜地建设大型宾馆饭店，破坏休闲农业园区的生态环境，影响景观效果。

由于休闲农业园区主要以城市市民为客源市场，主要是一日游、两日游形式。住宿接待问题并不特别突出，但休闲农业园区内的餐饮、休息设施、卫生设施是比较突出的问题。因此，提供等级适合的餐饮设施、清洁的卫生设施是有意于发展休闲农业园区的经营者应该关注的问题。

根据休闲农业园区的实际情况提供垂钓、烧烤、摘时令蔬菜、摸虾捉蟹、乡村特色的宠物乐园与儿童游乐区、茶室、露天游泳池、观鱼区、健身设备以及一些必要的商务会议、休闲度假设施。如湖南省长沙市千龙湖生态旅游度假村共有水上娱乐、垂钓休闲、分时度假、生态农业、生态林业、生态养殖六种不同类型的休闲小区，为游客提供垂钓、休闲、娱乐、会议、健身等多样化的旅游产品。

6.3.3 参观考察 – 科普教育旅游产品

（1）科研类旅游产品

采用世界先进的农业种植技术和温室栽培技术，研发独特的农业种类；建设有特色的农产品加工工序；增加各种农产品的深加工工序；引进先进的管理理念和经营技术。吸引国内外相关行业的人士前来参观学习。

（2）培训类旅游产品

开辟技术性较强的农业技术展览室，讲解成功的栽培技术，针对有一定基础的高校学生和相关行业的技术人员提供技术培训，打造休闲农业园区知名度，形成技术型旅游产品。

（3）参与学习旅游产品

休闲农业园区可以根据实际情况，单独或联合建设小型的果酒、果脯、果酱、罐头、果茶、果饮品等相关的加工厂和各种果木制品以及果树盆景制作工作室。让

湖南省长沙市千龙湖生态旅游度假村全景

以山楂为原料生产的特色旅游商品

北京市延庆县张山营葡萄文化节

乡村特色餐饮

辽宁省葫芦岛市葫芦山庄国际葫芦文化节

环境优美的豆腐坊

福州卧龙谷休闲旅游区滑草

游客在参观的同时，可以亲手做属于自己的果品副产品、果木制品以及果树盆景，且可以在产品上加上特殊的纪念性符号标志。

休闲农业园区还可以让游客在园内认养各种农作物，园内技术人员帮助游客进行农作物的日常护理，并定时通知游客农作物的生长情况，在抽芽、施肥、开花、结果等不同时段通知游客前来观看，游客则可以选择性参与剪枝、疏花、果实套袋、采摘等各项简单的技艺劳作，并在专业技术人员的指导下完成。认养可分为：家庭认养、情侣认养、新婚夫妇认养、生日认养、母子父子认养、金婚银婚认养、单位认养等多种形式。

（4）科普教育旅游产品

为了有助于青少年的健康成长，同时进行农业现代化的教育，休闲农业园区可以开辟果树蔬菜种植、栽培基础教育园地，技术人员指导学生进行简单的果蔬种植和养护。为大学以上水平的学生令设农业现代化技术试验地，提供技术指导和支持，吸引大中小学生前来休闲农业园区从事各种科普教育活动。

根据休闲农业园区自身的实际情况，可以考虑建设科普长廊、科教园地、科技宣传地带等区域，亦可开展与之相关的科普类活动及游戏形式，对前来参观的游客灌输生态、自然、环保、绿色的新概念并引导其深刻理解绿色食品及有机食品的重要性。

6.3.4 节庆文化旅游产品

（1）周期性节庆文化旅游产品

休闲农业园区可以在一年内推出“开园日”、“丰收节”“采摘节”“农耕文化节”等，在开园日，人们可以免费进园学习果树的种植、果品的正确采摘和储藏等技术。

休闲农业园区可以根据节庆的举办效果，每年或几年周期性举办某某花会（节）、果酒、果酒、果脯、果酱、果茶、果饮品、果木制品以及果树盆景等相关产品的制作大赛和展览会、果品厨艺大赛等。

另外，已经形成特色的区域，在全区基础上推出的节事活动更具吸引力和影响力。如北京平谷区每年定期

昌平草莓博览园

举办的国际桃花节。

（2）非周期性节庆文化旅游产品

根据社会的需要和实际情况，不定期举办果品栽培技艺比赛、采摘比赛、以某一果品为主题的书画比赛等节事活动。

在节庆文化活动的举办过程中，邀请各界名人作为形象大使提高休闲农业园区知名度，并邀请国外友人、影视歌曲体坛明星来参与节庆吸引外地游客前来参与，扩大活动的影响力。

6.3.5 体验民俗旅游产品

休闲农业园区可根据自身规模建设富有乡村气息的餐饮设施，提供地道的农家餐饮服务。这些休闲农业园区的管理者和工作人员，往往是附近村落的居民，与周边农业社区的合作，开发休闲农业园区与周边村落的步行路线，不仅为游客提供整体的乡村形象和趣味，同时也可以活跃社区经济。

另外也可以在平原区域，提供骑马服务，以及其他牲畜驾车的乡村观光游览服务。

为增强休闲农业发展动力，激发乡村旅游消费活力，提升全国休闲农业与乡村旅游星级示范创建水平，推动行业品牌化发展，中国旅游协会休闲农业与乡村旅游分会于2012年、2013年、2014年开展休闲农业与乡村旅游十大精品线路推荐评选活动，取得很好的成效。

2012年、2013年、2014年中国休闲农业与乡村旅游十大精品线路 表6-2

线路＼年份	2012年		2013年		2014年	
1	辽宁休闲农业观光体验游	葫芦岛葫芦山庄-锦州大朝阳山城山庄-盘锦鼎翔农工建(集体)有限公司（红海滩湿地公园）-沈阳马耳山乐农庄园-本溪桓仁东方大雅河漂流有限公司-辽宁碧水实业发展有限公司（天桥沟森林公园）-宽甸长甸镇河口村-凤城大梨树村	北京花团锦簇绣密云花海酒乡之旅	北京市-密云县东邵渠镇“皇李御道”-聚陇山庄-人间花海薰衣草庄园-“长城脚下普罗旺斯”紫海香堤香草园-古北口民俗旅游村-不老屯千亩万寿菊-黄土坎鸭梨采摘-云峰山香草园-青箐顶、云蒙油菜花海-石塘路民俗旅游村“古城人家”-鱼街-张裕爱斐堡国际酒庄-北京市	北京京东都市农业体验游	北京市区-七彩蝶园-北京国际鲜花港-康顺达农业观光园-张裕爱斐堡国际酒庄-聚陇山庄-宋庄艺术村-大运河森林公园-金福艺农“番茄联合国”-第五季龙水凤港生态露营农场-瑞正园农庄-蟹岛农庄-蓝调庄园
2	黑龙江北大荒现代农业园体验游	哈尔滨市区-北大荒现代农业园正门-瓜果长廊-南国园-荷兰温室-十字长廊-神农广场-滑雪场-龙泉湖-清水摸鱼池-儿童乐园-二十四节气广场-荷花池-水系-月季园-菜艺园广场-菜艺园-百鸟园-拓展训练场-神农庄园-AK野战场和兵营-连体温室-返回市区	河北海陆风情游	北戴河-北戴河集发观光园-昌黎渔岛景区	江苏沿海生态农业美食休闲之旅	南通启动市区-启东“圆陀角风景区”-南通盈康农庄-吕四古镇和吕四渔港-南通世外桃源休闲农庄-如皋长江药用植物园-海安中洋河豚庄园-如东县东凌港生态休闲农庄-东台永丰林农业生态园-大丰市国家麋鹿自然保护区-大丰市丰收大地现代农业示范区-大丰市恒北村早酥梨生态观光园-射阳县国家丹顶鹤珍禽自然保护区-连云港樱桃谷休闲农业园-赣榆县谢湖有机茶果观光基地-赣榆县夹谷山观光农业园

续表

年份 线路	2012年		2013年		2014年	
3	江苏生态休闲农业之旅	南京-高淳县桠溪国际慢城生态之旅-高淳县武家嘴农业科技园-高淳县银林山庄-溧水县傅家边生态农业园-溧水县白马现代农业高新技术产业区-南京江宁区横溪街道石塘竹海景区-南京江宁区横溪街道农家乐村“前石塘村”-南京江宁区汤山街道七坊农家乐村-镇江句容市九龙山庄-镇江句容市江苏农博园-返回南京。	辽宁休闲农业5日特色游	沈阳世外桃源-本溪大石湖风景区-桓仁大雅河漂流-宽甸青山沟风景区-东港獐岛休闲度假村-大连庄河台湾风情天一休闲庄园-大连市普湾新区区石河街道石河村	浙江老绍兴醉江南	滨海农庄-曹娥江湿地公园-上虞东山湖休闲农庄-新昌大佛寺-新昌七盘仙谷农业观光园-诸暨十里坪茶文化观光园-诸暨西施故里-诸暨五泄风景区-兰亭风景区-鲁迅故里-大禹陵或鲁镇-安昌古镇
4	浙江水乡竹海风情游	淳安千岛湖有机鱼休闲观光园-建德下崖镇渔家灯火休闲农庄-三都镇渔业村渔家乐-桐庐富春江芦茨村-蜂之语蜜蜂王国-巴比松度假庄园-富阳新沙岛风情小镇-黄公望村-萧山传化大地-中国花木城-湘湖风景区-滨江晶星都市村-杭州农夫乐园-安吉大竹海-竹博园景区-中南百草原-长兴大唐贡茶院-十里银杏长廊-城山沟桃源山庄。	吉林长春—珲春休闲体验游	长春市-吉林市神农温泉度假村-蛟河市松花湖渔业有限公司-敦化雁鸣湖旅游开发公司-延边华龙集团-珲春市	安徽山水诗乡、多彩宣城，休闲养生度假游	宣广高速-太极洞景区-安徽箐箐庄园-卢湖竹海-横山国家森林公园-木子度假村-中华茶博园-十字生态观光园-敬亭山景区-水东老街-水东天元农家乐-夏霖景区-千秋畲族文化园-恩龙世界木屋村-劳模徽菜文化园-千年仁里古村落-龙川景区-五峰园蜜蜂文化园-三溪现代农业生态园-宣纸文化园-江南第一漂风景区-水墨汀乡村旅游景区-汀溪兰香名茶生态文化园-有机茶科技示范园-宣城高速
5	山东黄三角洲农业风情游	山东芳绿农业科技有限公司-麻踏湖湿地公园-国丰现代农业科技示范园-滨州市沿黄生态农业产业示范带及黄河景观-三河湖休闲农业示范点-阳信金阳百年梨园-七仙女休闲旅游度假村-无棣千年古桑休闲旅游园区-沾化县冬枣采摘观光-黄河三角洲国家农业科技园区-山东神力黄河岛休闲农业示范点。	上海都市农业观光游	上海市区-中国农民画村-金山现代农业园-庄行金色田园-陶家湾休闲农庄-上海申亚乡村度假农园-上海都市菜园-上海海湾国家森林公园-上海五四小木屋-书院人家-上海孙桥现代农业园区	江西赣东北休闲度假游	浮梁县瑶里梅岭山庄-景德镇得雨生态园-婺源县金山生态茶叶观光园-江岭油菜花观光园-三清山田园牧歌景区
6	湖南望城乡村古镇游	千龙湖生态旅游度假区-乔口渔都-靖港古镇-新康戏乡-沙铜官窑国家考古遗址公园-天园地芳国际珠宝城-锦绣生态农庄-百果园-真人桥村-光明村。	江苏魅力江南休闲乡村之旅	苏州市-苏州市吴中区越溪街道旺山村-常熟市支塘镇蒋巷村-常熟市沙家浜镇红石村-张家港市南丰镇永联村（-张家港江南农耕文化园-江阴市华士镇华西村-江阴市月城镇双泾村-无锡市惠山区阳山镇桃源村-宜兴市湖父镇洑西村-宜兴兴望循环农业文化园-溧阳市李家园村-溧阳市天目湖生态园-常州市武进区郑陆镇牟家村-金坛市薛埠镇上沅村-金坛市久红农业生态园-南京市	山东畅游孔孟故里感受农业风情	济宁北湖度假区-山东济宁南阳湖农场-邹城峄山-孟府孟庙-孟林-孔府孔庙-孔林

线路 \ 年份		2012 年	2013 年		2014 年	
7	海南环岛休闲农业与乡村旅游	海口美兰机场 - 龙泉乡园 - 海口羊山休闲公园 - 万泉河峡谷生态文化旅游区 - 兴隆热带植物园 - 陵水鲁宏休闲农业园 - 呀喏达 - 甘什岭槟榔谷原生态黎苗文化旅游区 - 三亚农垦家园 - 三亚兰花世界 - 三亚槟榔河国际乡村文化旅游区 - 三亚小鱼温泉 - 三亚南天门。	浙江嘉兴水乡田园体验游	申嘉湖高速公路乌镇 - 梦里水乡 -（车行 30 分钟）- 洲泉稻香人家 - 乌镇 - 海宁美林湾 - 皮革城 - 西塘古镇 - 碧云花园 - 金龙门 - 嬉溪菜园子 - 秦山核电站等	湖南红色励志主题	湘潭市东方红广场 - 湘潭市韶山旅游区 - 韶山德胜生态农庄 - 湘乡陈赓故居 - 湘乡东山学校旧址 - 湘乡市明月山庄 - 湘乡龙生龙和生态农庄 - 湘乡茅浒水乡度假村 - 湘潭彭德怀纪念馆 - 湘潭县源博园生态农庄 - 湘潭市
8	陕西省关中农业风情游	西安市区 - 白鹿原现代农业示范区 - 蓝田汤峪镇塘子村 - 阳光雨露 - 长安滦镇上王村 - 长安东大祥峪沟村 - 户县东韩村 - 曲江农业博览园 - 岐山县凤鸣镇北郭村 - 扶风县法门镇美阳村 - 兴平井观清水莲菜庄园 - 礼泉县袁家村 - 秦都区北槐村 - 渭城区周陵镇司魏村。	安徽黄山美好乡村体验游	屯溪开心菜园 - 歙县新安山水画廊 - 石潭 - 徽州区谢裕大茶叶博物馆 - 徽州区茶花园 - 坤沙农民新村 - 休宁中国龙湾茶干博览馆 - 黄山茶文化生态产业园 - 盐铺山越风情园 - 黟县西递 - 宏村 - 木坑竹海 - 黄山区庄里村 - 黄山区现代农业示范区	广西百色起义红色旅游与农业休闲养生游	平果县布镜湖万亩荷莲景区 - 平果县印山村双季葡萄采摘园 - 田东横山古寨十里莲花景区 - 田阳县布洛陀那生农家乐 - 百色国家农业科技园 - 百色红色旅游基地 - 凌云茶山金字塔 - 凤山三门海国际养生基地 - 巴马坡纳屯休闲养生基地 - 巴马达西儒礼桃花源景区 - 仁寿文化源景区
9	广西桂林休闲农业四季游	桂林龙胜龙脊梯田景区 - 桂林临桂刘三姐茶园、蝴蝶谷、义江缘 - 桂林临桂五通农民画 - 桂林灵川草莓岛 - 桂林灵川海洋银杏博览 - 桂林灵川海洋 6 万亩桃花基地 - 桂林阳朔世外桃源 - 桂林阳朔百里新村 - 桂林阳朔印象刘三姐 - 桂林阳朔遇龙河景区 - 桂林恭城红岩新村 - 桂林恭城邓扒新村 - 桂林恭城文庙、武庙 - 桂林恭城大岭山万亩桃花 - 桂林恭城燕子山天线生态草原。	山东泰山欢乐现代农业之旅	泰山 - 岱庙 - 老县衙景区 - 方特欢乐世界 - 花样年华景区 - 东平水浒城	贵州休闲农业养生游	遵义市 - 凤冈县进化镇太极生态养生园 - 益池园 - 玛瑙山旅游景区 - 玉龙山堡景区 - 茶海之心景区
10	宁波美之源•美丽乡村体验游	宁波大桥生态农庄 - 天宫庄园 - 滕头村 - 商量岗 - 欢乐佳田。	宁夏休闲农业乡村体验游	石嘴山市大武口区蓝孔雀山庄 - 贺兰县宋家大院 - 西夏区红柳湾山庄 - 西夏区万义生态园	甘肃张掖金色风光休闲游	张掖丹霞地质公园 - 康乐草原民俗村 - 黑河湿地公园 - 绿洲现代农业示范园 - 神沙窝沙漠体育公园 - 石岗墩高科技农业示范园 - 山丹马场 - 扁都口

7 休闲农业市场营销规划与开发

市场营销作为一种计划及执行活动，其过程包括对一个产品、一项服务或一种思想的开发制作、定价、促销和流通等活动，其目的是经由交换及交易的过程达到满足组织或个人的需求目标。

有些学者从宏观角度对市场营销下定义。如E.J.Mccarthy把市场营销定义为一种社会经济活动过程，其目的在于满足社会或人类需要，实现社会目标。又如Philop Kotler指出“市场营销是与市场有关的人类活动。市场营销意味着和市场打交道，为了满足人类需要和欲望，去实现潜在的交换”(《市场营销管理》第5版第13~14页)。

美国市场营销协会(AMA)于1985年对市场营销下了更完整和全面的定义“市场营销是对思想、产品及劳务进行设计、定价、促销及分销的计划和实施的过程，从而产生满足个人和组织目标的交换。”(注：这一定义比前面的诸多定义更为全面和完善。主要表现是：(1)产品概念扩大了，它不仅包括产品或劳务，还包括思想；(2)市场营销概念扩大了，市场营销活动不仅包括赢利性的经营活动，还包括非营利组织的活动；(3)强调了交换过程；(4)突出了市场营销计划的制定与实施。)

管理大师彼得·杜拉克(Peter F. Drecker)认为企业存在的目的在于创造顾客、服务顾客、满足顾客。而要达到这个目的则需从事有效的市场调查及和营销服务。因此休闲农业必须学习了解游客心中的想法为何？想要的是什么？如何将各种休闲游憩活动与服务质量改善？而且休闲农场努力的方向，都应着眼于为游客(包括内部或外部游客)创造休闲游憩活动与服务价值。再者，休闲农业具有其生态资源与农村生活文化及绿色产业之独特性。这些特性势必提醒休闲农场经营者有必要扩大休闲游憩活动与服务系统的观念，把游客视为休闲游憩活动与服务过程的参与者。也就是将游客在休闲游憩活动与服务过程中当作是一种投入，而游客的满意度则当作是一种产出。因此，如何藉由提高休闲农场的休闲游憩活动与服务满意度，以创造游客与休闲农场未来关系发展持续维系的竞争优势，将是休闲农场营销经营的成功关键。换言之，了解休闲农业、休闲游憩活动与服务市场需求及相关信息，诸如游客对休憩活动的认知、休憩动机、休憩价值观、主要休憩方式等，并据以规划农场营销策略方向，将是休闲农业休憩活动与服务满意度的方法，也是游客持续与休闲农场维系未来关系发展的关键基石。

休闲农业旅游市场营销是休闲农业经营者根据旅游市场需求和自身旅游资源进行产品开发、定价、促销和分销的计划和执行过程，是休闲农业资源优势和产品优势转化为产业优势的重要途径。

7.1 休闲农业营销内容及要点

7.1.1 休闲农业营销内容

休闲农业营销包括以下六大内容：

(1)休闲农业市场调查(如狭义的休闲农业市场调查、营销组合有关的调查)。

(2)休闲农业活动商品规划：包括商品定位、销售对象的确立、销售渠道的选择、预估销售量、销售费用与预估成效等。

（3）营销渠道拟定（如渠道广度、深度与长度、新渠道的设定，原有渠道的维持与管理、对渠道的扩展活动等）。

（4）销售活动促进（如运用重点与集中的原理筛选销售对象、确认促销的主题或诉求内容重点、挑选合适销售对象与技巧的方式及组合等）。

（5）广告宣传活动（如提高休闲农业产品的销售力、知名度与曝光率等）。

（6）营收管理活动。

7.1.2 休闲农业营销拓展要点

（1）衡量并改善游客满意度的工具

游客满意活动不是消极地发掘游客的不满意，加以改善；更重要的是积极主动地发现游客满意度的增长点，加以强化。其中，通过游客满意度调查、游客抱怨处理系统、流失游客分析系统等方法来衡量游客满意度，并深入寻找原因，进而提升游客满意度，是休闲农业休憩活动营销评估必备功课。

（2）把游客视为服务过程的共同制造者及参与者

对休闲游憩活动与服务而言，活动与服务过程即是产品。而且游客对于活动与服务质量的印象来自于整体服务经验，而不只是根据外在的活动与服务。若以策略性观点，休憩活动与服务也将因与游客关系的不同，而促使其活动与服务形态也有所差异，再加上休闲农场具有其生态资源与农村生活文化及绿色产业之体验独特性。促使休闲农场经营者有必要把游客视为活动与服务过程的参与者。为顾客提出活动内容的特色，及能提供消费者何种帮助的优点，以凸显与别人不同之处。游客可以用心理层面隐约察觉到的内在服务感受，如休闲游憩服务过程中气氛的舒服与自在、体验活动解说服务后的安全与满意的保证等。

（3）制造第一的事件营销

借着促销活动介绍新休憩活动，一般是有计划地策划、组织、举办和利用名人与具有重大新闻价值的活动，制造出重点新闻效应的事件，吸引媒体和社会公众的兴趣与关注，以达到提高休闲农场和休憩活动社会知名度，最终促进产业或服务销售的目的。但是，事件营销成功的第一要素是在时间点上要抢第一，必须第一才有新闻价值；否则就是跟进，不会引起媒体和公众关注。

因此，事件营销的核心技巧，就是做别人没有做过的，说别人没有说过的。要想达到这一目的，休闲农场和休憩活动首先对自己的资源优势作分析，还必须了解竞争对手的优势，才能够加强游客的印象。因此，营销企划人员必须保持对社会政治、经济、科技、文化、国际政治等方面的专业敏感度，才能抓住和制造出好的营销事件。

此外，休憩活动如果让人有完整的感官与情感的体验，会更有力量。如果能引起人类五官，像是视觉、味觉、触觉、嗅觉，更能提高整体的印象。是以，强调游客所接触到的活动与服务，是由多元、全方位的刺激所组合而成的体验，才会对利润有所帮助。

（4）面向未来的新营销模式

充分应用信息科技、因特网，将客户需求具体化，不刻意去操控游客，而是协助他们了解他们的需求，并体会到农场所提供的活动或服务最能符合他们所需。现依此可能面临的未来营销竞争焦点，例如植入式营销，其基本结构是存在着一个营销活动和两个营销主体：一个营销主体与那个活动处在显性表现状态，而另一个营销主体相对处在隐性状态，后者搭车在前者的活动上达成营销自己的目的。主要表现形式是在影视作品中隐形的宣传自我，如2009年大热影片《非诚勿扰》中对西溪湿地和海口的表现，可谓不着一字、尽得风流。

（5）培养有效处理营销危机的管理能力

最后，危机公关也是现在营销中不可忽视的部分。所谓危机，是由客观或主观因素，甚至是不可抗拒力所引发的意外事件，而使休闲农场产生的紧急或危险状态对休闲农场来说，一旦发生营销危机，会给休闲农场带来重大的经济损失和形象伤害，甚至导致破产。然而事实上，营销危机中蕴藏着机，就看经营者们怎样将危机转变为商机。亦即危机虽不可避免，然而并不一定就是坏事，关键在于休闲农场经营者们如何看待这一危机以及在危机出现后如何处理的管理能力。因此要强化与游客的沟通、建立客户档案、设立免费消费者热线、妥善处理游客投诉、访问流失的游客、维持与游客的关系，并以积极态度处理事件，挽回游客、防范游客流失，稳固品牌地位。

7.2 休闲农业市场营销定位

科学的休闲农业营销就是在科学的发展观思想指导下采取科学的营销方法和手段，通过分析、计划、执行、反馈和控制这样一个过程来协调各种旅游经济活动，实现获利的经济和社会目标。休闲农业在制订营销计划之前先做市场调研，在此基础上为休闲农业产品进行三个定位：主题定位、市场定位、价格定位。

7.2.1 主题定位

主题定位基于对所有产品的整合，挖掘最有特色的文化内涵，设计让游客感觉到新颖、新鲜、新奇的主题。

7.2.2 市场定位

市场定位是在市场细分的基础上确定产品的目标市场。根据消费者对休闲农业需求的不同，可细分为几种不同类型的消费者群：

（1）中小学生

根据中小学生开办的自然知识课程、科技知识课程、手工课程，有针对性地设立项目，使特色农业区成为中小学生学习的第二课堂，为中小学生提供户外教室、拓展训练、夏令营、冬令营、春游、秋游及其直接参加农业生产服务。

（2）想体验“农家乐”的城市人

为长期居住在城市、没有参加过农业劳作的人们提供参与农业劳动的机会和空间，向其传授相关农业知识，让他们亲身体验农趣。

（3）有怀旧怀乡情感的城里人

很多出生于农村、在农村长大而现在生活在城市里的人对农村、农民有一种特殊的情感，也希望自己的家人特别是孩子对农村、农业有所了解。

（4）向往大自然的“银发族”

针对高龄化社会，为日益增多的银发老人获得心灵的安宁，体验耕种、收获、享用农产品以及把产品馈赠他人的快乐，提供适当的场所和服务。

（5）特殊人群

根据城市特殊人群的需要开设一些项目，让他们积极参与。如针对年轻人，为他们开辟栽种“恋人树”、“爱情树”、“结婚纪念树”的场地；针对中青年群体开辟狩猎场、捕鱼场等；为下岗工人提供场地承包经营的机会等。

7.2.3 价格定位

价格定位是根据目标市场的消费能力、消费偏好等特征为产品定价。

针对中小学生设置的拓展训练活动项目

7.3 休闲农业市场营销策略

7.3.1 产品策略

个别休闲农业旅游产品与服务对其目标游客都有一种根本的利益存在，而这种根本利益，除了满足目标游客心中对这个产品的类别定位、所期望其应具有的产品属性及价值观外，另宜在产品属性上作修改或新增，或发展出新形式，或是添加新属性，以发展出与竞争者有效竞争的产品属性或差异化属性。因此，休闲农业旅游产品与服务在规划上，宜找出本身在营销竞争上的差异化优势。比如说如何把握住流行的“话（议）题”灵感、塑造新休憩活动与服务产品，即能使营销规划事半功倍。但是实务上，由于市场环境的变化、游客偏好的转移，还有竞争者竞争压力等因素，休憩活动与服务产品必须定时加以更新调整，这样才能掌握市场的先机，切勿一味沉浸在过去成功的产品线，而忽略了更新。

7.3.2 定价策略

由于休闲农业产品经营环境愈趋动态化，许多完美的定价策略可能瞬间过时，因此，各个市场区隔的价格接受水平与游客接受程度、环境变化（季节、竞争等）有密切关系。因此，应当针对环境的变动来调整定价或差别取价。

而差别取价策略，可区分为五种形式：（1）市场差别取价，即针对不同的市场区隔或地理区隔的顾客，制定不同的价格。例如学生优待、敬老折扣、全家福折扣。（2）休憩活动与服务产品市场取价策略，即依产品的形式制定不同的价位。例如套装行程、邮购礼盒包装、现购礼盒包装、团购礼盒包装、学生型礼盒包装等。（3）时间差别取价策略，即依淡旺季、平日、假日的时间不同，收取不同价格。（4）技术差别取价，即依休憩活动与服务产品的繁简程度过程来定价。（5）累积消费次数差别取价。例如，累积消费满三次送八折价券、累积消费满五次送五折价券等。其目的在于极大化短期利润，针对市场竞争条件的变动幅度，运用价格的上下弹性调整，来制定不同的游客最能接受的价格水平。此间，差别取价的营销重心在强调经营的利润而不在求销售量。

7.3.3 渠道策略

针对休闲农业旅游产品与服务而言，如何将活动或服务有效地达到最终游客手中的直销阶段，是一项非常重要的价值活动。但也不可忽视上游的资源取得，如上游产品资材供应者、旅游运输业者、各种经营或游憩消费目的营销组织（如休闲农业协会、休闲旅游业、网购、邮购、机关团体福利委员会、饭店餐厅业者）以及中间中介者所组成的一个大系统中，所有这些业者及组织所扮演的功能都是相互关联的。

因此，在渠道规划应用上，现存的营销渠道有必要思考重新调整，以维持配销渠道的最大效益。亦即在审慎的评估基础下，对现有营销渠道进行调整应用，如结合因特网、餐饮休闲游憩业及航空、铁路、公路旅游运输业的发展。

7.3.4 推广组合规划

休闲农业旅游营销由于面临提升知名度、吸引人潮集中、增加游客量、诱使竞争对手游客转向游憩消费、强化巩固忠诚游客、吸引新游客体验等功用。因此，为能在产业竞争市场中，兼顾经营利润、市场占有率和永续发展，推广组合规划的实际认识和应用确有其必要性。

以有限的资源将户外广告推广、消费者推广与网络推广等多种推广方式混合运用，多角度整合，协同操作，以达到最高的互补关系、最佳的沟通效果与均衡的推广相结合，实现营销效益最大化。

参加农业游憩活动的游客，除了活动的休憩体验外，与休憩活动相关的教育或学习训练，亦可能是游客休憩体验的期望。因此，休憩活动在推广组合的规划应用上，除宜就学理上进行推广组合规划时，所须考虑的产品因素、市场因素、顾客因素、预算因素、营销组合因素、环境因素这六因素加以衡量、重视外，更宜先考虑休憩活动属性与特殊性的提供，以及游客消费者教育、学习或休闲价值观与核心需求所在。

7.4 休闲农业市场营销渠道

休闲农业园区旅游市场营销渠道是将园区产品提供给顾客过程中的各种独立组织的组合。在营销中，营销渠道是将旅游者向园区进行移动。就目前我国园区的发展现状来看，大部分园区的旅游产品缺乏营销渠道，不利于长远发展。对于休闲农业园区来说，必须构建立体的营销渠道模式。

相关的专业书籍和杂志也是休闲农业重要的营销渠道

7.4.1 一般广告

主要利用报纸、杂志、电视、广播等大众媒体宣传推介旅游产品提高知名度。

7.4.2 展销会交易会推介旅游产品

使旅行批发商和零售商、媒体、顾客之间建立合作关系，宣传旅游形象，提高知名度，同时寻找合作伙伴。

7.4.3 旅游节庆活动

以“主题活动”的具体形式在适当时候举办节庆活动，激活人气，吸引眼球，提高知名度，扩大客源。

通过文化创意、精心策划，细化“四季旅游”尤其是春秋两季节事活动内容，走市场化运作之路，将活动规模与活动影响面逐步扩大。推出系列促销策划，形象提升策划活动。同时根据不同景点的特点适时地设计不同特色的促销活动，扩大吸引力。

7.4.4 口碑营销（利用游客口碑传递正面体验）

休闲农业与乡村旅游产品具有空间上的不可转移性、生产与消费的时空同一性、时间上的不可储存性等特征，游客在做出购买决策之前无法通过试用等手段来了解产品，只有在来到园区消费的时候才能以亲身的体验对园区产品做出评价。从口碑传播与其他促销手段的比较来看，广告和销售人员宣传园区产品一般是站在园区的立场上，是为园区的利益服务的，所以人们往往怀疑其真实性；而口碑传播是游客之间甚至是熟人之间一

2008北京奥运推荐果品评选——梨王擂台赛现场

南京农业嘉年华全景图

青岛市崂山北宅农业旅游宣传

对一的信息交流，传播者对园区产品有着最直接和最真实的体验，他们对产品的评价将预示着信息接受者消费产品后的感受。

7.4.5 互联网营销

充分利用 Internet 网宣传旅游整体形象，不断更新、充实，扩大覆盖面。同时针对中青年及学生群体，在公众关注度高的论坛上发布园区的宣传信息和最新动态。

7.4.6 商品营销

加快研发和生产乡村旅游商品、纪念品，推进“果进篮、花进盆、菜进盒、农副产品进袋”工程，提升地方农产品形象和附加值。扶持一批特色农产品加工企业和诚信规范的购物商店，形成乡村旅游商品、食品和纪念品生产销售体系。使游客能买到理想的旅游纪念品，游客带回去了纪念品无形中就是带走了宣传的活广告。

褚橙如何玩营销？

2012 年火起来的褚橙，2013 年准备来点不一样的玩法了。为了将其向全国推广，本来生活网酝酿了一系列基于个性化定制包装的营销，通过个性、幽默、娱乐的方式与年轻人互动，试图笼络更多的年轻消费者。

昔日烟草大王褚时健事业跌入谷底，年逾八旬种橙子东山再起，再没有比这更传奇的故事，能够为跌宕起伏的人生做注脚了。

伴随着这一传奇故事的广泛流传，2012 年，褚时健种植的橙子，第一次进京便火遍京城。本来只是一个普通的橙子，因为被冠以褚橙的名字，意外地被贴上“励志橙”的标签，迅速引爆流行。“褚橙进京”事件背后的主要推动者——本来生活网，也得到了广泛的关注。虽然刚刚成立不久，但是作为褚橙网上销售的独家代理商，本来生活网靠着褚橙这一明星产品火速打开了知名度。

一年之后，当褚橙销售季再次到来，本来生活网决定用一些不一样的玩法。

从讲述褚时健的励志故事，到采用有点幽默调皮的娱乐式营销，本来生活网的运作思路是怎样的？本来生活网运营中心副总经理蒋政文对《成功营销》记者进行了详细解答。

从“励志牌”到“年轻牌”

2013 年 11 月 16 日，韩寒发了一条微博：“我觉得，送礼的时候不需要那么精准的……”附图是一个大纸箱，上面仅摆着一个橙子，箱子上印着一句话：“在复杂的世界里，一个就够了”（韩寒创办的“一个”App 的口号）。微博一发出，便引来众多粉丝围观，甚至有网友调侃“韩少应该后悔当初怎么不把一个叫一车或者一吨”。看官们的各种会意打趣，加上韩寒故作无奈的语气，引来 300 多万人次阅读，4 千多个转发评论。有精明一点的围观群众看到箱子右上角的“本来生活”标志，马上开始意识到：这是本来生活在卖褚橙的广告吧。

褚时健个人的经历对于改革开放的第一代企业家而言，是有着很大意义的。王石、冯仑、潘石屹、任志强等一批企业家，对于他的经历，是有一点惺惺相惜的感觉的。2012 年，褚橙的流行，很大程度上依赖于这些企业家们在微博等社交媒体平台的主动传播，“励志橙”的名字，也正是由于这一批企业家的推广叫起来的，蒋政文表示。

2013 年，本来生活网有了全新的目标——放眼全国性市场，而不仅仅是北京。“去年，褚橙在本来生活网销售了 200 吨，今年我们有十倍的销售目标，因此也需要有全新的推广和销售方案。”蒋政文说。

基于此，本来生活网2013年主抓的有以下两点：第一，让更多年轻人参与进来。“2012年褚橙事件，参与进来的更多是一些企业家。我们做了一些调查，发现很多80后对褚老的经历其实是有隔膜的，他们不了解当时的背景，即便了解也觉得是上一代的事情，跟他们关系不是特别大。”蒋政文说。第二，落脚到生活方式的传播。在本来生活网团队看来，2012年关于褚橙进京的话题，主要还是财经的角度来讲，而在食物本质或者是生活方式这种诉求上还有发掘空间。

跟韩寒以及“一个”App的合作，也正是从以上的两点出发考虑的。据蒋政文讲述，2012年“一个”App上线时，在北京开发布会，当时褚橙就是发布会现场的一个礼品。也正是从那个时候开始，本来生活网跟韩寒“一个”团队结下了缘分。于是，当2013年褚橙的推广再次开始时，本来生活网在一个App上投放了一些广告，并通过个性化的包装设计，跟韩寒在微博上进行了互动。

把包装变成营销工具

韩寒这样在年轻人中有着很大影响力的意见领袖的助推固然重要，但有一个不可忽略的因素，那就是褚橙的个性化包装。正如蒋政文所说，“把包装变成一种营销工具”已经成为褚橙2013年的一个核心的营销手段。

“其实，我们也是受了可口可乐卖萌瓶，以及台北故宫博物院推出的朕知道了纸胶带创意的启发”，蒋政文坦言：“现在的年轻人很喜欢这种个性化的表达方式，我们希望通过一些幽默的、符合网络语境的东西来消解褚老个人故事所带来的沉重感，让年轻人觉得更容易亲近。”

基于上述洞察，本来生活网对所谓“个性化包装”进行了进一步的创新升级。一方面通过自身团队的创新发散，另一方面通过官方微博等渠道与网友互动征集，进而推出了一系列印有个性化标语的包装。“虽然你很努力，但你的成功主要靠天赋”、“即便你很有钱，我还是觉得你很帅”、“2014，再不努力就胖了”、“微橙给小主请安”……这些个性化包装一经推出，便受到了网友们的热烈追捧。

为了让更多网友了解褚橙的个性化包装，本来生活网还借助了一些意见领袖的推力。关于意见领袖，本来生活网此次的定义是：“他们不见得是具有广泛影响力的大V，或者社会名人，但一定是在特定圈子内有着坚实粉丝基础的人，是平民意见领袖”。

如何找出这些所谓的平民意见领袖呢？经过多轮沟通排查后，生活网精选出韩寒、蒋方舟这样在年轻人中具有特定影响力的名人，还有阿芙精油和雕爷牛腩的创始人雕爷、《后宫甄嬛传》的作者流潋紫等在不同领域有着较高影响力的人，并将定制化包装的褚橙寄送给这些人。比如，送给雕爷的包装就是“即便你很有钱，我还是觉得你很帅”，送给流潋紫的则是“微橙给小主请安”。这些调皮有趣的定制化包装，也让这些收到礼物的意见领袖们纷纷主动在网络晒单。“跟大V们互动，需要花很大的精力，效果不见得很好；但是跟这些特定圈子的意见领袖沟通，他们更加平民化，也更乐意互动”，在蒋政文看来，社会上可能有80%的人都不认识这些人，但是只要他们能影响到那20%的人，对本来生活网而言，已经足够了。

他们还跟蒋方舟的新书《我承认我不曾经历沧桑》进行合作推广。蒋方舟把书和褚橙送给朋友后，这些在文艺圈中有影响力的人在微博等渠道晒单，传播效应又进行了二次放大。

此外，本来生活还精选了一批在年轻人中有影响力的“青年领袖”，推出了名为“褚时健与中国青年励志榜样”的视频系列。在这系列片子里，青年作家蒋方舟、前中国著名女排运动员赵蕊蕊、2008年在北京奥运会开幕式不慎失足摔成高位截瘫的舞蹈家刘岩等80后名人相继讲述自己的励志故事致敬褚时健。视频上线3天内，优酷总播放量突破100万次。

供应链的全国性布局

本来生活网的目的，当然不仅仅是推广褚橙，而是借助这一旗舰商品一方面带动销售，一方面扩大平台自身的影响力。在强调“本来生活网是褚橙唯一授权的网络销售平台”外，他们也借助褚橙的宣传节奏开始在全国进行供应链的布局。

10月15日，褚橙开始销售。10月20日，本来生活网在上海、广州的仓库也开始同步运营。目前，本来生活网的自有物流也已经覆盖到22个城市。“对于生鲜电商而言，冷链的建设至关重要。我们需要做到一个订单三种温度，比如用户购买了一块肉、一把蔬菜、一包饼干，就需要冷冻、冷藏、常温三种温度，这是未来需要持续完善的地方。”蒋政文表示。

据介绍，从10~12月，褚橙销售期间，本来生活网的订单量有8倍的增长。2012年，褚橙初次在本来生活网销售的时候，网站日订单最高数达到1000单，2013年，这一数字已经上升到5000~6000单。在褚橙的整体销售中，北京辐射的范围贡献50%，上海和广州贡献50%。

未来，本来生活网仍旧会继续挖掘像褚橙这样的旗舰产品，同时坚持“原产地”和“买手制”的经营特色，继续像媒体报选题那样，每周召开“选题会”，由“买手”上报探索的产品，内部进行相应的讨论。而如何在此基础上，在全国范围内布局冷链，也将成为本来生活网今后的一个重大挑战。

（资料来源：http://www.vmarketing.cn 发布日期2014-01-07）

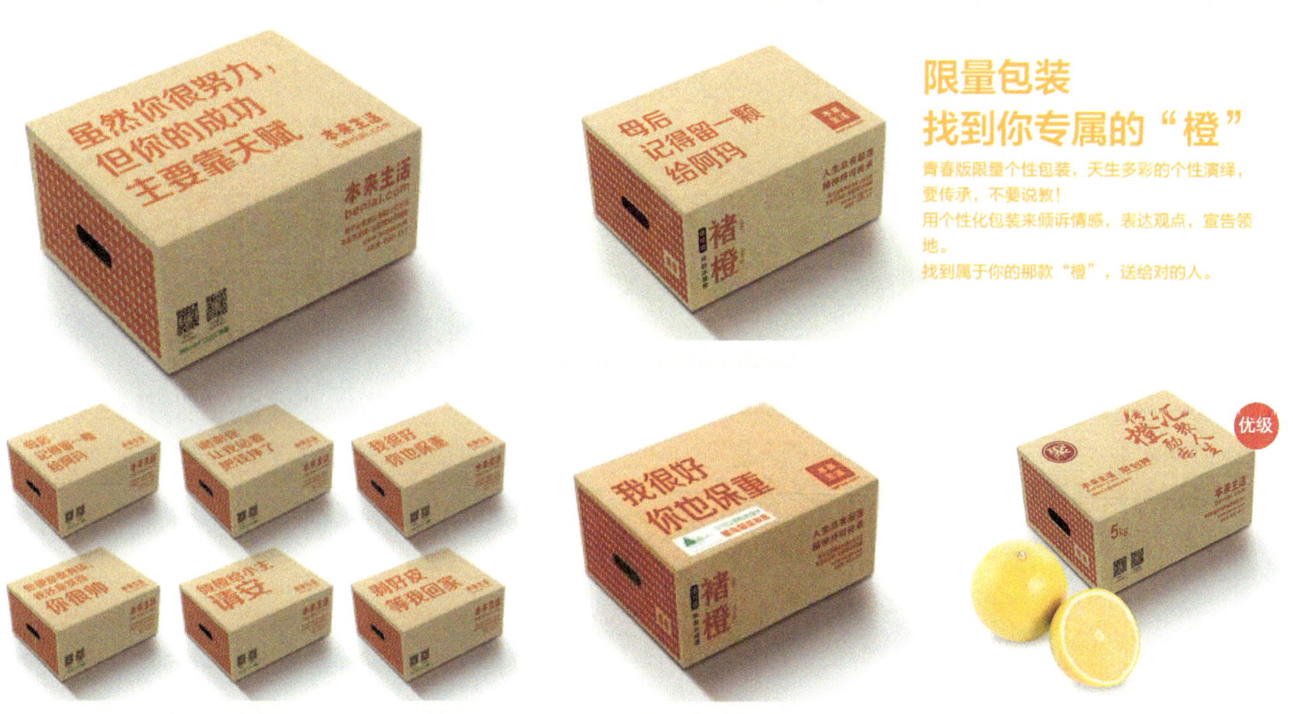

8 休闲农业开发建设投融资

长期以来，由于种种原因，我国实行的不合理的重工轻农的奉献型三农政策体系，造成了三农资金日趋缺乏，农业基础十分薄弱，这也直接导致金融机构和企业对农业的投资动力普遍不足（注：与工业、服务业相比，农业对气候等自然性因素的依赖尤大，而这些因素迄今为止人为控制十分有限。另一方面，由于种种原因，我国农业的基础设施十分薄弱，土地等资源的抗灾御险能力低。因此，这就更增添了农业经营的不确定性、高风险性）。从融资体制上看，我国农村融资机制尚未建立。现行的农村投融资体制存的问题和弊端，难以满足农村经济的发展带来的旺盛的投融资需求。农业产业化的健康发展离不开相应的投融资体系的支撑。目前的农业投融资体系不能很好地满足农业产业化的发展要求，作为刚刚开始发展兴起的休闲农业，其投融资体制的建立更为薄弱，相关扶持政策严重滞后。相关管理部门和经营者完善休闲农业投融资管理体制，建立稳固、统一、高效、规范的投融资平台，以进一步加快休闲农业园区开发建设。

8.1 休闲农业开发资金来源

足够的资金是休闲农业开发建设的重要保障，良好的投融资体系建设是休闲农业开发建设的重要内容。从北京市和湖南省休闲农业发展情况来看，建设资金主要来源有以下几方面。

8.1.1 政府投资

中央和地方各级财政在农业产业化投人中占有主要地位，支持重点是解决制约产业化发展的瓶颈因素，主要用于对龙头企业、生产基地、基础设施、社会化服务、科技进步、市场体系等方面的支持。应用在农业园区建设上的政府投资主要是以财政拨款和现代农业科技示范项目形式出现。如国家科技部的高效农业示范工程项目、国家财政部的现代农业科技示范园项目等。但到目前为止应用到休闲农业园区建设发展上的政府投资很少，北京市和湖南省等已陆续拿出专项基金支持休闲农业园区建设。

8.1.2 农业信贷

主要是从国家开发银行、农业银行、建设银行、工商银行等国内银行以及世界银行和亚洲银行等国外银行得到贷款。农业信贷对农业产业化发展的重要性越来越大，农业银行在择优贷款原则下，其信贷资金支持重点可从分散农户向农业企业尤其是龙头企业转移，这对企业化经营的休闲农业园区来说获取此项贷款资金的可能性越来越大。

8.1.3 民间投资

民间投资是指私人或私人企业向休闲农业领域的资金投资人。民间投资主体主要以个体业主、经营乡镇企业家、工矿企业主、房地产开发商和分散农户为主。民间投资是在政府基础性、政策性投资基础上的一种延续，是目前投资休闲农业园区的主体，湖南省休闲农业的投资构成中，农民家庭投资约占 16% 左右，民间私人资本和工商资本约占 84% 左右。民间资本已成为休闲农业投资主体。目前长沙县、望城县民间投资休闲农业资本均超过 1 亿元以上。长沙近郊投资上千万的达 10 家以上，民间资本的积极投入，为休闲农业的发展提供了动力。

8.2 休闲农业投融资体系构建

加大力度推进休闲农业投融资体制改革，构建更加灵活、更有成效的新型投融资体系是拓宽融资渠道、增加投资总量、实现又好又快发展的关键性举措。

8.2.1 建立健全休闲农业投融资引导机制

政府相关部门要加快职能转变，尽快建立健全休闲农业投融资引导机制，加强政府部门在投融资过程中的引导、管理、服务功能，构建休闲农业投融资信息平台。

国际资本大鳄看好农业 巴菲特称农场土地将上涨

"股神"沃伦·巴菲特表示，美国的农场可以被视为长期投资的选择。自去年以来，农产品价格飞涨，土地价值一并被提升。美国农场的价值也因此不断上涨，回报率颇丰。

农场是一项很不错的长期投资选择。至于看好美国农场的原因，巴菲特称，农产品价格上涨可能令农场土地更加值钱。美联储主席伯南克近日在美国参议院银行委员会发表半年度货币政策证词时也表示，美联储正密切关注农业土地的价格涨势。

美国职业投资人杰姆·罗杰斯认为，聪明的投资人早已在前几年的资本市场赚到了很多钱，但纵观华尔街现在的基金，赚钱者寥寥，所以未来30年将属于实干家，来自农业、采掘业、炼油产业。

假如我现在20岁，肯定放弃金融，去学习农业，因为在未来几十年中，农业酝酿着巨大的机遇，农民会比基金经理富裕得多，而金融业则相反，早些年的过于繁荣会导致其在未来几十年里逐渐走衰。

中国政府近几年不断加大对水利建设投入，将促使农业更好地发展。同时，与其他发达国家相比，中国农业人口比较大，农业人口较年轻，更有发展前景。

（资料来源：浙江日报，2012年03月28日）

8.2.2 积极制定和推行新的投融资政策

政府相关部门要积极制定和推行新的投融资政策，创造良好的投融资环境，制定灵活的引资办法和合理的价格策略。

8.2.3 建立切实可行的投融资体制

休闲农业切实可行的投融资体制包括建立专门负责园区招商引资的服务机构，建立园区开发项目资料库，举办园区投融资研讨会和项目招商洽谈会等。

8.3 休闲农业投融资渠道

休闲农业开发建设要建立多渠道、多层次、多元化的投融资机制。

8.3.1 增加国家投入

切实加大国家对农业的投入，大幅度加强休闲农业基础设施建设。增加国家、地方政府的财政预算，通过加大财政投入，强化休闲农业园区电力、水利、道路等基础环境设施建设。

8.3.2 积极鼓励民间投入

尽快建立与完善相关的政策、法律制度，以营造优良的休闲农业民营投资环境。对于民间资本，政府要引导其与先进的金融管理模式结合起来。

8.3.3 组建各方联合的投融资平台

鼓励金融机构为休闲农业发展提供信贷支持，对有资源优势的园区，可简化贷款手续。支持各地开发整理荒山、荒坡、荒滩、废弃园地、林地等，盘活集体存量土地，发展休闲农业。鼓励科技人员以技术或成果入股，参与休闲农业科技项目的建设与分红。鼓励国有、集体、私营、科技人员、外商共同建设休闲农业园区，形成各种经济成分并存，多种形式共同发展的新格局。

农业众筹模式点评

2014年伊始，一号文如期而来。与往不同，鼓励土地流转的政策定位，一改以往农业与资本无缘的历史，赋予了农业更广阔的想象力。而市场也不负众望，半年中亮点不断。互联网农业这厢唱罢，那里农业众筹也如火如荼。

农业众筹(Agriculture Crowd Funding)起源自美国，代表案例是Fquare和Agfunder。Fquare的模式是建立一个垂直的土地流转的平台，用户（美国本土或国外的投资者）通过购买选定某区域的某块土地的股票间接拥有一片土地。土地由“Peoples Realty Company LLC”公司代持及管理，PRC公司将土地租赁给当地社区的农民，并代收租金。投资者可在二级市场出售自己的股票。Agfunder的模式更“轻”一点，致力于提供一个项目和投资者对接的平台，不过仅限于农业相关项目。如一个农场管理系统公司“On Farm”，就在Agfunder上筹集了89万美金的种子投资。

国内最早的专业农业众筹是“大家种”，但之前在综合性的众筹平台上已有零星的农业众筹项目发起。“大家种”的定位可以总结为F2F，即Family to Farm，家庭到农场。由于土地流转较为敏感，目前大家种平台上被众筹的土地多为短期“租赁”，还有一些项目是和已取得土地使用权的组织合作，甚至还有一些可追溯的农产品的售卖。“大家种”以农产品作为打通投资者和土地之间关系的纽带，加以食品安全的诱惑，不愁都市人群不上钩。前一段时间炒作非常火的“耕地宝”则有可能走得更远，虽然之前仅是“聚划算”的试水，但备受追捧可见前景广阔。日前，有媒体报道其遭遇“包括产品质量安全、配送瓶颈等诸多成长的烦恼”，成本过高，导致回报并不理想。但据项目负责人介绍，已决定再次联合聚划算平台，投入1亿元于今年中秋节推广二期项目，在安徽、浙江等地流转土地5000亩。阿里巴巴的胃口显然更大，让我们拭目以待。

从众筹的商业模式来说，可以分为平台型、消费型和权益型三大类。如Agfunder就是平台型；如本来生活与众筹网联合推出的尝鲜众筹，以及大家种推出的大连来宝现代农业的生态蓝莓等项目，属于消费型；如Fquare或“耕地宝”因为涉及股权或土地产权，则属于权益型。

中国庞大的消费人群，独特的食品安全环境，以及种种融入中国人骨子里的饮食文化，都是农业众筹前景的背书。但值得注意的是，农业产业链繁杂冗长。从土地端来说，涉及土地产权（某些国家）和使用权的问题，即使是阿里巴巴也不得不在外宣时强调耕地宝是团购而非产品，与土地流转不沾边。从种植及田间管理环节来说，农产品生产较为脆弱，受基础设施水平、自然灾害、病虫害等影响较大，收成很难预测；且农产品种类繁多，每一个产品都有独特的管理属性，团队和管理模式很难跨品类复制。从仓储环节来说，农产品多不耐保存，且不同产品的要求不同的储存环境，投资大、利用率不足。从物流环节来说，农产品的冷链物流在国内方兴未艾，以供应端来说，多为个体经营，成本高而且冷链物流的效率难以保障。但多家电商巨头已在冷链物流方面开始布局，菜鸟冷链服务已覆盖全国210个城市，京东自建物流网（含冷链物流）且有意下沉至乡镇一级但仍需时间实现，顺丰优选则是“线下物流”走到“线上交易”的典型代表，目前水果、肉、水产等生鲜产品超过优选销售额的50%。

总体来说，农业是大投资、长周期、高风险的行业。因此，农业众筹的发展也必然经历漫长、艰苦的市场教育阶段。对于平台型的农业众筹项目，其互联网属性更为浓重，不再赘述。而对于“消费型”农业众筹项目来说，有类电商属性，操作模式可在模仿中改进，但要敢于对某些产品说不。尤其要重视“可追溯体系”建设，以加强“食品安全”的品质背书。而且，根据农场属性的不同，可以衍生其他利润点，如农业观光、休闲采摘等。抑或是服务CSA农场，共建或共享宅配网络。

权益型的农业众筹，笔者认为是前景最为广阔的细分市场。其实Fquare已经提供了一个巨大无比的市场方向。中国有巨额的外汇储备要投向海外，有庞大人群有海外置业或移民的需求，有高净值人群有海外高端农产品的消费需求，如果能打通中国消费者与海外农业之间的阻隔，必可创造一片蓝海市场。

（资料来源：金农网 http://www.jinnong.cn ）

iDoNews业内人说：农业众筹怎么玩？

导言：相对于其他众筹，农业众筹因其特殊性，更加难以操作，但也因其壁垒，想象空间更大。

前一阵子，一则关于众筹网和本来生活合作推出农业众筹的新闻在网络上不胫而走。据报道称，此次采用预售的模式，用户可以以在众筹网上预购独家新品和换季产品，产品上市后，本来生活网再负责配送到用户手中。

换句话说，也就是大家先众筹资金，然后农家根据需求进行种植，等农产品成熟了，再进行配送，直接送到用户的手里。换言之，也可以理解成农产品的预售。

尝鲜众筹是农业众筹领域的一种创新型尝试，对于支持者来说，能够第一时间品尝到最新鲜的产品；而对于商家来说，可以提前了解产品销售情况，便于提前安排生产和运输，不仅减少了成本，也能提早看到市场方向标。

不过，要玩转农业众筹，并没有这么简单。

首先要搞清楚一点的是，农产众筹并非是电商或者众筹的灵丹妙药。将农业和众筹杂交，并非什么创新，而是进一步解决信息不对称的问题。以往，偏远农村的种植户，种出来的农产品很好吃，价钱也很公道，可苦于没有销路，而住在城市里的人，对于这些特产有需求但不知道去哪里买。电商解决的是这一层的需求。于是我们看到诸如山东大枣、赣南脐橙这些特产在淘宝上遍地开花，与此催生的还有垂直农业电商的崛起。

众筹农业是站在这样一个角度去解决问题：在解决渠道困扰后，农户还面临种植风险：如何选择品种，如何预估销量，如何规避风险。

农业众筹的本质，实质是打破原有的零售流程，将销售前置，从而能够提前判断出销量，提前组织生产，以销量驱动生产，打破原来生产—销售的模式，说到底，这是一种轻资产的运营理念。

但同时需要注意的是，农业的特性决定了产品具有滞后性，相较于其他产品，农产品的生产周期较长，客单价较低，保值期短，除此之外，种植户还需承受灾害风险和市场风险。众多因素杂糅在一起，使得农业“互联网化”举步维艰。

对于大部分诸如“苹果、白菜、荔枝”这样的品类来说，选择众筹显得多此一举，因为市场充裕，价格稳定，大部分农户也不愁这些产品销售不出去，实在想不出为了几斤农蔬筹钱的理由。

因此，农业众筹只能走高端小众的路线，大家一起凑钱买平时市场里难以窥见的产品，或者是一些精品农蔬品。很显然，众筹网和本来生活的联姻，也是基于这样的考虑。不过未来究竟如何发展，农业众筹到底走不走得通，现在还很难说。

（资料来源：马伟民，http://www.donews.com/net/201403/2734700.shtm）

9 休闲农业经营管理

休闲农业经过前期规划和建设之后，就开始进入经营阶段，招徕和吸引游客前来进行休闲活动，获取社会、经济和环境效益，这也是各类休闲农业实体（农庄、农场等园区）的目标和归宿。

休闲农业经营管理是指休闲农业园区的经营主体为适应外部管理环境的变化，通过管理职能的发挥，合理配置和有效调动园区的人、财、物资源，提供休闲产品，满足游客需求，实现园区经营目标的过程。休闲农业经营管理是休闲农业开发过程的延续并与开发过程交互进行，投入经营一定时期的休闲农业园区，还需要再投入、再开发，更新产品，重现活力。

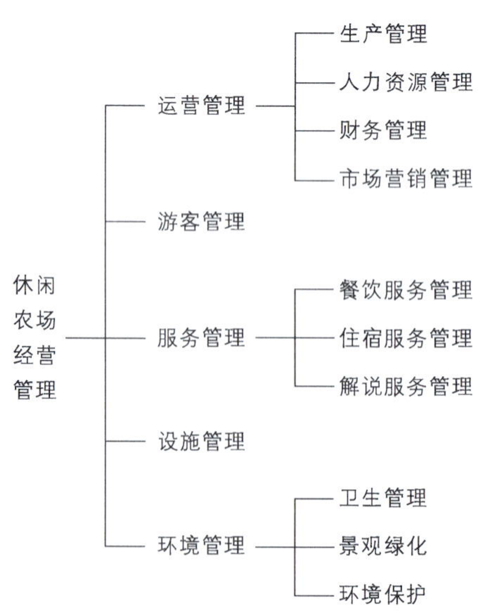

休闲农业经营管理工作总图

经营是园区持续时间最长、涉及面最广的管理活动。从管理职能的角度看，园区经营包括计划、组织、领导、控制、创新等；从管理对象的角度看，园区的管理对象包括园区的人、财、物等要素；从经营管理机能性质的角度看，园区的管理包括运营管理（生产管理、人力资源管理、财务管理和市场营销管理）、游客管理、服务管理（餐饮、住宿及导游解说等服务）、环境管理等。事实上，园区任何要素、任何环节的管理都需要发挥各种管理职能，这样，园区的经营管理就是一个内涵丰富、结构庞大、有机连接的体系。

9.1 休闲农业运营管理

9.1.1 生产管理

休闲农业是结合生产、生态与生活“三生一体”的农业，休闲农业的首要功能是生产功能。休闲农业的核心资源即生产资源，所以生产管理在业务管理体系中尤为重要。休闲农业园区的生产管理（Production Management）是对农牧产品的生产过程加以规划及控制。一般而言，农牧产品的生产流程包括生产规划、设施设备的配置、生产制度的设定、品种引进、生产进度的拟定、栽培或养殖管理、收获及加工等七个环节，如图“农业生产管理流程图”所示。农产品的观赏、食用及销售是生产管理的后续环节，也是休闲农业体验活动的主要项目。

（1）农业种养规划

规划必须符合农业生产和旅游服务的要求，坚持兼顾生产效率及景观美化的原则。确定农业产业在区域中的基础地位。规划在围绕农作物良种繁育、生物高新技术、蔬菜与花卉、畜水产 、农产品加工等产业的同时，提高观光旅游、休闲度假等第三产业在休闲农业园区规划中的作用。对于农业种植规划，功能分区、品种、道路、灌溉渠道等均须综合规划。以浙江安吉中南百草原为例，其七大功能之一的高效生态农业示范园区，包括毛竹、白茶、蚕桑、吊瓜、板栗、稻子等培训试验基地、家禽养殖基地。在种植规划过程中，田区、果园的规划也应考虑游客体验的需要，区块面积不宜过大，排列不必方正，布局线条要有美感。果园栽植果树不宜过密，要有透光性，保留解说、体验及游客拍照的空间。

（2）设施和机械设备的配置

为了提高生产效率，休闲农业的生产应充分利用先进的科学技术，如现代化的温室设备及先进的自动化机械设备。同时也要注意休闲农业发展中单项适用先进技术的组装配套，例如利用 GPS、GIS 技术用于农田管理、节水灌溉、环境监测的实用技术，面向农业生产者应用的电子仪器、实用监控设备，农业装备信息化技术；精细测土、配方施肥、病虫草害快速实用监测技术；智能化农业生产管理辅助决策支持系统的推广及支持农业社会化服务体系的先进装备技术与工具的开发等，提高科技含量。

（3）生产制度的设定

农业生产具有特殊的生物性和季节性，为此要设定一套合理的生产制度，如轮作制度。为形成“四季有花、四季有果、四季有菜、四季有景”的独特田园风光，应坚持区域内农牧产品生产的特色化及专业化，树立自身的品牌，提高农业产品和景观形象的竞争力。

例如，四川成都锦江区三圣花乡，以“花文化”为载体，巧妙运用丰富的花卉农业资源，根据不同季节花卉的生产特性，营造春有“花乡农居”百花争艳、夏有“荷塘月色”绰约风韵、秋有“东篱菊园”含蕊迎霜、冬有“幸福梅林”傲雪吐芳的四季主题特色。

（4）种养品种的引进

品种引进管理是对休闲农业园区前期需要引进的农

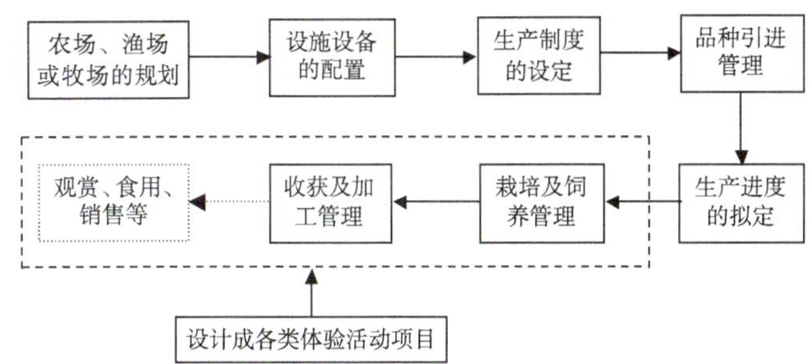

农业生产管理流程图

游客在北京延庆县新庄堡杏花丛中嬉戏，杏树种植区域透光性好，拍摄条件良好

种植区域不宜过密，留给游客充足的体验空间

温室大棚

立体种植

传化高档盆花、鲜切花销售区

花卉销售区

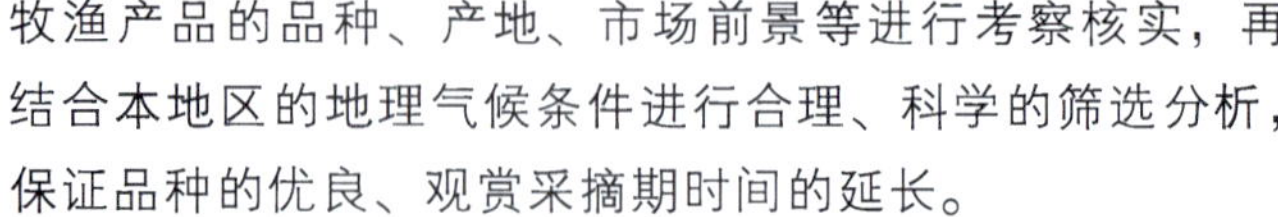

牧渔产品的品种、产地、市场前景等进行考察核实，再结合本地区的地理气候条件进行合理、科学的筛选分析，保证品种的优良、观赏采摘期时间的延长。

例如，北京延庆县城东部的新庄堡杏树观光采摘园，是华北地区最大的鲜食杏品种基地。该基地拥有葫芦、骆驼黄、山黄杏、偏头、红金针、串枝红为主的早、中、晚熟鲜食品种 120 多个。品种多样，采摘期近 2 个月。

（5）生产进度的拟定

通过编制农场耕作日历表，详细列出各种耕作的时间、种类、人力、材料（种子、肥料、农药等）、耕作设备等，以明确何时及如何完成各类不同的耕作工作，达到有效运用农业资源的目的。

（6）栽培及饲养管理

栽培及饲养管理是坚持科学培育、科学饲养，坚持适时适量的原则，避免盲目，减少浪费，提高效率，从而降低总体运营成本。

（7）收获及加工管理

为保证园区农牧渔产品的特色和质量，要对产品的采收和销售前的加工包装过程进行必要的标准化规范，使每项产品的品质趋于统一，从而提高产品竞争力。

9.1.2 人力资源管理

人力资源（Human Resources）是休闲农业园区最基本、最重要、最宝贵的资源。园区的经营管理实质就是对“人”的管理，通过组织人员来使用和控制园区的其他资源——土地、资金、信息、时间、形象和口碑，从而形成休闲农业园区的服务接待能力，达到经营的预期目标。人力资源管理的主要工作包括：

（1）明确园区的组织结构及职务设置

为有效地进行人力资源管理，首先应进行人力资源规划工作，规划可以邀请专家、学者或专门机构进行编制。若为了节约规划成本，可以首先将园区的工作进行分解，确定组织管理层次，设置各类职位，并赋予各职位应有的管理权利与义务。一般而言，休闲农场的组织结构图如“休闲农业管理组织结构图”所示。休闲农场经营者的职务为董事长，各部门相应的职位为部门经理。当然，各个园区要根据实际情况建立组织机构、定岗定职。

例如，以浙江安吉中南百草原为例，其组织结构如“安吉中南百草原的组织结构图”所示。从结构图可以看出，中南百草原与传统的景区类似，其农业生产与体验功能所占比例较少。

（2）招聘与选择员工

1）招聘人选应具备的条件

根据履行各岗位所需知识、技术和技能等方面的要求，确定拟招聘人员应具备的资历、经验、年龄、技术、能力等条件。

2）招聘途径的确定

员工招聘有多种途径，主要有内部招聘、社会公开招聘、从学校毕业生中招聘。内部招聘一般是用来填补岗位空缺，适用于中高层管理人员的招聘。外部招聘适

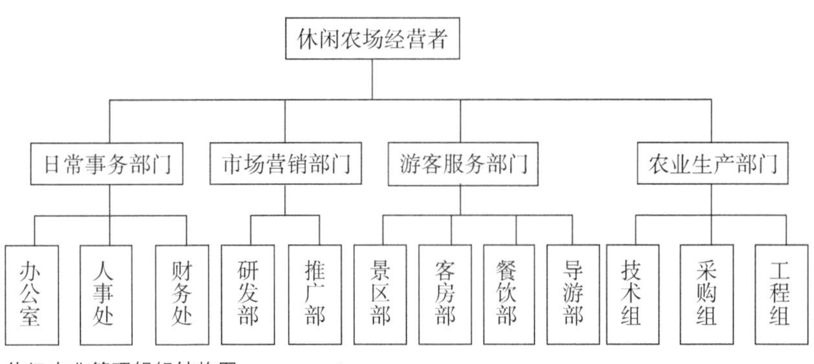

休闲农业管理组织结构图

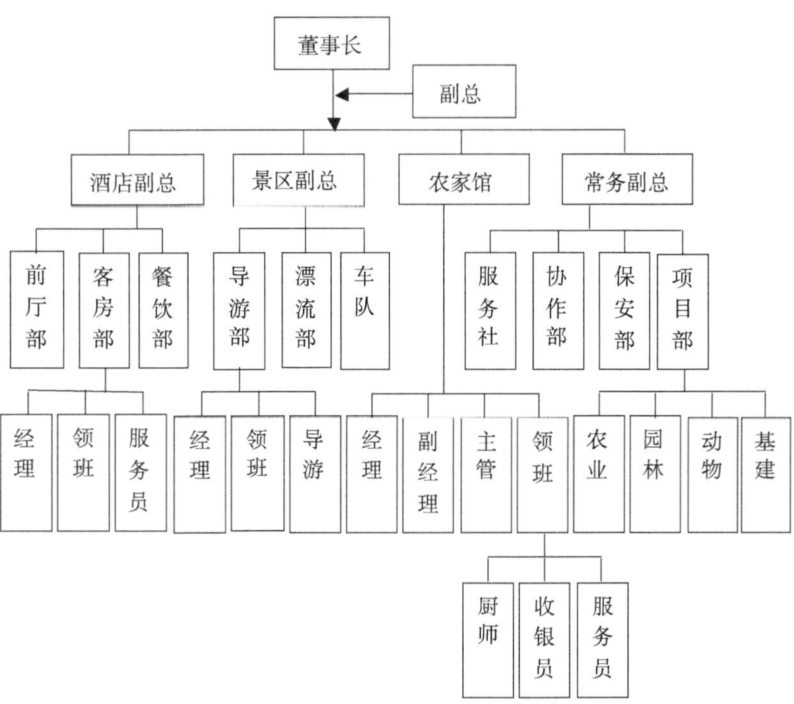

安吉中南百草原的组织结构图

合于基层岗位的补缺。而招聘大专院校的毕业生，则可以增加专业管理人员，引进、补充新生力量。

3）招聘员工的选择

不同岗位有不同的选择标准，除了将招聘人员应具备资历、知识和技能外，还应将工作动机、态度、仪表仪容、性格等方面作为员工的选择标准。选择方式一般采用审查档案、笔试、面试等手段。

4）试工

试工的目的在于了解、审查受聘人员的实际工作能力和态度。试工期一般为3~6个月。试工期要对新受聘人员进行定期的成绩评估，以便确定是否正式录用。

（3）培训员工

1）培训的种类：分为岗前培训、岗位培训、工作模拟训练三种。

2）培训方式：开班授课、会议研讨、现场观摩等。

3）培训内容：针对培训对象的不同，所开展的培训内容也各不相同。休闲农业园区的服务人员一般需要培训知识及技能，包括旅游基础知识、服务礼仪常识、餐厅服务、客房服务、前厅及前台服务、导游解说、营养卫生常识、烹饪技术、卫生保洁技能等。

（4）员工劳动报酬管理

安定有保障的生活是每个员工的共同追求。因此园区的经营者应制定合理的薪酬制度，调动员工积极，减少员工流动，提升士气，从而提高园区的经营效益。员工的劳动报酬包括工资、奖励、津贴和福利等。

（5）员工考核、激励管理

对在职员工进行定期考核，可以了解员工的工作效率及态度。考核的结果作为园区管理者对员工进行奖惩或调整的依据。考核的项目一般包括工作态度、工作业绩、道德品行、协调能力、执行能力、学习能力等。园区管理者可以通过奖赏或惩罚两种方式对员工进行激励。

9.1.3 财务管理

（1）休闲农业园区财务管理的内容

休闲农业园区的经营活动，从价值上看是一种资金运动的循环过程，并贯穿于经营活动的始终。园区的财务管理，体现了园区经济活动过程中由资金运动所形成的经济关系。园区财务管理的内容如下：

1）资金管理。包括：①筹资和投资管理，主要是指按计划从各种渠道筹集资金并进行投资活动的管理；②各项资产管理，主要包括流动资产管理、固定资产管理、无形资产、递延资产及其他资产的管理；③外汇资金管理，主要是对各种外汇资金及其风险的管理，以实现外汇收支平衡。

2）成本与费用管理。主要是对园区成本与费用的开支标准、开支项目、开支范围的管理。

3）营业收入、税金、利润的管理。主要是对园区收入的实现及其分配进行的管理。

4）经济活动分析，又称财务分析。主要是通过财务报表对园区的经营活动及其所取得的财务成果进行考核、分析评估。

（2）休闲农业园区财务管理的方法

1）财务预测和财务决策。财务预测是在充分调查研究的基础上，根据掌握的资料，运用科学的方法，对园区前期的投资建设和经营中的财务情况所作出的展望和估计。财务决策为经营者决策提供各种财务资料和经济信息。

2）计划管理。计划管理就是编制和执行财务。它是园区财务部门对资金运动进行管理的一种方法，是规划园区资金占用量、成本费用水平和盈利能力的一种手段。

3）建立各项财务管理制度。

4）实行定额管理。定额管理是指在正常情况下，为了保证经营的正常开展，对园区的资金占用和耗费规定一定的数额。

5）日常控制。日常控制是指在经营过程中，对资金的收入、支出和占用、耗费等进行严格管理，将其控制在计划规定的范围之内。

6）财务检查。

7）清查财产。

8）编制财务报表。

9）财务分析。分析的内容包括资金分析、成本费用分析和盈利分析等。

9.1.4 市场营销管理

休闲旅游是人的活动，旅游者是活动的主体，同时，营销的着眼点在于市场，其核心在于发现游客的需求，并从尽可能多地满足游客需求中获利。因此，对于休闲农业而言，进行市场调研、分析、预测及定位，从而选择合理的市场营销战略和有效的促销推广方案，是园区管理的重要内容之一。本部分内容有专门章节进行探讨，在此不再赘述。

9.2 休闲农业游客管理

游客是休闲农业园区的主角，是为园区带来经济效益的顾客。若忽视游客管理，有可能造成众多的旅游投诉，甚至是旅游事故，将给园区造成惨重的损失。因此，正确引导和管理游客的活动，已成为休闲农业园区管理的主要工作之一。

9.2.1 游客行为特征

（1）时间特征

休闲农业经营具有较强的季节性。淡季游客较少，资源闲置；旺季人满为患，承接压力大。由于气候等自然条件的变化，园区的农作物、植被景观等一年四季也呈现出节律性的变化。因此，只要是以自然资源为资源依托的户外园区都表现出明显的季节性，相应地，从接待游客数量看，有明显的淡季和旺季。

影响园区客流季节性变化的另一个重要原因是出游时间。对于我国出游人口的大多数而言，由于工作等原因，平时一般没有外出旅游度假的时间，中、远程距离的旅游往往集中在节假日或长假期间，周末双休日是近程旅游的高峰期，寒暑假是学生、教师出游的集中期，每年的五一、十一、春节三个黄金周，则基本是大多数园区接待的高峰期。

在自然条件的季节变化、节假日、居民出游习惯等的综合作用下，每年5~10月是我国大多数户外休闲农业园区的旺季，11、3、4月是平季，12、1、2月是淡季。

（2）空间特征

园区内游客的空间位移一般呈现线性多向流动与节点汇聚的空间特征。

1）线性多向流动

一般而言，一个园区有一个或多个出口，进入园区后，游客在导游的带领下，在导游图或路标系统的导引下，会沿着一定的线路或游道进行游览。游客从进入园区到离开园区的空间位移过程是高度流动和发散。以最简单的一日游园区为例，游客空间位移如图“一日游园区的游客空间位移图”所示。

这个过程中，游客的空间位移过程是线性的、连续的。从流动节奏看，时快时慢。从流向看，由于园区内部游道布局、游道宽窄不同，游客对出入口、游览线路选择不同，游览速度不同，游客的流向有时是单向的，有时是双向的，有时是混杂的。

2）节点汇聚

在园区内部游客空间位移过程中，出入口、高级别的景点、主要游乐设施、表演场所、购物场所、就餐地点、游道的交汇处等节点都会形成人流汇聚，特别是在旅游旺季的高峰期，这些节点会承受游客超负荷的压力，对资源环境和接待设施产生较大的影响，会出现游客排除、等待，容易产生各种事故。因此，在这些节点处，要特别注意进行游客的疏导管理。

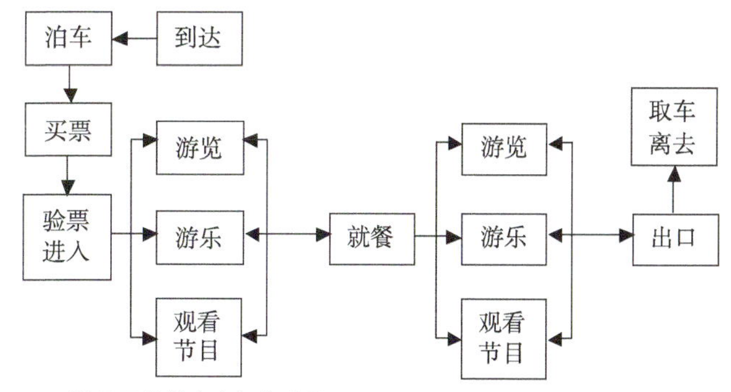

一日游园区的游客空间位移图

9.2.2 游客行为的差异

按组织方式有团队和散客的区分。团队游客往往按既定路线统一行动，行程紧凑、可变性差。散客则随机性强，活动较分散，在园区内的活动不确定因素很大，因此对散客行为的调控与管理难度大。

按年龄阶段有青少年、中年和老年游客的差异。青少年游客体力充沛、好奇心强、富有冒险精神和挑战精神，行为不拘一格、我行我素。对这一群体要通过设置安全设施和与其监护人合作管理，是游客管理的工作重点。中年游客自我控制能力较强，对其管理采用多沟通、说服、示范等方式进行。老年游客对周边事物与环境的安全性缺乏敏感，在园区活动常常会因为精力和体力不支，而出现走失、疾病突发等事故，对这一群体游客的管理应尽量以服务性管理为主，要予以特别的关照和耐心，并提醒其监护人实施有效监护。

9.2.3 游客不文明行为及其产生原因

游客不文明行为主要表现为两大类：一类是游客在游览过程中随意丢弃各种废弃物的行为；另一类是游客在游览过程中不遵守园区的有关游览规定，如乱攀乱爬，乱涂、乱刻、乱画，违章采集植物、袭击动物等。

游客不文明行为产生的原因：（1）道德感弱化；（2）占有意识外显，如恋花者不免拈花惹草，好古者可能偷偷掀下古庙的瓦片；（3）从众心理，如看见有污物的地方，即使有“不准乱丢垃圾”的警示语，他也可能将手中的废物置于此地；（4）故意破坏；（5）信息缺失，如园区没有事先告知游客游览时应注意什么，什么能做，什么不能做，导致游客在游览时乱摸乱画或随意拍照，游客看不到自己的行为对环境保护产生的消极影响。

9.2.4 园区游客管理的方法

（1）服务性管理方法

1）信息传递。通过游客服务中心信息发布、门票背面印制注意事项、发放宣传材料、利用交通工具上的视听设备、导游宣传讲解等方式把园区的游览规定和注意事项告知游客。

2）行为示范。园区的员工，特别是直接对客服务的一线员工，必须养成文明礼貌、爱护环境的习惯，杜绝乱扔乱丢等不文明行为，在工作中起到表率作用，用自己的行为为游客率先垂范。

3）有效引导。通过园区的标牌系统、提醒文字发挥无声的引导作用，让园区工作人员，特别是导游人员发挥有形的引导作用。

4）强制性管理方法。对各种不文明行为，尤其是对故意破坏行为，制定完备的规章制度，并配备一定数量的管理人员约束游客的不文明行为。如禁止在某些区域或某些时间内从事某些活动；禁止野营、禁止带狗、禁止给动物投食、禁止乱扔废弃物；限制停留时间、限制团队规模等。

（2）重点区域的游客管理

1）排队管理。在旅游旺季，或一天当中的接待高峰，在园区入口、热门参观点或乘骑设施常常会出现游客排队等等的现象。宜通过设置合理的排队队列、利用技术手段（电子门票、预约门票等）、设计良好的排队等候区环境（提供座位和免费茶水、看电视、听音乐等）措施解决排队问题，提高游客对园区的第一印象和休闲体验质量。

2）游客中心。一般位于园区的入口，是游客服务与管理的重要场所。游客中心管理职责表现在三个方面：一是信息咨询服务；二是提供游客所需要的其他服务，如导游服务、托儿服务，餐饮及零售服务等；三是接受游客投诉。游客中心工作人员应统一着装，佩证上岗，按照服务规范和流程为游客提供标准化与个性化相结合的服务。

9.2.5 游客管理技术

（1）游客数量、园区容量调控技术

游客行为呈现的时空特征，给园区资源环境、设备设施供给带来压力，潜伏安全隐患。园区可以从供给和需求两个方面进行游客数量调节、园区容量调控。

从供给方面看：从长远着眼，要解决旅游者的过量问题，园区应通过投资建设以新增设施、改变旅游活动方式等来实现；还可以通过加大园区内温、冷景点的开发，引导游客的流向来增大旅游园区实际容量。在园区不增加建设投入的情况下，扩大园区容量的方法包括：延长园区开放时间，或一年中增加开放天数；在旅游高峰期开放备用旅游通道，而在需求减少时关闭备用通道；调整景点工作，增派工作人员到瓶颈旅游点工作；设置免票人员专用通道等。如昆明世博园设有免票人员专用通道，避免与旅游者共用通道给工作人员检票带来不便。从需求方面，可以通过价格杠杆（淡季低门票、旺季高门票）和市场营销（淡季、冷景点多营销，刺激游客消费）两种手段来调节。

（2）定量、定点管理技术

定量管理是通过限制进入时间、停留时间，控制旅游团人数、日旅游接待量，或综合运用几种措施的方式限定游客数量和预停留时间，解决因过度拥挤、践踏、温度、湿度变化引起的旅游资源损耗。如果园区内有生态敏感性区域，就要实行定量管理。

定点管理是指在需要特别聘用保安及专门服务人员或安排志愿者，在资源易损耗的地方值勤，像园区内的节点，就是重点区域、重点地段，要实行重点管理。

（3）游线管理技术

为了保证游客得到最好的旅游体验，在设计游览路线时应降低游览成本、提高体验的丰富程度与质量。降低游览成本主要应缩减不能给游客带来太多体验的景点间转移的距离，提高游客游览收益主要应考虑增加游览路线上景观的差异性。

（4）安全管理技术

游客的安全管理主要表现为犯罪活动、火灾与爆炸、游乐设施安全、旅游活动安全、疾病（或中毒）和其他意外事故等。安全管理的措施主要有：

首先，园区管理者应通过各种手段来提高游客的安全意识，如在危险地段设立警示牌、工作人员应当面提醒游客、劝止可能带来安全问题的行为等；

其次，园区要制定完善的安全问题预防机制，包括对游乐设施和其他旅游服务设施定期地检查、制作游客安全手册等。

第三，一旦发生游客安全事故，事故的处理就显得尤为重要。因此，园区还要建立一套事故处理程序和紧急救援程序，可按照这些程序快速开展科学的救援工作和善后处理工作。另外，园区还要设立急救中心，培训一支训练有素的救援队伍。救援人员要掌握包括疾病救护、失踪寻找、水生救护、火灾抢险、突发事件应急救护等各项技能。

9.3 休闲农业服务管理

休闲农业园区提供或生产的服务具有很高的综合性，涵盖了食、住、行、游、购、娱的方方面面，而且各个园区由于所规划建设的项目各不相同，在服务组合上也都会形成自己的风格和特点，不会千篇一律。总体上而言，一般园区都会提供生活服务（住宿、餐饮、购物等）、旅游入门接待服务（售票、检票、咨询、集散等）、导游服务、旅游活动服务等。本书将从住宿、餐饮、解说等基本服务角度进行阐述如何进行有效的管理。

9.3.1 餐饮服务管理

一般大中型园区都设有餐饮部，管理下属餐厅、快餐服务、酒吧、茶楼或烧烤营地等部门。管理方法也各不相同，有的是园区自设，有的是和外来单位联营，有的是出租房屋设施。管理工作以自设和联营为主。休闲农业园区餐饮部的客源不稳定，应重点抓住游人高峰期的用餐管理。大中型园区客源波动性强。节假日、周末、大型娱乐活动期间客人多，其他时间客人少，有的部门甚至是季节性营业。因此，园区餐饮管理的重点在高峰期客人的用餐。在这一时间段，要保证餐饮设施、服务人力和饮食材料与接待量基本相符，服务上要卫生、安全、快速、准确。

山里农家美食

特色拼盘

餐饮是休闲农业主要的经营项目，餐饮收入是休闲农业获利的重要渠道之一。休闲农业的餐饮服务应以提供乡土口味的菜肴为主，要具有地方特色。所谓餐饮服务管理（Food Service Management）是指在保证游客满意及企业经营营利的目标下，为游客提供餐饮服务的计划、执行、考核的过程。餐饮服务质量的优劣直接影响游客的满意度，因此园区要非常重视餐饮服务的管理。

（1）餐饮服务的特征与挑战

1）看不着：服务的无形性。

2）留不住：时间、场景的综合。

3）带不走：生产、消费、销售同一时段进行。

4）变化多：制作者、服务员、客人的个体差异，制约因素众多。

5）进入易，提升难：技术含量高低的幅度大，特色经营难。

（2）餐饮的作业管理

1）餐饮作业流程：每一道菜送到客人桌前均需经过以下过程：

①采购、验收：建立完善的食品原料采购索证及验收制度，具备产品检验合格证或化验单。

②储放、发放：设有独立的食物原料专库，主副材料分区存放，有机械通风设施，食物原料不得与有毒有害物品同库存放。

③加工准备：加工包括粗加工和烹调。粗加工间要分设肉类原料、水产品和蔬菜原料洗涤间或池，并有明显标志，加工肉类、水产品的操作台、用具和容器与蔬菜分开使用，并有明显标志；烹调间使用隔墙烧火炉灶或油气炉，安装有排气罩，排烟排气良好；凉菜间设二次更衣及洗手、消毒设施，配备有空调、食品冷藏设施，配备专用工具及其清洗、消毒设施。

④菜肴成品：经过加工，菜肴成品，即可为顾客提供就餐服务。

2）作业标准化

①配方标准化；

②烹饪程序标准化；

③建立标准采购规格；

④建立标准分量。

（3）餐厅的服务流程

餐厅的服务流程如图“餐厅服务流程图”所示。

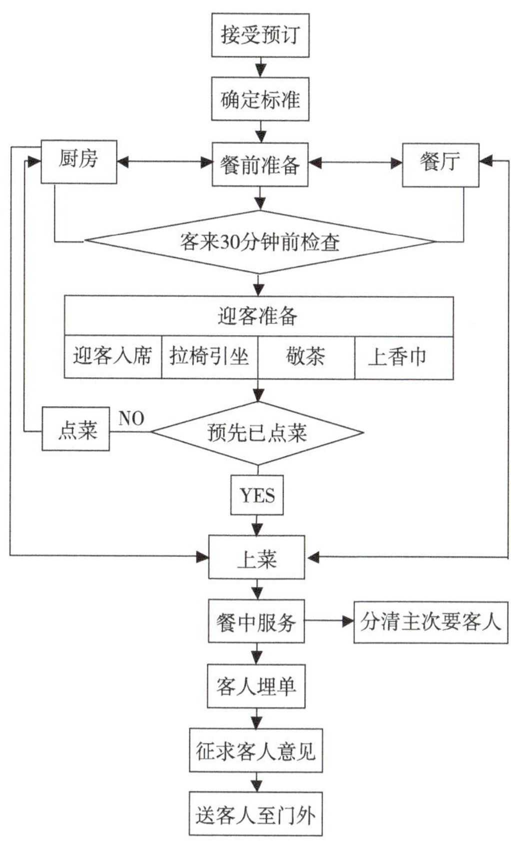

餐厅服务流程图

（4）餐饮经营成功因素

1）卫生安全

①厨房干净卫生、原料清洁；

②就餐环境、就餐器皿干净卫生；

③厨师、服务工作人员干净卫生。

2）建立持久性竞争力

①建立独家口味、独特氛围；

②建立特有的餐饮服务系统；

③持续改进菜肴口味并且不断推出新菜品。

3）稳定既有客源并不断开发新客源

①稳定既有客源：重视口碑效应，培养回头客；

②开发新客源：重视促销策划，做好头回客。

4）降低餐饮成本提高利润

①做好餐饮成本分析；

②寻找降低餐饮成本的方法；

③创造提升餐饮利润的方法。

9.3.2 住宿服务管理

一般大中型园区建设有酒店、宾馆等设施，利用园区特有的优美环境、地道的乡土文化和温馨的风土人情，为游客提供住宿、餐饮、康乐等服务。有的园区会别出

杭州梅家坞农家茶楼

桐庐红色文化餐馆

在香蕉树底下就餐，感觉清新

古色古香的饮茶环境

心裁，建有乡村味道的住宿设施（如小木屋、竹楼、三合院等），体量不大，但外观内饰乡村特色鲜明，具有很强的吸引力。园区周边也常常有农民开办的农家乐，它是农民依托园区的客源，利用自己闲置的房间，经过改造或改建，形成家庭旅馆（台湾称民宿），主要为游客提供住宿、餐饮和休闲服务。本书对大型酒店的经营管理不做阐述，因其内容繁多，而且现代饭店的经营管理体系也非常成熟，如果园区内有此类设施建筑，可以参考饭店管理等书籍。这里仅对民宿服务管理进行讲解。

所谓住宿管理（Accommodation Management）是在保证游客满意与经营盈利的目标前提下，为游客提供住宿服务的计划、执行、考核的过程。

（1）民宿经营的特点

1）供给弹性小

投资大：固定资产投资高。

季节性：有淡旺季之分，且受天气影响。

量的限制：房间数固定。

地点的限制：建筑物完工后，无法移动。

2）具有家庭功能

居住在农场或民宿，主要是有家的温馨感觉和主人浓厚纯朴的人情味。即使住的房屋并不金碧辉煌，但也优雅舒适。吃的是由主人亲手栽种、烹调出别具风味的乡村野菜，游客与主人一家可以同桌用餐，一起谈天说地。虽然没有饭店完善设施的方便和舒适，但这就是现代社会都市人梦寐以求的“家”的味道。

3）经营时间具有全天性

民宿的经营者不像旅馆业的服务员，实行上班制，而是全天性经营。

4）民宿经营不同于传统旅馆经营

（2）经营管理规划

1）确定经营目的及动机

①副业经营或是主业经营；

②季节性经营或全年经营；

③独自经营或组织经营。

2）市场环境调查

①顾客调查：性别、职业、收入、消费动机和消费习惯、团体或散客。

②同行业调查：附件的竞争者有多少？经营特色如何？经济效益如何？

3）决定经营策略

①决定规模；

②营业策略，包括营业天数、时段，客房产品特色

木屋客房外观

家客房双人间

农家客房标准间

以及宣传促销策略；

③经营形态，是提供通俗化、简易服务、价格实惠的产品，还是高格调、高消费的产品；

④服务方式，是提供标准化的服务，还是个性化、具有主人魅力的服务。

4）选择营业场所

①合法性；

②依托资源或客源；

③区位未来发展的潜力。

5）资金筹措

①自有资金：即个人所拥有的可变现资产；

②银行借款：即向银行提出融资计划；

③合资经营：即联合其他人员共同投资，风险和利益共担；

④综合融资：即在投入自由资金的前提下，即向银行贷款同时伙同他人合资经营。

观光采摘园提供解说服务

休闲农场提供专业解说服务

6）收支计划

须考虑基本的经营收支平衡。每天营业额、投资回报率、各项费用支出等。

（3）民宿经营成功的关键要素

1）干净、卫生、安全的居住环境；

2）亲切温馨、诚恳朴实的服务态度；

3）健全的促销策略；

4）专业有效的经营管理；

5）融合农村资源，充分展现特色。

9.3.3 解说服务管理

解说服务管理（Interpretative Service Management）是休闲农业最基本的管理事项。解说可以为游客提供园区基本信息和向导服务外，还能通过解说自然和生态资源，增强体验项目的教育功能，强化游客对活动项目的感受。成功的解说系统能提高游客的满意度和忠诚度，加深游客的印象，而且还能成为园区促销的一种有效手段。

（1）解说方式

园区的解说服务系统包括人员解说与物化解说两种方式。

1）人员解说

人员解说是园区解说员、导游人员向游客进行主动的、动态的信息传递为主的解说形式。包括咨询服务、导游解说、定点解说和现场表演等四种方式。它的最大特点是双向沟通，能够回答游客提出的各种各样的问题，可以因人而异提供个性化服务。由于导游或讲解员一般掌握了较多的专业知识、信息量较大，但可靠性和准确性不确定，需要由人员的素质决定。不同的园区应该根据园区所在地的地域文化、民俗文化、园区的性质、主要服务产品、园区景点的分布和游览时间等，探索不同的人员解说方式和游客组织形式，最终目标是有利于园区资源环境的保护和游客最佳体验的获取。

2）物化解说

导游解说是由书面材料、标准公共信息图形符号、语音导游等无生命设施、设备向游客提供静态的、被动的信息服务。它的形式多样，包括标牌、解说手册、导游图、语音解说、录像带、幻灯片等，其中标牌是最主要的表达方式，导游图册也一直非常流行。

不同的园区要根据其性质、特点，提供多样化的解说方式，供游客选择，在不同的情况下，侧重选用不同

导览图

景点解说牌

标识牌

警示牌

的物化导游方式。标牌、园区示意园、路标系统起到解说和引路的作用，是任何园区必不可少的。导游图册、门票上的园区示意图、语音导游等比较适合供散客选择；而录像、幻灯等比较适合在游客中心、前往景区的交通工具、游客停留地点和游客事前教育中使用。

（2）解说原则及要领

1）了解游客个人的经历及个性，掌握游客的第一兴趣。

2）解说员要站在游客的立场，融入游客当中去，从游客的观点看待事物。

3）解说要以资料为基础，坚持科学准确，忌胡编乱造。

4）将解说视为一种艺术表演或技能展示。

5）启发式、体验式解说，代替传统的教导或背诵材料。

6）解说要顾及整体性。

7）解说员要注意礼貌礼节，妥当使用语气、词句、人称及肢体语言。

8）对特殊的游客对象，要用特殊的解说设计、语言、语气及表达方法。

9.4 休闲农业设施管理

园区的设施是指构成园区固定资产的各种有形物品。不同类型的园区设施的数量、类型有较大的差异。如休闲农场的生产区和服务区，其设施类型、数量和分布密度可能较大。设施是园区提供旅游服务。进行经营活动的生产资料，是园区提供休闲旅游产品和服务的物质基础和重要依托。休闲农业园区的设施管理（Facilities Management）的工作包括规划管理、配置管理和维护管理。设施规划管理工作是在园区资源种类、数量及分布的调查基础上，根据调查结果预测未来园区的发展情况，规划各阶段的设施需求。设施配置管理工作（前期管理）是根据设施规划管理工作的结果，根据现阶段开发所需的设施数量、设施组合及估算各设施使用情况等因素，对各项设施进行实际配置，以使园区各项设施发挥最大的价值。园区设施的维护管理（服务期管理）是设施投入服务后所做的维护和保养工作。

9.4.1 设施的分类管理

园区设施类型多样，根据其用途，可分为基础设施、服务设施、娱乐游憩设施、农业生产设施四个大类。根据性质和功能，还可划分为不同的亚类，如表 9-1 所示。

9.4.2 设施的分期管理

园区的设施管理按时间序列分为前期管理、服务期管理和更新改造三个阶段。

（1）前期管理

园区设施的前期管理包括调查研究、项目规划、购买安装和调试三个部分。做好设施的前期管理工作，可以为今后设施、设备的运行、维护、维修、更新等管理

园区设施分类表 **表 9–1**

类别	内容
基础设施	道路交通（车行道、停车场、游步道）、电力通讯、给水排水、绿化环卫设施
服务设施	接待服务设施：餐饮、食宿、商业服务设施
	导游服务设施：各种引导标识、解说设施
娱乐游憩设施	附属于接待服务设施：歌舞厅、会议室、健身房、瑜伽馆、水疗馆、保龄球馆、茶室、棋牌室、游泳池等娱乐康体设施
	散布于体验区内的设施：漂流设施、溜索、竹筏、垂钓场、游艇、游船、水族馆、蹦极、滑道、营地、缆车、过山车、美术馆、展示馆、纪念馆等
农业生产设施	主要位于农业生产区的设施：高科技温室、灌溉系统设施、农业生物环境自动监测与计算机控制设施等、农耕用具、养殖设备等

工作奠定良好的基础。

（2）服务期管理

园区从开始接待游客起，其设施也就投入了服务，服务期的设施管理主要工作是日常维护、保养及修理。

服务期管理的基本要求：首先，合理安排设施的负荷率，如载客的游艇、缆车等，应严格按各种设施的技术性能和负荷限度来安排运营，超负荷运转不但会损坏设施，而且会留下安全隐患。其次，设施设备的操作，要配备专职的操作和管理人员。第三，建立健全使用、维护、保养规章制度。第四，为设施设备的运行，提供良好的工作环境和条件，延长使用寿命。

（3）更新改造

随着科学技术的进步和旅游需求的不断变化，园区设施要不断进行更新改造。更新是指用经济效果好、技术先进、可靠的新设备替换原来经济效果差、技术落后的老设备。改造是指通过采用先进的技术对现有落后的设施设备进行改造，使其提高节能效果，改善安全和环保特性。

9.5 休闲农业环境管理

9.5.1 卫生管理

（1）卫生管理的内容

园区卫生管理工作涉及旅游体验的各个环境，体现在接待服务过程的始终。它可以分为静态卫生管理和动态卫生管理两大类，前者即游览环节、设施、设备和用品卫生管理，后者即工作人员卫生管理，其具体内容包括：

1）游览卫生管理

主要包括游客乘坐的交通工具、游步道、农业体验区、传统景点等的卫生管理。

2）公共卫生管理

主要包括园区的大门、游客中心、厕所、厅堂、商场等各种服务场所周围环境的卫生管理。

3）住宿卫生管理

主要指提供住宿服务的园区，它以为客人提供清洁、舒适的住宿条件为重点，具体内容包括客房卫生、卫生间卫生、客用的各种消耗用品卫生等的管理。

4）食品卫生管理

以食品卫生法为中心，以预防食物中毒和疾病传染为重点。具体内容包括食品原材料采购、储藏、加工制作、产品销售、食品化验、消毒等各个环节的卫生管理。

5）员工个人卫生管理

主要是指园区的一线从业人员，包括售票员、导游、服务员、种养员、保安以及各级管理人员的身体健康状况、仪容仪表、着装以及个人卫生等各个方面的卫生管理。

（2）卫生管理的基本要求

1）领导重视，网络管理

2）分组归口，责任到人

3）分门别类，制定标准

4）严格制度，奖勤罚懒

5）游客监督，加强管理

6）加强培训，提高素质

9.5.2 景观绿化管理

（1）园区景观绿化的基本原则

园区的景观绿化不同于城市园林绿化，更不同林业造林，它是以多种类型的风景林为园区景观绿化的基本形式，使其生物学特性、艺术性和功能性相结合。园区景观绿化的基本原则：

1）遵循“因地制宜、适地适树”的科学原则，以恢复地带性植被类型为目的，采用多树种、多林种、乔灌草木相结合的方法；

2）园区绿化要力争有不同的植物景观特色，使植物景观与人文、大自然景观相协调；

3）在确保环境效益、不影响景观效果的前提下，应考虑结合农业生产，大力营造经济与观赏相结合的经济风景林，为经济发展和旅游服务；

4）园区的游览体验区、交通道路、目光可及的山坡是绿化的重点区域。

（2）园区的观赏植物配置

植物配置是园区绿化体系的一部分，也是园区建设的重要内容，它是园区绿化美化的精品，起着平衡生态和改善环境质量的作用。根据观赏植物的习性，通常将观赏植物分为观赏树木、草本花卉、草坪与地被植物三类。植物的配置方式有孤植、对植、列植、丛植和群植等几种。下面介绍常见的观赏植物：

1）观花植物

花为最重要的观赏特性。暖温带及亚热带的树种，多集中于春季开花。因此，夏、秋、冬季及四季开花的树种极为珍贵。如合欢、栾树、木槿、紫薇、凌霄、美国凌霄、夹竹桃、石榴、栀子、广玉兰、醉鱼草、木本香薷、糯米条、海州常山、红花羊蹄甲、扶桑、腊梅、梅花、金缕梅、云南山茶、冬樱花、月季等。一些花形奇特的种类也很吸引人，如鹤望兰、兜兰、飘带兰、旅人蕉等。赏花时更喜闻花香，所以如木香、月季、菊花、桂花、梅花、白兰花、含笑、夜合、米兰、九里香、木本夜来香、暴马丁香、茉莉、鹰爪花、柑橘类备受欢迎。不同花色组成的绚丽色块、色斑、色带及图案在配植中极为重要，有色有香则更是佳品。根据上述特点，在景观绿化设计时，可配植成色彩园、芳香园、季节园等。

2）观叶植物

很多植物的叶片富于特色。巨大的叶片如桄榔，可长达 6m，宽 4m，直上云霄，非常壮观，其他如董棕、鱼尾葵、巴西棕、高山蒲葵、油棕等都具巨叶。浮在水面巨大的王莲叶犹如一大圆盘，可承载幼童，吸引众多游客。奇特的叶片如轴搁、山杨、羊蹄甲、马褂木、蜂腰洒金榕、旅人蕉、含羞草等，彩叶树种更是不计其数，如紫叶李、红叶桃、紫叶小劈、变叶榕、红桑、红背桂、金叶桧、浓红朱蕉、菲白竹、红枫、新疆杨、银白杨等。此外，还有众多的彩叶园艺栽培变种。

3）观果植物

植物的果实也极富观赏价值，若是经济林植物，更具有采摘体验价值。奇特的如像耳豆、眼睛豆、秤锤树、腊肠树、神秘果等。巨大的果实如木菠萝、柚、番木瓜等，很多果实色彩鲜艳，紫色的紫珠、葡萄等，红色的天目琼花、平枝荀子、小果冬青、南天竺等，蓝色的白檀、十大功劳等，白色的珠兰、红端木、玉果南天竺、雪里果等。

9.5.3 环境保护管理

环境保护管理是休闲农业园区实现可持续发展、永续经营的重要保障。园区环境保护管理具体包括以下几个方面。

（1）水体环境管理

园区内水上项目的开展、旅游船舶的油污、垃圾会不同程度造成水体污染，以及园区内餐厅、宾馆、休闲中心等排放的污水和垃圾也是一个污染源，这些生产生活用水没有经过处理，或仅经过初级处理，就排放到水环境中，就会把病原体带入水中，污水排放使水体的富营养化加速。如果是以湖泊、水库、池塘等水体为基础的园区，受到的影响更为突出。

因此，水污染可采用人工处理和自然净化相结合、无害化处理与综合利用相结合的办法治理。在环境整治方面，要完善园区排水处理厂或氧化塘，对园区生活污水、废水集中处理。

（2）大气环境管理

随着大量机动车辆的涌入和旅游设施的兴建，燃煤锅炉、汽车尾气等使空气中的 SO_2 等有害气体增加，降低了园区大气质量。因此，园区应考虑如何最大限度地减少外界活动对园区空气的影响，比如在进入园区的入口处，游客可以换乘绿色电瓶车等特色环保交通工具进入，燃油车一律禁止进入园区。

（3）固体废弃物处理

园区内的固体废弃物多为餐厅、宾馆等产生的垃圾、建筑垃圾等，为此要进一步完善、改进垃圾的收集、运输和处理体系。园区应建立完善的垃圾分类收集系统，加强对危险废物的收集和管理，各类废弃物应定期集中运送到专业垃圾处理场加以处理或委托环卫部门、有资质的固废处理中心处理，杜绝就地堆放和深埋。园区内也要多设置垃圾箱，方便游人丢弃垃圾。

（4）噪声管理

噪声管理主要加强对交通噪声、生活噪声和娱乐噪声的管理。交通噪声主要来源于摩托车、拖拉机和行驶在园区道路上的汽车等交通工具，而交通噪声又是一种不稳定的噪声，噪声级随时间而变化。园区内的噪声会对游客的心理产生极大的影响，直接关系到旅游体验的满意度。因此，对噪声的控制是必要的。宜采取以下措施：

首先，所有机动车禁止在园区内鸣喇叭、鸣笛。其次，在园区内游览尽量使用电瓶车等环保运输工具，禁止拖拉机等污染大的设备进入园区。最后，人为地设置隔声设施设备，在园区外围建立30~50m宽度的防护林带，以减少外界噪声对园区环境的影响。

（5）动植物保护管理

植物常受到人为机械损伤、践踏等干扰，会导致植被覆盖率降低，群落的种类组成改变并且趋于简单化，生物多样性降低。土地利用以及人的活动会使野生动物的生境不断缩小和破碎化。

因此，对于以生态环境为基础的园区，要注意保护区内的生态敏感区，在动植物的繁殖季节，考虑关闭临近动物栖息地的旅游区。同时也要引导游客树立生态意识，设立环境解说标志，提醒游客不要随意践踏、采摘植物，避免惊扰动物，不能闯入未经许可的生态敏感区，避免发生火灾。估算生态环境容量，在高峰期控制游客数量，并以各种方式解决环境超载的问题等。

（6）承载力管理

承载力（Carrying Capacity）是指某一特定空间或区域内的接纳、包容能力。在旅游学上往往简单地定义为某一旅游区所能接纳的最大游客量。

承载力的确定不仅要考虑自然、经济和社会文化等各方面因素，还要考虑交通、服务接待等设施的可接受标准和程度，因此在估算承载力时，既要充分保证游客的体验满意度，又要创造最佳的经济效益、维持生态环境、促进社区社会文化的发展，要在其积极影响与消极后果之间作合理的平衡。下面简要介绍WTO的一些娱乐活动的承载力标准（见表9-2），以每公顷接纳游客人数为计量单位。

旅游活动基本空间标准（WTO）　　表9-2

娱乐活动类型（场所）		每公顷接纳游客人数
森林公园		15
郊区自然公用		15 ~ 17
高密度野餐地		300 ~ 600
低密度野餐地		60 ~ 200
体育比赛		100 ~ 200
高尔夫球场		10 ~ 15
水上活动	垂钓、帆船	5 ~ 30
	速度划船	5 ~ 10
	划水	5 ~ 15
自然追踪 [人/(d·km)]	徒步旅行	40
	骑马	25 ~ 80
滑雪		100

资料来源：旅游开发规划及景点景区管理实务全书．北京：燕山出版社，2000.

规划案例篇

规划是发展的龙头，是指导发展的科学依据。制定休闲农业发展规划和进行园区设计，应贯彻“开发与保护相结合，生态效益与经济效益相结合，近期与远期相结合，因地制宜，合理布局，突出特色的原则”；在认真调查和分析本地区的区位条件、资源优势、市场客源及周围环境条件基础上，明确区域功能定位，制定发展方向和发展目标，构建主导产业，树立旅游品牌。

规划案例篇，通过中科地景规划设计机构等单位在休闲农业区域发展规划、休闲农业园区总体规划、休闲农业园区景观规划设计等层面的具体项目实践案例分析和评价了不同层面的休闲农业规划与开发，提出了自然性、独特性、文化性、参与性和可持续性的现代休闲农业园区的新理念和新思路。

10 休闲农业区域发展规划

10.1 北京市休闲农业与乡村旅游发展规划（节选）

北京是全国的首都，是政治、文化中心，又是对外交流中心。市域包括城区、近郊区和远郊区共16个区县：城区有东城、西城2个区；近郊区有海淀、朝阳、丰台、石景山4区；远郊区有通州、顺义、大兴、昌平、平谷、密云、怀柔、延庆、门头沟、房山十个区县。土地总面积16807km^2，2007年末全市常住人口1633万人，实现地区生产总值9006.2亿元，比上年增长12.3%，全市人均GDP56044元，城镇居民人均可支配收入21989元。

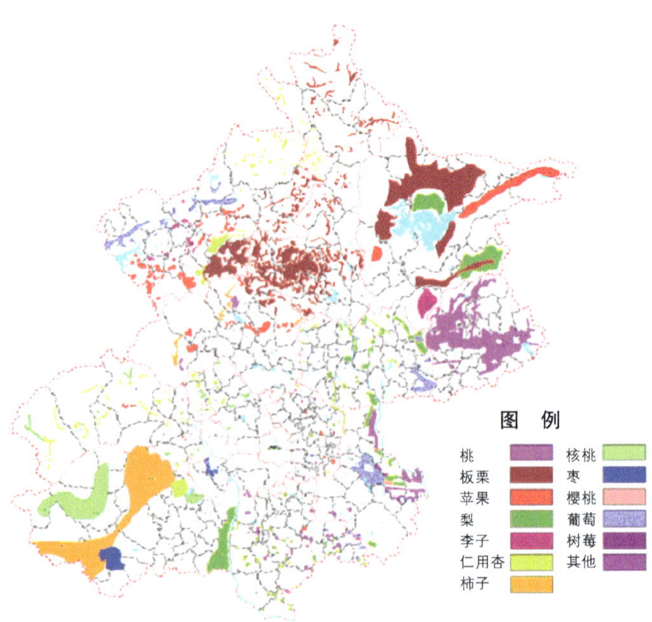

北京市果树主导产业带分布图

进入21世纪，北京城市发展目标是，到2050年将建成为经济、社会、生态全面协调和可持续发展的城市，进入世界城市行列。根据北京城市性质和总体规划要求，京郊广阔的乡村区域应成为首都环境保护的屏障，同时，依托京郊良好的环境条件和资源条件发展休闲农业和乡村旅游不仅可以为北京城市居民短期休憩度假提供良好的选择，并且把旅游业和农业发展、农村建设、农业致富紧密结合，具有重要的经济和社会意义。

10.1.1 北京休闲农业与乡村旅游发展优势条件

（1）自然条件

北京地处华北平原的西北部，太行山、燕山山脉自西向北环抱，山岭雄伟险峻，峡谷奇特幽深；永定河、潮白河水系纵贯京郊，河湖矿泉散布，溶洞瑰丽神秘，融南方山水和北国风光的雄壮于一体。北京地处暖温带，春夏秋冬四季分明，山区夏季可以避暑，冬季可以滑雪，具有发展自然生态旅游的良好条件。

（2）资源条件

北京地貌类型多样，其中山区面积占62%，平原区面积占38%。山区果林业发展迅速，动植物资源丰富多样，盛产核桃、柿子、板栗、苹果、桃、梨、白杏等多种温带水果，这些名特优传统品种不仅为消费者提供了丰富的食品来源，而且还为开发休闲农业与乡村旅游项目提供了有利条件；平原区农业资源丰富，已建立了生态农业、高科技农业、观光农业、绿色度假村等多种农业园区，为发展观光休闲农业提供了可能。

（3）人文条件

北京作为一个政治、经济、文化、教育、科技创新中心，

梨

桃

苹果

杏

也是一座世界历史文化名城，文化淀积深厚，具有开展休闲度假、科教旅游、文物博览、森林和生态旅游等多种休闲旅游活动的得天独厚优势。老北京沉积了大量的民间艺术和民俗文化，北京郊区广大农村具有悠久的历史文化和多样的民俗风情，为发展休闲农业与乡村旅游奠定深厚而坚实的基础。

（4）市场条件

北京市发达的经济水平和庞大的人口基数为发展旅游产业提供了良好的经济基础和消费潜力。从消费能力来看，2007 年前 11 个月北京市城镇居民人均消费性支出 14081 元，其中教育、文化和娱乐服务支出高达 2251 元，32.2% 的恩格尔系数显示在满足了吃、穿的基本需求之后，人们的消费倾向逐渐转向文化、旅游等消费领域。据北京市调查，每年大概有 67.3% 的家庭选择到郊区休闲旅游，其中有 16.9% 的家庭每年到郊区旅游 3~5 次。全市有 15.3% 的市民到郊区旅游 5 次。由此可见，经济的快速发展以及相应的城市规模拓展、城市人口增加，为发展乡村休闲农业旅游提供了巨大的客源市场。

10.1.2　北京休闲农业与乡村旅游发展现状与特点

北京休闲农业与乡村旅游发展主要有农业观光休闲、民俗文化休闲、休闲度假三大类型。

（1）休闲农业发展现状与特点

北京郊区休闲农业的发展历经了萌芽自发、政府引导和规范管理三个时期；自昌平区十三陵旅游区率先建立观光采摘果园开始，经过近20年的发展，京郊各区、县休闲农业已经具有相当的规模并且取得了良好的经济效益。

北京市休闲农业以农业资源综合开发为基础，以旅游市场需求为导向，以农业科技和农耕文化为重点，把农业种植、农艺景观、新农村建设和观光、休闲、度假、娱乐融为一体，形成独特的乡村旅游景观，并且与其他旅游景点相配合，成为城市居民丰富农业知识、体验农业生产劳动和农家生活、享用农业成果以及休闲健身的绝好选择。

1）观光休闲农业类型

根据近年来对北京市有一定基础和规模的观光农业园的调查分析（不包括一般小型采摘园），共调查各类观光休闲农业园285个，其中观光采摘为主的农业园共计260个，占全市观光休闲农业园的91.2%；其他类型有花卉为主体的农业园、科技示范中心、基地、生态农业旅游山庄等。目前，北京市观光休闲农业园主要有以下6种类型：

①农园观光型：以展示种植业的栽培技术或园艺、农产品及其生产过程等为主，建立了观光农园、教育农园、农业公园、市民农园或租赁农园等，如朝阳区的朝来农艺园。

②农园采摘型：利用开放成熟期的果园、菜园、瓜园、花圃等，供游客入园观景、赏花、摘果，从中体验自摘、自食、自取的果（花）农生活和享受田园风光。如顺义区的西甜瓜采摘园。

③渔场垂钓型：利用水库、池塘、鱼池等水体进行垂钓、驾船、划艇、食水鲜和水上娱乐等内容的水域旅游活动。如怀柔区虹鳟鱼养殖、垂钓场。

④畜牧观赏狩猎型：利用牧场、养殖场、狩猎场、跑马场等，给游人提供观光、娱乐、参与牧业生活的风情和乐趣。如房山蒲洼乡野生动物饲养场和狩猎场、延庆县康庄跑马场等，每年都吸引大量游客前来旅游观光。

⑤森林旅游型：以森林区优美的环境、洁净的空气，来吸引居民体验回归大自然的情趣和进行休闲、度假、森林考察、避暑疗养等健身活动。如房山区上方山森林公园、怀柔区云蒙山森林公园、海淀区香山植物园等。

⑥生态科技观光型：利用生态示范区或高科技农业示范园区吸引游客，使游客在休闲过程中开阔眼界，增长知识。如北京昌平区小汤山现代农业科技园等。

⑦综合观光型：在观光农业景区内设置多种项目，如北京昌平区下庄乡开展山区特色旅游项目——“亲情旅游到下庄”，既观光农园寻田园风光，又乐民俗享乡野风情，同时还利用大杨山自然风景区搞红果采摘活动。

2）观光休闲农业园分布

根据北京郊区285个观光休闲农业园统计资料，可以看出各区县分布不均一，分布最多的是平谷区占22%，其次是怀柔区占13%，这两个区县占市郊区的35%。从区域来看，近郊区18个，占全市的6%；中郊区88个，占全市的31%，远郊区179个，占全市63%。由此看出在区域上观光休闲农业园主要分布在中远郊区和远郊区，主要分布在现有著名景区、景点的边缘附近，进入景区公路边缘及主干公路两侧，呈带状分布。

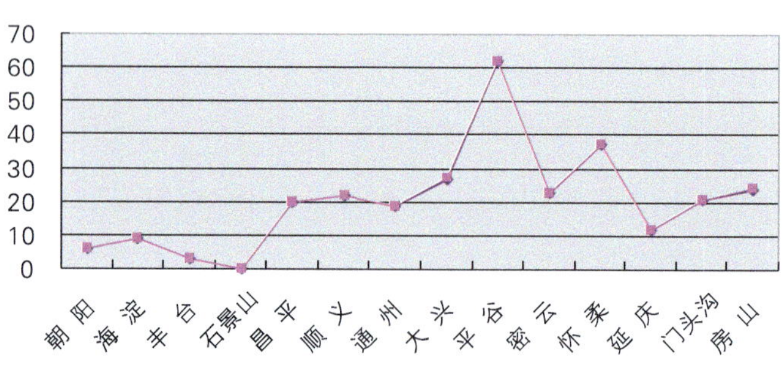

北京郊区观光休闲农业园区县数量分布图

北京市郊区观光休闲农业园分布图

至 2007 年末，北京全市实际经营的农业观光园为 1302 个，观光园总收入 13.1 亿元，农业观光园和民俗旅游户接待人数达到 2614.4 万人次。

（2）民俗休闲旅游发展现状与特点

1）民俗休闲旅游业类型

近年来，北京市在有关部门的领导和支持下，伴随着农村产业结构调整和京郊旅游业的发展，民俗休闲旅游业发展很快。为了促进民俗旅游健康发展，北京市农委会同市旅游局制定了《北京市民俗旅游接待户评定标准》和《北京市民俗旅游接待户评定暂行办法》。并评定了第一批市级民俗村 35 个。产品类型如下：

①古村落观览型：指以游客静观或踏看为主的游览方式，以民俗设施、民俗陈列和有地方特色的民居群落观览为主要形式。如密云县的遥桥峪民俗旅游村。

②农事体验型：即在特定的民俗环境中，同当地人或表演者共同游戏、生活或劳作，诸如歌舞戏、种花养鱼、采摘果实、种植蔬菜、学做菜肴及其他家庭工艺等。例如昌平麻峪房民俗旅游村。

③度假休闲型：即以度假为主，在水乡、山村或民俗园中小住数日，对游览地的衣、食、住、行作亲身体验，同时对当地的民间艺术、民间技艺、方言等加以轻松的了解。此类民俗村多分布在自然风景区附近，例如房山

区十渡镇九渡民俗旅游村。

④传统教育型：即以一些历史事件遗迹为依托，结合民俗风貌，使游客在领略风土民情的同时，接受传统教育，一般多为“红色旅游”，即利用革命历史遗迹进行爱国主义教育。例如房山区霞云岭乡的堂上民俗旅游村。

⑤科普教育型：在农业生产、村镇建设和人民生活等方面，广泛运用科技新技术、新方法，建立多种科技示范区，使游客在游玩的过程中了解各种实用科技知识。例如大兴区长子营镇的留民营民俗旅游村，留民营是联合国环境规划署授予的全球环保500佳，是著名的“中国生态第一村”。

⑥新村风貌展示型：其核心就是展示社会主义新农村的新风貌。典型代表是房山区的韩村河民俗旅游村。

2）民俗休闲旅游村分布

根据北京市郊区民俗休闲旅游资料分析，具有一定规模和一定影响的民俗旅游村，主要分布在北京西北部和西南部区县，地处相对偏僻的农村地区和山区地带。就区县分布来看，主要集中在怀柔、延庆、房山、昌平地区，朝阳、丰台、石景山区没有，其他区县分布较少。

根据郊区远近划分的三个区域来看，近郊区只有一个，占统计数的0.77%；中郊区有21个，占统计数的16.15%，远郊区有108个，占统计数的83.08%。

截至2007年底，郊区有11个区县50多个乡镇民俗旅游接待户有13570多户，从事民俗旅游接待的农民40000余人，民俗旅游总收入5亿多元。

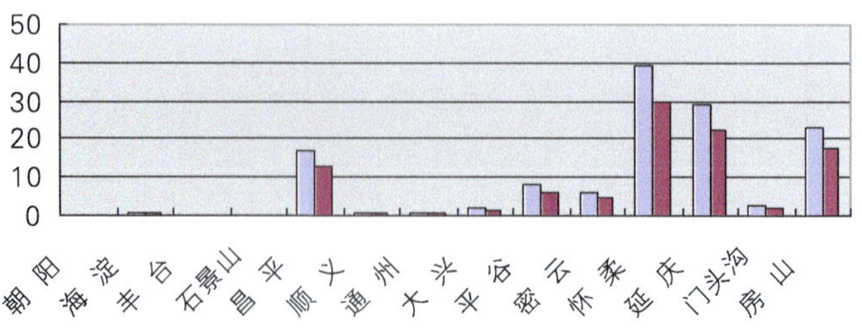

北京民俗旅游村各区县分布图

（3）休闲度假村发展现状与特点

1）休闲度假村的类型

改革开放以后，为适应飞速发展的旅游业需求，20世纪80年代北京市修建了一批高档的宾馆饭店。到了20世纪90年代初，城市的宾馆饭店已趋于饱和，以康体、休闲、娱乐为主要特点的度假村开始在郊区兴起。并于1996年在全市设立了平谷金海湖、密云白河、怀柔红螺山、丰台花乡、海淀稻香湖、昌平六个市级旅游度假区。据初步统计，北京市郊区目前有休闲度假村155个，其中：近郊区3个，占1.94%；中郊区53个，占34.19%；远郊区99个，占63.87%。休闲度假村的主要类型如下：

以温泉为依托的康体休闲度假村：开发地热温泉，建成温泉疗养池、戏水池、游泳池等，使度假者通过洗温泉浴达到医疗、保健作用。目前已建成的温泉型度假村有12家，如位于顺义高丽营镇于庄的春晖园，占地180hm^2，北靠温榆河，环境幽雅，空气清新，52℃的清澈温泉可饮可浴，对慢性风湿病、高血压、心血管病等有独特疗效，是商务、会议、休闲度假、健身疗养的理想场所。

以生态农业为依托的生态度假村：采用“前村后园”，“以园养村，以村促园”的经营模式，其中90%以上的土地用于种植、养殖业，10%的土地用于休闲、娱乐、康体、教育、会议、餐饮等设施的建设。目前全市已建成的生态型度假村有25家，其典型代表是朝阳区的蟹岛绿色生态度假村。

以体育设施为依托的运动健身型度假村：是以大型旅游设施如高尔夫球场、滑雪场、足球场、羽网球馆等为依托，进行配套设施建设开发的度假村，主要满足运动休闲的需求。目前有运动健身型度假村9家，如丰台区的大井体育公园休闲度假村。

以森林为依托的休闲型绿色度假村：是以森林为依托，利用森林资源，在森林内或森林公园旁修建度假村，游客可以在这里呼吸到城里享受不到的新鲜空气。目前森林型度假村有11家，如位于顺义区的北京绿色度假村。

以旅游房地产为依托的别墅型度假村：是度假村中比较新的类型，是以房地产开发为依托的，大部分是具

北京市郊区民俗旅游村分布图

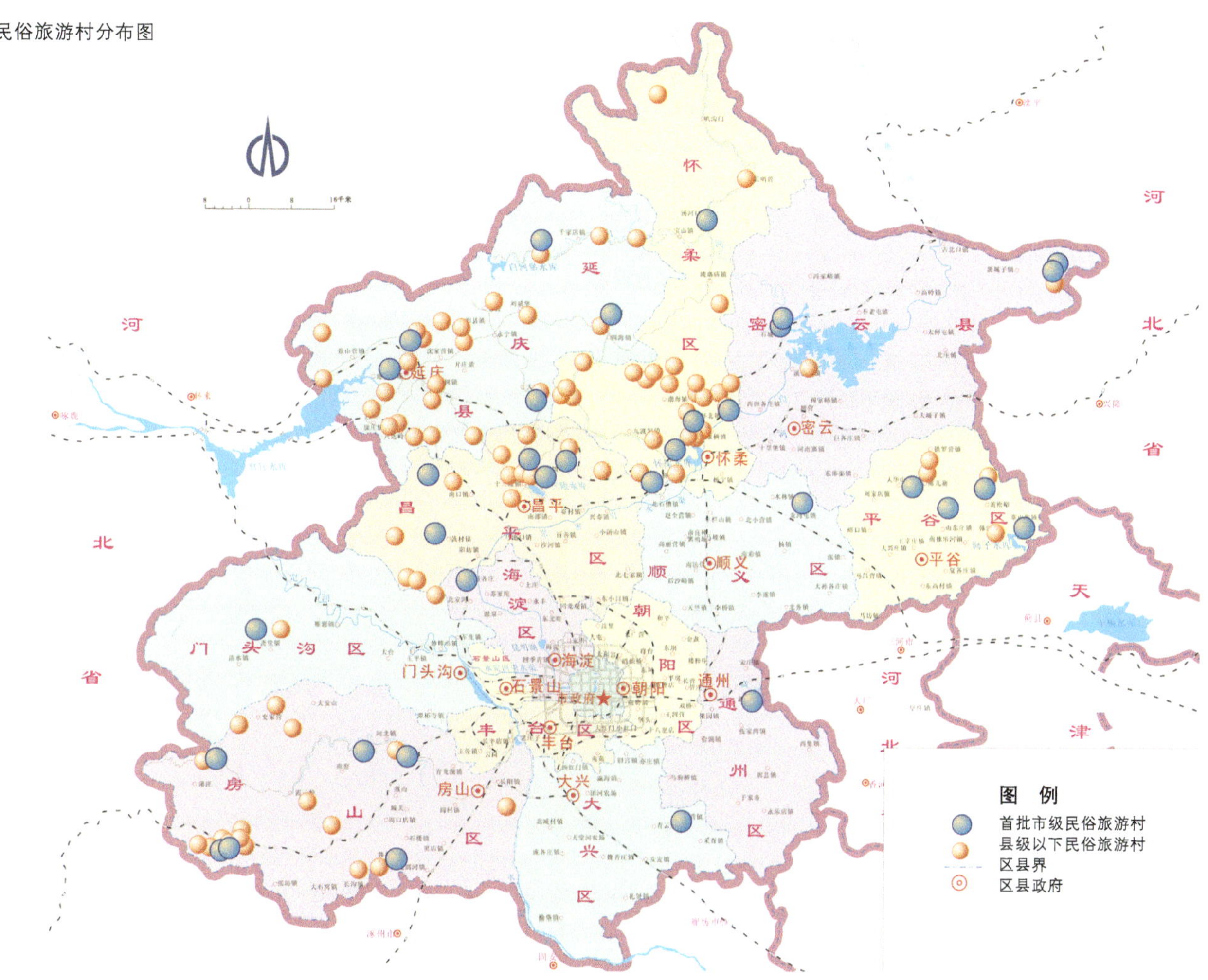

有异域风情的度假别墅群，全市现有别墅型度假村9家，如密云的瑞海姆田园度假村。

以民俗风情和古村落为依托的乡土文化型度假村：大都建在环境优美或有独特乡土民俗文化的乡村，全市共有38家。如门头沟区斋堂镇的爨底下民俗文化度假村。

以自然风景旅游景点为依托的山地休闲度假村：是以旅游景区为依托，大都修建在旅游景点周围，游客白天可以领略风景区的秀丽风光，夜晚可以在度假村休息、娱乐。目前全市有36家，如怀柔的神堂峪度假村。

其他类型：会议型度假村，如怡生园国际会议中心；狩猎型度假村，如北京天龙狩猎山庄；科普文化型度假村，如地球村等，共有13家。

2）休闲度假分布特点

从地域分布来看，北京市郊区的度假村主要分布在中部的山前地区，构成一条东北、西南走向的度假村集中分布带。从行政区域来看，则主要分布在昌平、平谷、怀柔、密云和延庆等山区、半山区区县。从地形上看则主要分布在西北六环外侧的平原区和浅山区。具体来讲，北京的度假村分布特点是“两沿两周”：

“两沿”：一是指沿河流分布，最典型的是沿潮白河两岸建有十几家度假村，永定河、拒马河、清水河等河流沿线也有度假村分布；二是沿交通干线分布，北京通往周边地区的国道，如108、109、110、111等国道沿线都有度假村分布。另外，连接风景区之间的公路沿线也有度假村分布。

“两周”：一是指度假村主要分布在风景区周围，云蒙山、雾灵山、十渡、东灵山、妙峰山、八达岭长城、慕田峪等风景区的周围度假村分布比较多；二是沿水库和湖泊周围分布，密云水库、怀柔水库、十三陵水库、官厅水库、斋堂水库、金海湖、红螺湖等地区，这些地区自然环境优美，空气新鲜，绿地广阔，有山有水，环境污染少，交通条件较好，适宜兴建休闲度假村（区），都是度假村的集中分布地区。

10.1.3 北京休闲农业与乡村旅游发展布局

根据北京市郊区资源、环境、区位及农业生产特点，全市休闲农业与乡村旅游发展区域布局可以划分为3个圈层，10大发展基地。

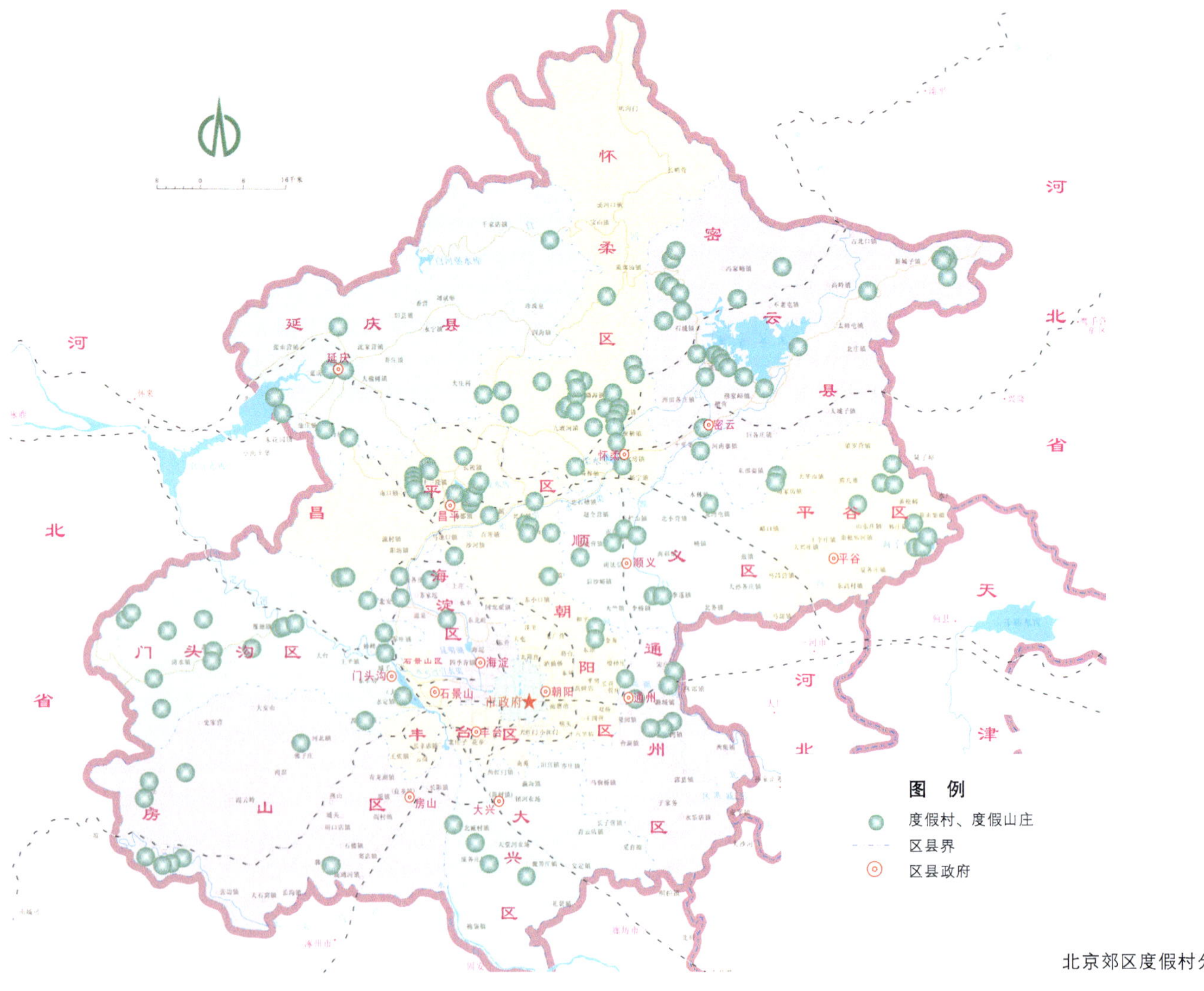

北京郊区度假村分布图

（1）休闲农业与乡村旅游产业圈层

1）近郊区：包括朝阳、海淀、丰台、石景山 4 个区。这里交通方便，最接近城市消费群体，农业以园艺农业和高档次果菜种植为主，休闲农业应以观赏游览、体验农作为主，可以重点发展农业公园、花卉观赏园、垂钓场及市民租赁农园等观光、体验农耕项目。

2）中郊平原区：包括大兴、通州、顺义、昌平 4 个区。这里是首都粮、菜及畜禽水产品生产基地，主要河流穿行其间，农业资源丰富，农业景观明显，休闲农业应以观光休闲、农耕体验、农业教育为主，可以重点发展观光农园、教育农园、垂钓乐园、民俗体验庄园、租赁农园、瓜菜采摘等休闲、体验项目。

3）远郊山区：包括房山、门头沟、延庆、怀柔、密云、平谷 6 个山区县、区。这里自然景观优美，森林资源丰富，休闲农业应以休闲疗养、农村文化体验、自然风景观光等为主，可以重点发展森林旅游、民俗旅游、果品采摘、狩猎等生态文化旅游项目。

（2）与景区结合的休闲农业与乡村旅游发展基地

1）金海湖区：位于平谷区东部，金海湖周围地区，南北有山，中间有湖水，周边果树分布较多，曾是亚运会的水上运动项目比赛场地，将来也是奥运会水上运动比赛项目场地之一。结合水上娱乐文化项目开发了大量的观光采摘项目、休闲度假产品，形成重要的休闲基地。

2）密云水库库南地区：位于密云县密云水库以南地区，北有密云水库，东有潮河、西有白河，东部和西北部属山区地带，地处山前地带、地下水丰富，靠近 101 国道和京承高速公路，该区果树种类繁多，旅游风景区点较多，是自然风景旅游、采摘观光、历史文化旅游、休闲度假基地。

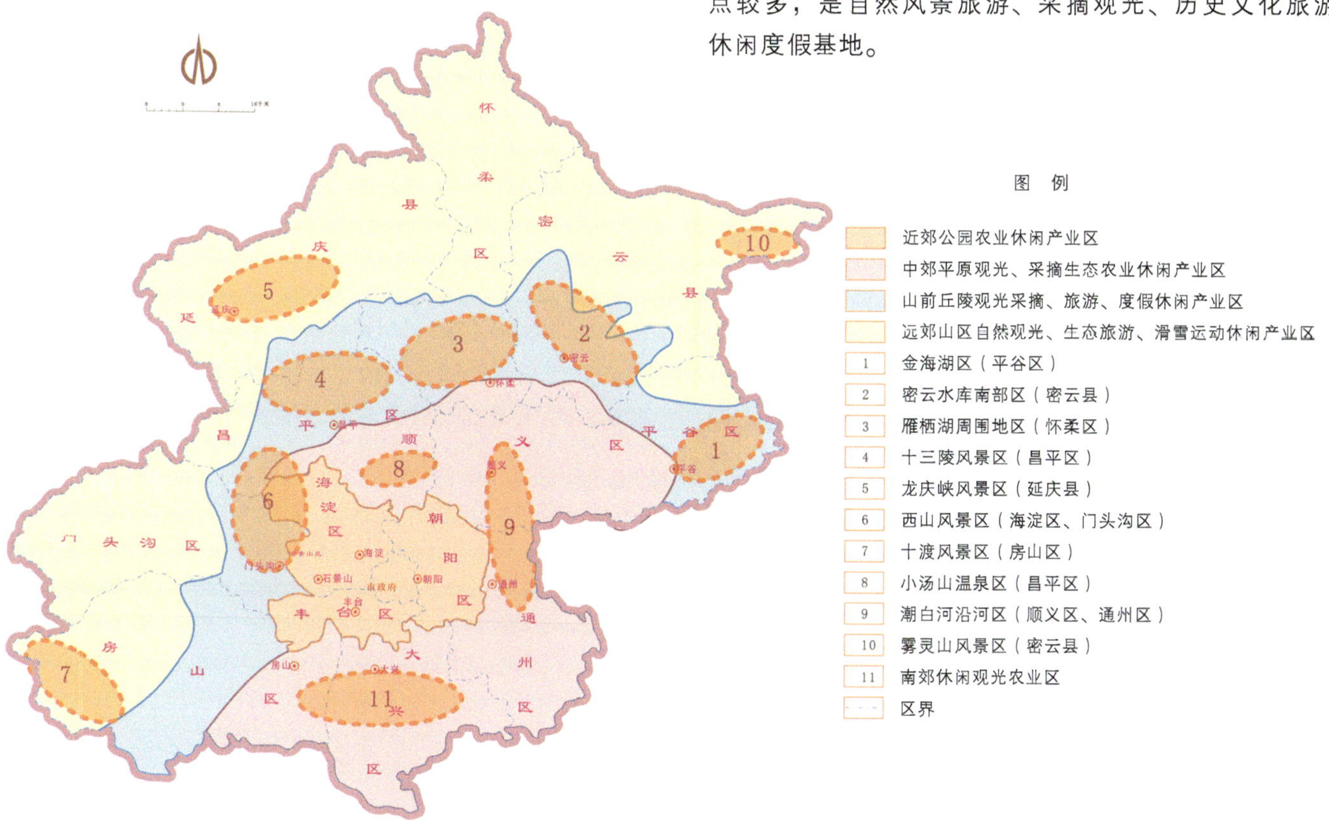

北京休闲农业与乡村旅游发展布局图

3）雁栖湖周围地区：位于怀柔区城区北部边缘、长城以南的山前地带，区内有雁栖湖和怀柔水库，山前有泉水分布，水质无污染，是养殖虹鳟鱼的天然场所；北边有著名的慕田峪古长城风景名胜区，是北京市重要的休闲度假、观光采摘、民俗旅游、运动休闲等多种休闲项目基地。

4）十三陵景区周边地区：位于昌平区城区的北部，地处军都山南麓，靠山向阳，另有十三陵水库，是明代帝王陵墓集中地。是国内外有名的旅游区。山前果树分布较多，其柿子、板栗曾是贡品。民俗旅游村落较多，是北京郊区民俗文化、观光采摘旅游基地。

5）龙庆峡景区周边地区：位于延庆县城北部，背靠松山、玉度山，面向延庆盆地，处于山前地带，有山有水，风景优美，冬有冰灯观赏、夏可登山乘凉，山前亦有果树分布，是自然生态旅游、休闲度假、运动休闲的好去处。

6）西山景区周边地区：位于门头沟东部和海淀区的西部，这里有著名的妙峰山、香山、鸠峰，沿山分布有著名的果园，如樱桃、京白梨园，还有永定河穿过本区西部，是北京郊区登山运动休闲、观光采摘、民俗文化旅游基地。

7）十渡景区周边地区：位于房山区西南部，拒马河河谷地带，两侧分布大量的石灰岩地带，地层层理明显，节理发育，景观优美，素有北方小桂林之称。是北京著名的自然山水民俗文化旅游基地。

8）小汤山温泉地区：位于昌平区中部平原地区，发育温泉，是北京高科技农业示范区，距北京市较近，是北京休闲度假、高科技观光农业基地。

9）潮白河沿河区：位于顺义区中部，潮白河贯穿南北，河岸有护岸林，河岸景观带，农产品丰富，有较多的运动项目，如跑马场、高尔夫球场，是北京观光采摘、休闲度假、体育运动基地。

10）东灵山、雾灵山风景区：东灵山位于门头沟的西部，地势较高，海拔2300多米，气候凉爽，是北京夏季避暑胜地；雾灵山位于密云的东北部，地势较高，有山有水，森林茂密，果树品种较多，有小水库分布其中，是自然生态旅游、观光采摘、民俗文化休闲基地。

10.1.4 北京休闲农业与乡村旅游线路

依据北京城市总体规划，结合《北京市“十一五”时期农村发展规划》中农业观光休闲产业发展要求，在“十一五”期间，打造出北京市“五条”农业精品旅游专线，来进一步推进观光休闲农业与乡村旅游的健康发展，深度开发京郊休闲农业与乡村旅游产业。

（1）东北部专线

以机场高速、顺平路为轴线，辐射朝阳、顺义和平谷三个区，建设东北部农业旅游专线。朝阳区发展教育农庄、高科技示范展示园、生态家园等农业旅游项目；顺义重点发展以蔬菜、西甜瓜、果品为主的观光采摘旅游项目；适度发展以体验、租赁为特色的市民农园；平谷区开展观光采摘项目，以金海湖为中心发展民俗旅游业。

（2）北部专线

以京密路、101国道为轴线，辐射朝阳、顺义、怀柔和密云县四个区县，建设北部农业旅游专线。怀柔区重点发展民俗旅游、果品采摘、绿色氧吧、山吧、体验型等农业旅游项目；密云县以密云水库为中心发展民俗旅游。

（3）西北部专线

以八达岭高速公路为轴线，辐射海淀、昌平、延庆三个区县，建设西北部农业旅游专线。海淀区着重发展果品采摘；昌平区和延庆县重点发展果品采摘、民俗旅游。

（4）西南部专线

以108国道、京石高速、109国道为轴线，辐射门头沟、丰台、房山三个区，建设西南部农业旅游专线。丰台区重点发展教育农庄、高科技示范展示园等农业旅游项目；门头沟和房山两个区重点发展果品采摘、绿色氧吧、山吧项目，充分利用自然和人文景观，发展民俗旅游。

（5）南部专线

以京津塘高速、京开高速、京沈高速为轴线，辐射丰台、大兴、通州三个区，建设南部农业旅游专线。大兴区和通州区重点发展瓜、果、菜采摘等体验农业。

10.2 北京市平谷区休闲农业区域发展规划（节选）

10.2.1 规划建设背景

平谷区属北京市辖区，位于北京市东北部，西南距（东直门）70km，处于京、津、唐交汇的三角地区。平谷区有着非常便利的交通优势，它是北京的东北大门和未来经济的扩张地带之一，而旅游业将是该区域最有潜质的经济增长点。平谷被誉为“绿色休闲之都”，优美的自然环境是平谷区的特色优势，它三面环山，中部和西南为平原，水系独立，山苍苍绵延不尽，水涟涟秀丽万端，是国家生态示范区。平谷有“金海湖”、“京东大峡谷”、“京东大溶洞”三大市级风景名胜区以及 11 个区级风景名胜区；平谷具有悠久的文化历史，7000 多年前先祖留下的上宅文化是北京地区迄今发现最早的原始农业萌芽状态的新石器时代文化，对北京地区新石器时代考古研究具有重要价值；平谷还是远近闻名的“中国桃乡”，有载入吉尼斯世界纪录的世界最大桃园。果业的发展带动了观光旅游、中介服务、餐饮、住宿、包装、建材、运输、农机等相关行业的发展，形成了一产促二、三产，二、三产带动一产发展的格局，极大地促进了平谷区区域经济的发展，产生的综合经济效益达 5 亿多元，取得了显著的经济、社会和生态效益。

本规划是在平谷区众多丰富的旅游资源的调研基础上，以休闲农业园为主体，运用区域规划和景观设计的相关理论和方法，对辖区内的休闲农业园进行宏观规划布局，构建合理景观结构，优化休闲观光旅游资源，为地区经济和社会发展创造富有活力的开发大环境和发展新机遇。

10.2.2 平谷区休闲农业园开发条件评价

平谷区是北京市重要的果品生产基地之一，现有果树总面积 36 万亩，形成了以大桃为龙头的苹果、梨、柿子、杏、核桃、板栗、枣八大果品基地。全区 16 个乡镇均有果树，主要集中在 13 个山区半山区乡镇 170 多个村；有 5.5 万户 10 多万果农从事果品生产；果品总产量达到 2.3 亿公斤，占全市果品总产量的四分之一，果品总收入达到 4.3 亿元。山区半山区 15 万人口人均果品收入 2890 元。果品生产，业已成为平谷区农村经济发展的支柱产业和农民致富的主要经济来源。

平谷区是中国著名的桃乡。大桃产业是平谷区农业结构调整的优势产业，是北京市农业结构调整的特色产业代表。平谷区现有大桃面积 15000hm^2，产量 1.8 亿公斤，占全市大桃总产量的三分之二。有温室桃 500hm^2，产量 200 万公斤，成为全国最大的设施桃生产基地。拥有大桃品种 200 多个，分白桃、黄桃、油桃、蟠桃四大系列，50 多个主栽品种，早、中、晚熟合理搭配，上市时间从三月底到十月下旬。同时，平谷区大桃开始向产业化、标准化生产迈进，建立了华邦、泰华等 8 家果品加工企业，年加工果品能力 10 万 t，不仅直接带动了农民增收，而

不同品种的大桃

大桃采摘

万亩桃园景观

桃园早春景观

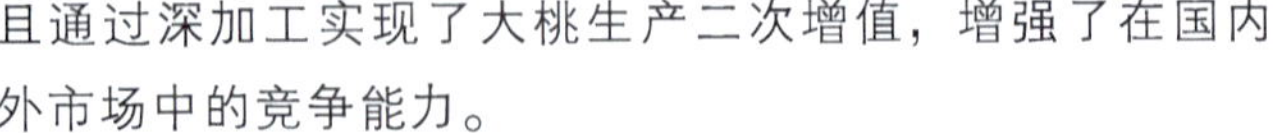

且通过深加工实现了大桃生产二次增值，增强了在国内外市场中的竞争能力。

10.2.3 平谷区休闲农业区域发展规划理念和原则

（1）平谷区休闲农业区域发展规划理念

北京市平谷区休闲农业区域发展规划理念应实施休闲农业园发展战略，全面拓展农业功能和发展空间，切实加大资源整合开发力度，大力发展果业观光游，重点突出以下几点：

1）以绿色生态为主线，开发与保护并举，以农业观光旅游业可待续发展和旅游区生态环境保护与改善为目标，实现平谷区果品资源经济效益、社会效益、环境效益相统一，实现平谷区旅游业的持续、快速、健康发展。

2）合理利用平谷区旅游资源优势，打造平谷“万亩果香”、“田园风情”特色旅游。

3）以优质果品为基础，逐步建立一批吃、住、娱、购一体的高档次休闲农业园，加大观光采摘型、体验型、租赁型休闲果园项目的开发建设。

4）以都市型现代农业的“生产、生活、生态”三生一体的功能，规划建设休闲农业园项目，满足市民休闲体验、品尝果品、欣赏田园、修身度假的休闲需要。

（2）平谷区休闲农业区域发展规划原则

1）产业结构调整与重构

休闲农业园主要通过休闲、观光的发展和旅游业的发展替代传统的果业生产，通过产业结构调整来控制和改善观光旅游区的生态环境、果业的发展思路。

2）可持续发展与生态旅游

将生态旅游作为休闲农业园的发展方向，一些园区按环境容量严格控制游人规模，对当地居民和游人进行环境保护教育，按生态旅游要求进行生态旅游产品开发，生态旅游方式宣导，生态旅游设施建设，以促进休闲农业园的可持续发展。

3）生物多样性与资源保护

对需要恢复、抚育、涵养、保持的森林与植被、水源、珍稀濒危动物等，划出一定的范围作为生态恢复区，采用必要的技术措施与设施，严禁对其不利的项目开发建设。果品资源的保护还可采用分等定级的方法，确定不同级别的保护和开发区域，制定相应的保护开发措施。对于有科学研究价值或其他保存价值的果树品种及其资源环境，应特别注意把握开发强度，扩大或划出相应的范围作为保护开发区，不得人为破坏其环境资源。

4）乡土文化开发与保护

加大乡土文化资源和果品旅游资源的整合力度，达到自然景观、人文景观与果园园林景观的和谐统一。在果树品种上做到品种优化和资源科学配置，提高科技含量，打造全新的生态农业区。在保护农耕文化和民俗传统文化的同时，加大现代科技农业、农业科研基地、示范基地、培训基地、休闲观光示范园的开发建设力度，实现农业与休闲旅游业的结合。

10.2.4 平谷区休闲农业园规划布局

（1）景观空间结构

平谷区休闲农业园规划布局可归纳为“一带两线”

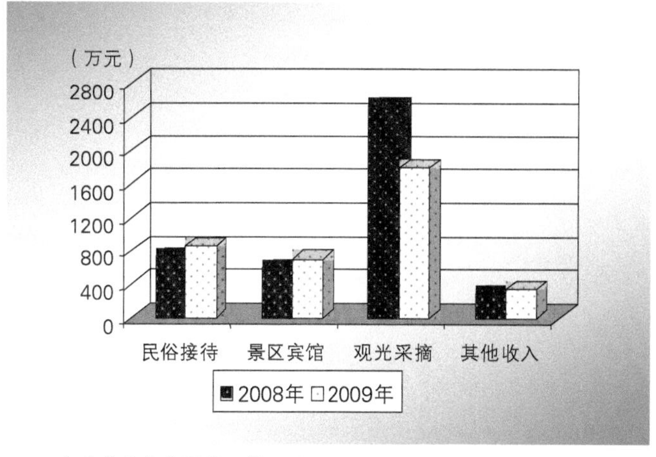

2009年大华山镇旅游收入状况对比

从图表中分析得出2009年“京东大桃第一镇”大华山全镇民俗接待以及景区宾馆的接待人数及收入均高于2008年，但是2009年采摘收入比2008年却有所下降，这说明一方面大华山镇的林果观光采摘业开始受到了来自周边其他乡镇的竞争，观光采摘市场正在向其他乡镇辐射；另一方面说明单纯的休闲农业园区应该丰富自己的旅游产品，向集观光采摘、休闲度假为一体的综合性休闲农业园区方向发展

的发展结构，充分利用果园优越的地理位置，优美的自然环境及便利的交通，统一规划，合理布局，适应游客的各种品味及需求，把休闲农业园建成了一个集生态示范、科普教育、赏花品果、采摘游乐、休闲度假、生产创收于一体的综合性果园。

一带：平谷区S形大桃产业带。

两线：百里桃花走廊休闲观光路线，百里林果走廊休闲采摘路线

平谷区休闲农业园规划布局突出大桃主导产业，注意发展区域特色品种，积极慎重地引进国内外适合平谷区栽培的优质高效品种，大力发展旅游休闲农业园的思路。平谷区将着力推进农业和农村经济结构战略性调整，大力发展市场前景好、产品效益高、有较强市场竞争能力的名特优新品种，提升休闲农业园的经济效益、社会效益和生态效益。

（2）采摘区及特色采摘园规划布局

平谷区休闲农业园规划分为十三大综合采摘区和若干采摘园。

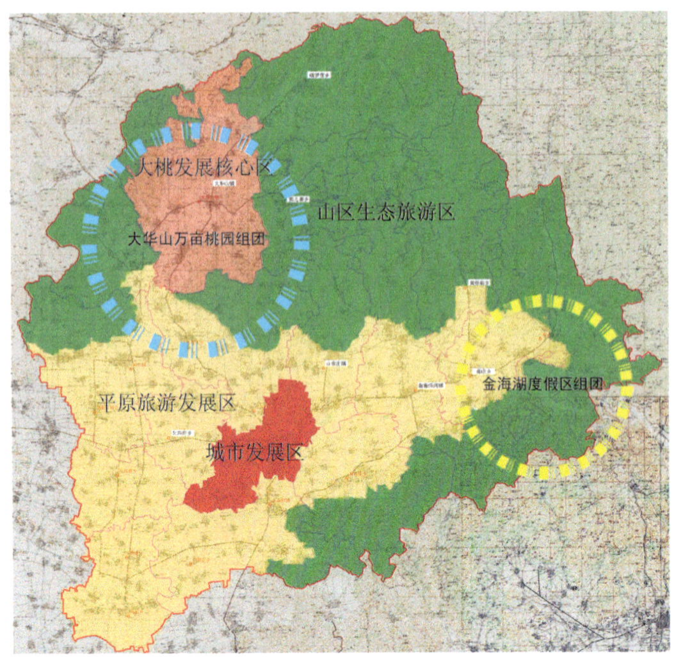

平谷区休闲农业园发展规划组团

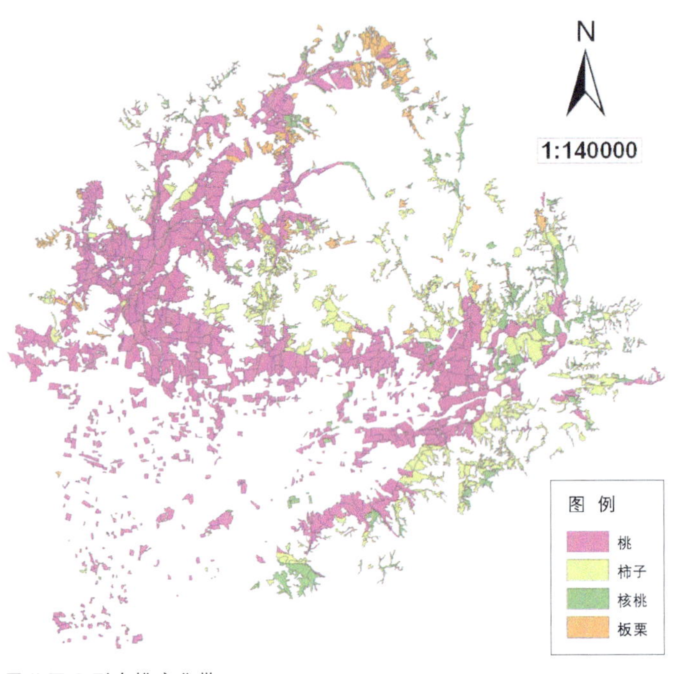

平谷区S形大桃产业带

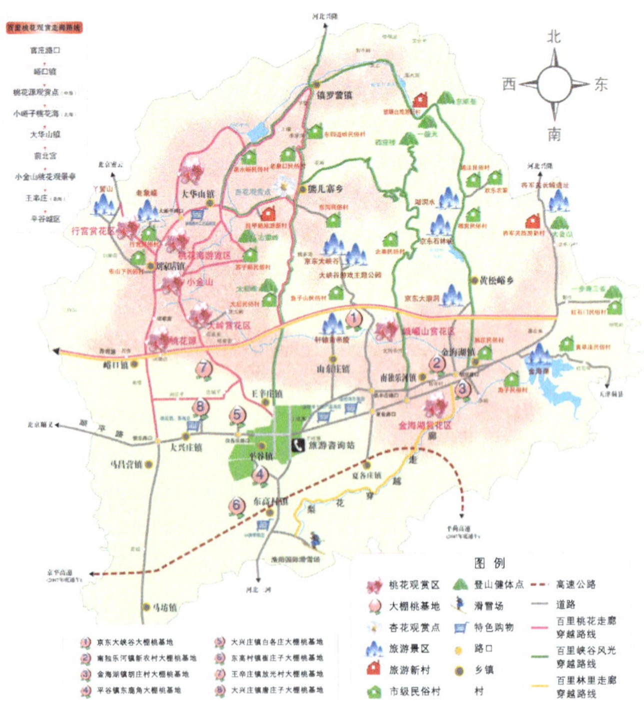

百里桃花走廊休闲观光路线与采摘路线

1）十三大综合采摘区：

刘店采摘区。主采：大桃、蟠桃、雪花梨。

大华山采摘区。主采：大桃、蟠桃、蜜枣、苹果。

镇罗营采摘区。主采：大桃、蜜梨、雪花梨、红霄梨、板栗。

熊尔寨采摘区。主采：薄皮核桃、红果、板栗。

金海湖采摘区。主采：大桃、苹果、葡萄、红提、梨枣、脆枣、冬枣。

峪口采摘区。主采：红富士苹果、大桃、鲜菜。

大兴庄采摘区。主采：葡萄、大桃、中华寿桃、蔬菜。

王辛庄采摘区。主采：大桃、苹果。

夏各庄采摘区。主采：大桃、苹果、大枣、梨、蔬菜。

京东大峡谷采摘区。主采：苹果、早熟盖柿、榛子。

京东大溶洞采摘区。主采：大桃、红果、寿桃。

水峪、海子梨枣采摘区。主采：梨枣、野酸枣。

峨眉山采摘区。主采：苹果、大桃、梨枣。

2）特色采摘园：

马坊镇沁园春特色果品采摘园。主采：爱当梨、水晶梨、黄金梨、大枣、李子、红提。

马昌营镇前芮营村“双营有机大桃采摘基地”。主采：有机大桃。

峪口镇刘芬采摘园。主采：桃、大枣、梨枣、冬枣、世纪梨、佛见喜梨、核桃。

金海湖硕丰红提采摘园、鲁各庄红提采摘园。主采：红提。

沁园春采摘园。主采：中华寿桃采摘。

西凡各庄苹果采摘区。主采：富士苹果。

苏子峪蜜枣采摘区。主采：蜜枣。

塔洼红果采摘区。主采：红果。

东高村红提采摘园。主采：红提。

10.2.5 平谷区休闲农业区域旅游产品开发

平谷区休闲农业园旅游产品及线路开发的原则立足于本区自然风貌与人文底蕴，充分展现地方特色；按四季时序合理安排，平衡旅游淡旺季；力求形成地方传统，扩大地方知名度，打造品牌。

以农业休闲文化为内涵进行农业观光休闲旅游项目和旅游产品的规划设计，在突破传统产品的基础上，重点策划与周边其他类型旅游产品不同的农业观光休闲特色项目，结合农业观光旅游特点引入3N旅游理念，即Nature（自然）、Nostalgia（怀乡）和Nirvana（神往），具体体现在农业观光休闲旅游产品设计中的各个环节，形成动静结合、特色鲜明的旅游产品体系。

（1）农业修学旅游产品：在我国旅游史上，中世纪的修学旅游是东方文化中的奇观之一。“读万卷书，行万里路”的人生修养方式锻炼了许多杰出的人物。现代意义的修学旅游始于日本，至今已有100多年的历史。旅游是户外教育的一种重要方式，因此将教育旅游单独作为一种产品来开发就不仅仅是为了直接的经济利益考虑了。教育旅游可以被视为一种具有商业价值的产品。将各种农业知识与修学相结合，作为一种特殊的旅游产品，能起到挖掘旅游的深层意义，增强趣味性和文娱性的重要作用。

（2）农业科技推广旅游产品：建设新农村的号角已经吹响，“科技兴农”、“科技富农”的旗帜早已遍布神州，应运而生的农业科技推广游，寓教于乐。

（3）农业采摘旅游产品：现代社会，人们渴望能在优美的环境中放松、休闲。于是，回归田野、就成为人们最好的选择，“吃农家饭、住农家屋、做农家活、看农家景”成了旅游的新热点。

（4）农业耕作体验旅游产品：一部上下五千年的历史，是一部农业社会不断发展的历史，在山水间感受久违的耕作之乐，耕山读水，岂不乐哉。

（5）高端农业专业接待户旅游产品：利用现有组团分布优势，提供适合高端消费群体需求的综合型集采摘、餐饮、娱乐、旅游、疗养、休闲、度假、培训、会务、商务、住宿、婚庆、科普、亲子于一体的多功能大中型接待站。

（6）农业生态庄园分时度假旅游产品：这里所说的“生态庄园”是指由若干个自然村落合并而成，那里奉行和遵循生态化生存原则，对各种生产、旅游过程和生活过程的废弃物都要经过回收再利用和无害化处理，不允许任何污染物随便丢弃在自然环境中。当然，在生态庄园里也要为其居民提供类似城市的各种服务，即农村生活城市化。

10.2.6 平谷区休闲农业园建设实施方案及内容

（1）实施方案

根据规划分布和平谷区果品办公室安排，建设项目拟在镇罗营、熊儿寨、大华山、刘店、峪口、王辛庄、山东庄、夏各庄、独乐河、黄松峪、金海湖等十一个山区、半山区乡镇，以丫髻山、老象峰、京东大峡谷、京东大溶洞、湖洞水、金海湖旅游线路发展建设百里旅游观光带。

项目建设发展休闲农业园58个，总面积2000hm^2。各休闲农业园现均具有一定的规模，但观光品味不高，基础设施条件差。项目按照安全绿色无污染的标准化生产规程去操作，形成环境优美整洁、水电路等基础服务设施齐全的现代化特色果园。58个休闲农业园如表10-1所示。

平谷区 58 个休闲农业园规划分布图

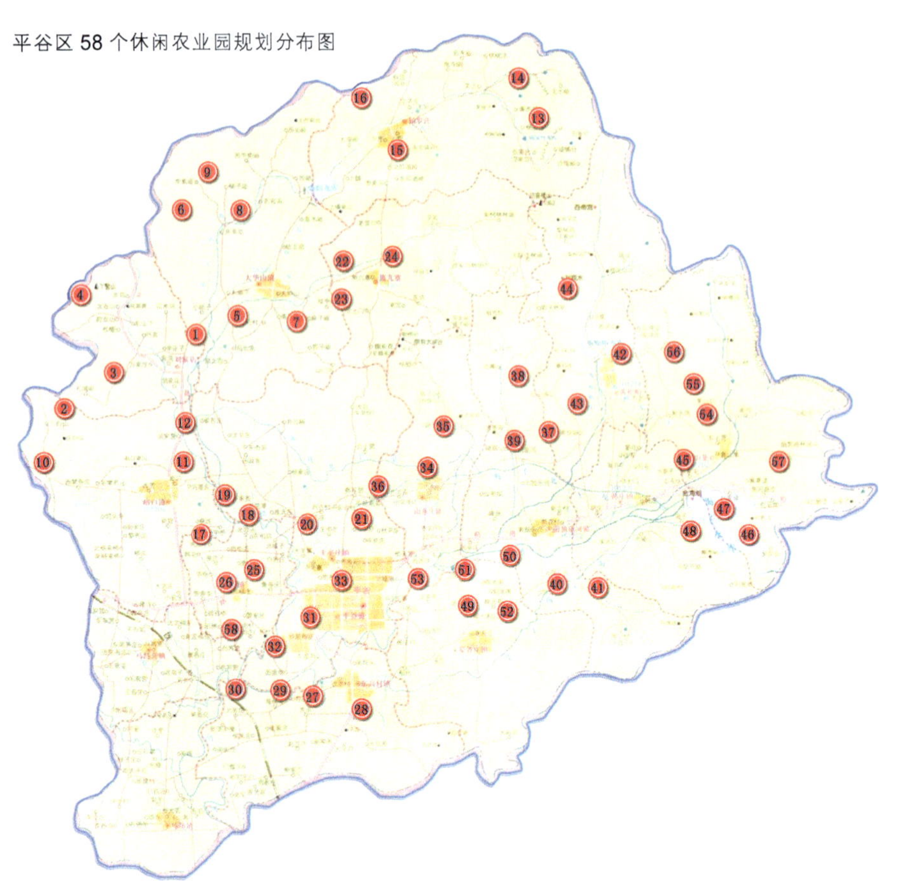

1. 寅洞桃园
2. 万庄子经济沟果园
3. 刘店蟠桃园
4. 丫吉山桃园
5. 小峪子桃园
6. 小峪子经济沟果园
7. 挂甲峪果园
8. 泉水峪果园
9. 李家峪李子园
10. 西凡各庄果园
11. 兴隆庄果园
12. 胡营桃园
13. 镇罗营梨园
14. 镇罗营板栗园
15. 北四岭桃园
16. 上营桃园
17. 太后柿子园
18. 放光设施园
19. 许家务桃园
20. 井峪柿子园
21. 中胡家务设施桃园
22. 熊儿寨杏园
23. 熊儿寨桃园
24. 熊儿寨核桃园
25. 白各庄设施桃园
26. 唐庄子设施桃园
27. 东高村葡萄园
28. 东高村设施桃园
29. 东高村设施杏园
30. 崔庄子设施桃园
31. 东鹿角设施桃园
32. 西鹿角桃园
33. 岳各庄设施桃园
34. 鱼子山村设施桃园
35. 鱼子山村果园
36. 大北关果园
37. 峨眉山富士苹果园
38. 北寨红杏园
39. 峨眉山桃园
40. 甘营大枣园
41. 南山杏园
42. 大东沟果园
43. 黑豆峪果园
44. 刁窝村果园
45. 金海湖果园
46. 水峪大枣园
47. 海子果园
48. 海子村红提园
49. 杨庄户设施桃园
50. 陈太务桃园
51. 贤王庄枣园
52. 夏各庄果园
53. 龙家务葡萄园
54. 靠山集果园
55. 东上营桃园
56. 茅山后枣园
57. 东马各庄果园
58. 前芮营桃园

休闲农业园一览表　　表 10-1

序号	果园名称	序号	果园名称	序号	果园名称	序号	果园名称
1	寅洞桃园	16	上营桃园	31	东鹿角设施桃园	46	水峪大枣园
2	万庄子经济沟果园	17	太后柿子园	32	西鹿角桃园	47	海子果园
3	刘店蟠桃园	18	放光设施园	33	岳各庄设施桃园	48	海子村红提园
4	丫吉山桃园	19	许家务桃园	34	鱼子山村设施桃园	49	杨庄户设施桃园
5	小峪子桃园	20	井峪柿子园	35	鱼子山村果园	50	陈太务桃园
6	小峪子经济沟果园	21	中胡家务设施桃园	36	大北关果园	51	贤王庄枣园
7	挂甲峪果园	22	熊儿寨杏园	37	峨眉山富士苹果园	52	夏各庄果园
8	泉水峪果园	23	熊儿寨桃园	38	北寨红杏园	53	龙家务葡萄园
9	李家峪李子园	24	熊儿寨核桃园	39	峨眉山桃园	54	靠山集果园
10	西凡各庄果园	25	白各庄设施桃园	40	甘营大枣园	55	东上营桃园
11	兴隆庄果园	26	唐庄子设施桃园	41	南山杏园	56	茅山后枣园
12	胡营桃园	27	东高村葡萄园	42	大东沟果园	57	东马各庄果园
13	镇罗营梨园	28	东高村设施桃园	43	黑豆峪果园	58	前芮营桃园
14	镇罗营板栗园	29	东高村设施杏园	44	刁窝村果园		
15	北四岭桃园	30	崔庄子设施桃园	45	金海湖果园		

（2）项目建设内容

在峪口镇等十一乡镇的休闲农业园区域范围内进行农业生态观光配套绿化、道路硬化、景观工程等基础设施的建设。具体内容主要包括 9 万 m^2 的园林绿化美化工程；20 万 m 篱笆墙修建及改造工程；58 处桃、竹木结构的休息亭建设工程；21.7 万 m^2 的道路硬化工程；58 处标准环保厕所建设工程；58 处观花、观景台建设工程；58 处洗果池建设工程；15 处牌楼建设工程。

1）园林绿化工程

在 58 个休闲农业园周围或道路两旁进行绿化或修整，包括种花、植草、安置侧板等。绿化总面积为 9 万 m^2。

2）篱笆墙修建及改造工程

在各休闲农业园周围建设篱笆围墙。篱笆围墙作用主要用于美化环境，篱笆围墙主要采用竹竿，高约 1.2m，总长约 20 万 m。

3）道路硬化工程

各休闲农业园离周边主干道路均有一定的距离，主要为土路；且果园内道路均为各果园农户自家修筑土路，需要统一进行道路硬化，道路宽均为 4m。累计硬化道路 54300m，其中硬化通往果园主路 22950m，果园内道路 31350m。

4）休息亭建设工程

为方便游客休息，在各果园入口处或果园中相对空旷处建设休息亭。休息亭建设材料主要依靠现有桃木、竹木等木质材料，配以水泥石墩修建而成。这样既能和休闲农业园整体环境融为一体，又能方便游客。项目共建休息亭 58 个。

5）环卫设施建设工程

在每个休闲农业园建设厕所一座，全部为砖混结构。厕所室内瓷砖贴墙，室外涂成黄色。

6）观花、观景台建设工程

每个休闲农业园设置观花、观景台一个。观景台由水泥步道组成，同时设置若干座椅，供游客观花、赏景。

7）洗果池建设工程

各休闲农业园设置洗果池一个，供游客清洗水果。洗果池约 $2m^3$。

8）牌楼建设工程

在丫吉山桃园、小峪子经济沟果园、镇罗营板栗园、许家务桃园、东高村葡萄园、西鹿角桃园、大北关果园、北寨红杏园、南山杏园、黑豆峪果园、水峪大枣园、贤王庄枣园、夏各庄果园、龙家务葡萄园、前芮营桃园等 15 个休闲农业园入口处设置牌楼，主要用于果园宣传和路标指引。牌楼高约 5 ~ 6m，由纯木修建，上涂彩绘。

11 休闲农业园区总体规划

11.1 宁夏回族自治区银川市大地花卉园区总体规划（节选）

11.1.1 园区现状分析

银川市大地花卉园区位于银川市金凤区与兴庆区的满城大街与亲水大街之间，北起长城中路，南至南环路，规划总面积 800hm^2。规划区日照强烈，干旱少雨，年平均气温 5~9℃，>10℃积温 1900~3500℃，无霜期 139~177d，年降水量 179~652mm，每年 7~9 月间，降水量大，气候宜人。

规划区域内景观类型主要有农田、林地、水域、村镇居民点、道路绿带、简易设施大棚等。目前该区黄土露天、植被单一、垃圾堆放散乱，整体环境质量差，村容村貌急需整治。大地花卉园区自北向南道路依次是规划一号路、六盘山路、南环路。现状居民点有盈南三队一部分、魏家桥六队、魏家桥四队和五队以及艾依河下游主体水系和大盐湖等。其中魏家桥四队和五队居民点面积较大，搬迁量过大，可结合农耕博物馆对其进行村庄环境整治，通过开展民俗旅游，完成产业转型。北临长城中路的盈南康居居住区是周边拆迁农民的住所。居住区的规划建设可结合社

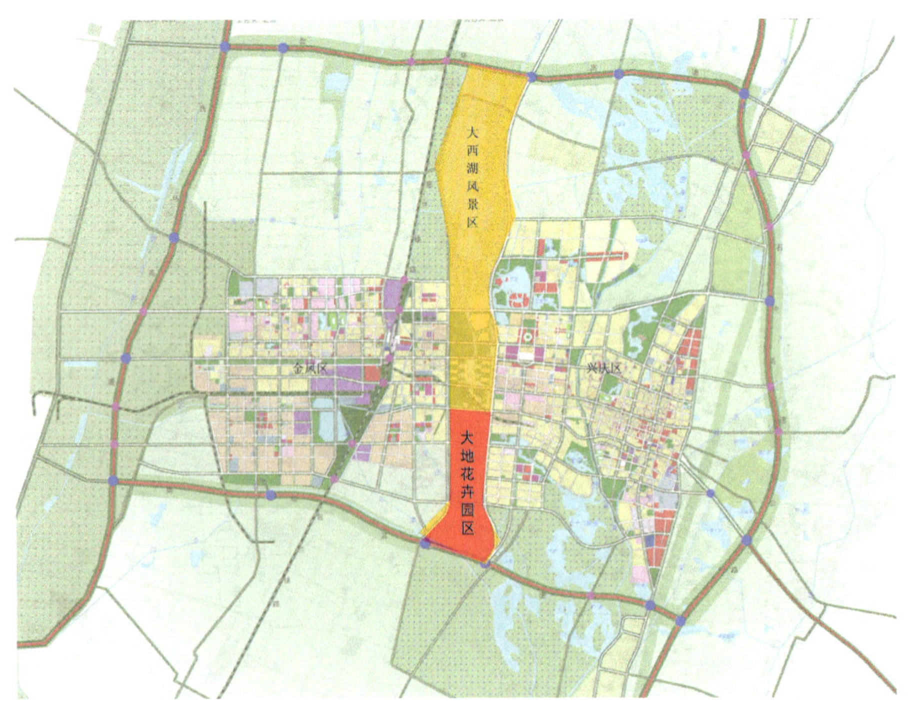

大地花卉园区在银川市的位置

大地花卉园区现状图

会主义新农村建设，通过对原有周围村落进行的进一步搬迁整合，置换出一定的居住用地来建设新区，安置拆迁居民，改善当地农民的居住环境。

11.1.2 规划理念

城市化的进程加快了城市郊区的快速增长建设，传统的农业产业结构调整和城乡结合地区村庄拆迁与改造面临巨大挑战，如何进行城郊农业景观用地的集约化规划使用成为城市社会发展的重要手段和现实消费需求。大地花卉园区概念的提出解决了以大农业景观为载体，发展城市第一产业和第三产业、产业结构优化调整之可持续性发展。

11.1.3 规划目标

通过对大地花卉园区内景观环境的提升和重要城市景观空间的规划建设，为当地城市居民和外地游客提供休闲观光、西北风情体验的城市活动空间和场所。

建立城市中心地带的绿色生态廊道，形成银川市生态景观系统的绿色嵌块。

建立现代生态林果业、花卉业等绿色产业发展体系，实现区域内产业结构的调整与优化。

建立集约化高效发展的城市绿色产业发展模式。

有机融入旅游、教育、生活等功能组团，形成富有地域特色、有机延续的城市绿色空间序列。

11.1.4 规划结构

大地花卉园区规划结构为"两带七区"，两带是指大地花卉生产带和艾依河民俗风情带，七区是指大地花卉生产带内的设施花卉栽培区、露地花卉栽培区、农业体验区和艾依河民俗风情带内的凤凰楼景区、农耕博物馆景区、民俗风情园区、植物专类园区。

11.1.5 功能分区

（1）设施花卉栽培区

设施花卉栽培区规划面积约为300hm^2。主要是温室大棚栽培，根据不同花卉栽培种类划分为不同的花卉栽培大棚。设施花卉栽培区培育适合西北地区生长、推广的花卉品种的同时，引进国内外新特优品种，实现花卉产业的批量化生产，满足西北地区对花卉的需求。设施花卉栽培区道路设施规划在满足园区生产的基础上，规划专门的观光游憩道路，实现园区生产功能与游览功能相结合。

大地花卉园区规划设计平面图

大地花卉园区凤凰楼景区规划设计

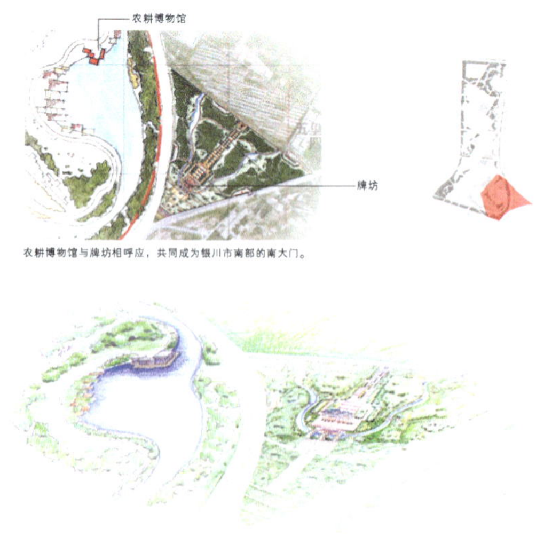

大地花卉园区农业博物馆效果图

（2）露地花卉栽培区

露地花卉栽培区规划面积约为180hm²。丰富花卉栽培方式，对一些耐干旱和耐寒的花卉品种进行露地栽培，完善对耐旱和耐寒品种的选育，为银川乃至西北地区的城市园林绿化提供优良的花卉苗木。露地花卉栽培区分为一二年生花卉栽培区、多年生花卉栽培区、葡萄园。葡萄园规划面积约为50hm²。在设施花卉栽培区与露地花卉栽培区之间规划葡萄园，丰富大地花卉园区内的产业结构。在葡萄园内规划一定的游憩道路，设置一定的休闲小广场和游憩设施，满足游客观光采摘、参与体验的需求。

（3）农业体验区

农业体验区规划面积约170hm²，通过设施花卉、设施林果业的栽培，体现绿色生态农业景观特色。同时以各种特色农业景观为载体开展各种农业体验项目，如绿色蔬菜水果采摘，家庭认养租赁，农田生产体验等，使人们通过亲身参与充分感受到农业体验所带来的乐趣。农业体验区规划除设施农业区外还有采摘园、市民菜园、农田生产体验园三处园区。

（4）凤凰楼景区

凤凰楼景区东临亲水大街，艾依河流经本区，规划面积约为65hm²。此区规划建设以凤凰楼为主体景观，周边规划烘托凤凰楼为主的主体建筑的植物专类园——玫瑰园。凤凰楼景区主要景区景点有凤凰楼、凤凰楼广场、仿古步行街、玫瑰园。凤凰楼为四檐古建筑，是银川市地标性景观建筑。凤凰楼广场为开敞性临水公共空间，提供游客拍照留念和亲水活动的场所。

仿古步行街位于凤凰楼广场对面，亲水大街西侧规划建设仿古步行街，与凤凰楼为主的主体建筑景观形成呼应。玫瑰园以蔷薇科植物玫瑰、月季为主栽品种的专类园，用于烘托凤凰楼为主的主体建筑。

（5）农耕博物馆景区

农耕博物馆景区东临亲水大街，与宁安三角绿地遥望，规划面积约为80hm²。此区将以农耕博物馆为中心，开展一系列的以反映西北传统农耕文化为主题的展示和游览活动。农耕博物馆作为室内展示中心，将运用声光电等各种高科技手段向人们展示银川的农耕文化。农耕文化园作为室外展示部分，将以景观小品的形式展示农耕生产用具，再现农耕文化景观，增强园区游览体验的生动性和趣味性。

（6）民俗风情园区

民俗风情园区北临长城中路，东临亲水大街，规划面积约为 85hm^2。本区是民俗风情园区的核心，将以民俗村为中心，规划建设各种以西北民俗文化为主题的游览活动区。通过各种民俗和农业旅游项目的设置，人们可以在此领略西北的民俗风情，建筑风格，特色美食等。规划建成的民俗风情园是一个集民俗体验和休闲度假于一体的综合性园区。民俗风情园区规划建设内容主要有民俗村、度假农庄、垂钓园、烧烤区、乡村工艺作坊、村民文化广场（大戏台）等游览体验区和景观节点。

（7）植物专类园区

植物专类园区东临亲水大街，北临规划一号路，规划面积约为 40hm^2。在贯穿本区南北的艾依河分别规划成为水生植物园和沙生植物园，与北侧玫瑰园形成一条景观序列。植物专类园区充分利用适合银川市生长的水生植物和沙生植物进行植物造景，形成与艾依河环境相协调的植物专类园景观。

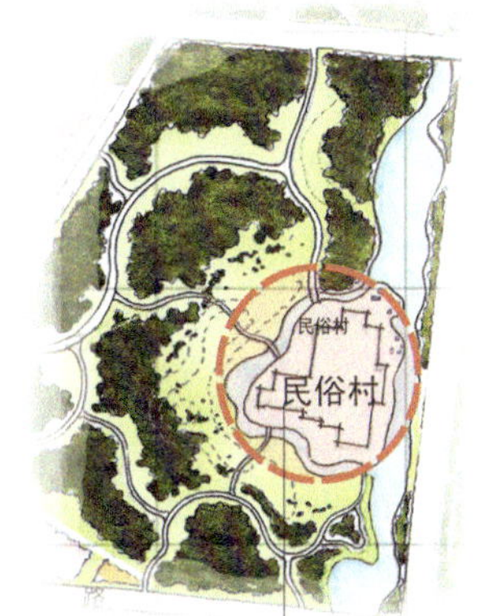

民俗风情园区平面图

宁夏回族自治区银川市大地花卉园功能分区表 **表 11-1**

规划带名称	分区名称	主要规划建设项目	用地面积（hm^2）	备注
艾依河民俗风情带	民俗风情园	民俗村、度假农庄、垂钓园、烧烤区、乡村工艺作坊、村民文化广场（大戏台）	85	集民俗体验和休闲度假于一体的综合性园区
	凤凰楼景区	凤凰楼、凤凰楼广场、仿古步行街、玫瑰园	65	凤凰楼为银川市地标性景观建筑
	植物专类园区	水生植物园、沙生植物园	40	
	农耕博物馆景区	农耕博物馆、农耕文化园、魏家桥民俗村	80	农耕博物馆建筑风格简洁大方，为一层建筑，室内划分不同的展室
大地花卉生产带	设施花卉栽植区	大棚	310	重点发展培育花卉生产加工和园区观光产业
	露生花卉栽植区	一、二年生花卉栽植区、多年生花卉栽植区、葡萄园	160	
	农业体验区	采摘园、市民菜园、农田生产体验园	60	
合计			800	未包含规划区内城市主干道面积

11.2 河南省开封都市现代农业综合示范基地概念性规划

11.2.1 项目概况

开封都市现代农业综合示范基地位于开封新区东北部，水稻乡花生庄境内，东至金明大道，南接开封菊花产业化先导示范园区，西至西干渠、北至军区土地边界。规划面积 5500 亩。目前项目区土地现状，主要是农地和养殖水面，农地大部分进行常规作物种植，主要有小麦、花生、西瓜和少量果树。

11.2.2 规划原则

（1）多产业融合的基地发展原则；

（2）“以三立二、以二带一”的产业优先序原则；

（3）“五年领先，十年引领”的技术选项原则；

（4）生态可持续的项目建设原则；

（5）耕地保护与土地高效利用并重的土地利用原则；

（6）技术领先与项目落地并重原则。

11.2.3 总体目标

本项目总体目标是以国内外特色领先现代农业与生物技术整合、成果转化与产业示范为核心，以都市休闲农业产业集群化融合发展为路径，打造集科技示范、科普教育、养生度假、文化体验、休闲购物居住等功能于一体的都市休闲农业综合示范基地，并计划通过 5~10 年的努力，将该基地打造成中原乃至全国一流的现代都市农业与健康生物的“技术洼地、产业高地、示范园地”，成为“开封新名片，汴京第九景”和“郑汴休闲旅游目的地”。

项目区在河南省位置

项目区在开封位置

区位分析图

11.2.4 规划理念

（1）项目主色调：蓝色

蓝色代表科技、智慧和潜力，是产业蓝海的象征。沉稳的特性，具有理智、超越的意象，在设计中，可以很好地体现园区科技、引领的主题。

企业要获得跨越式增长，就必须超越产业“红海”，打造全新的“蓝海”发展模式。蓝色意味着创新与创意，代表着未来与发展，代表着创新与创造，代表着高利润增长的机会。

因此，“蓝海战略”将是企业发展和核心竞争力构建的重要发展战略。在项目设计上，着力构建充分的差异化，把各分区的名字以冠以“蓝”元素，即“蓝色港湾”、“蓝调农庄”、“蓝海产业孵化区”等。

（2）项目节点布局主线：路

项目区内各分项节点，沿道路依次展开，逐步深入，总体呈“V”字形布局。这一方面可节约建设成本，同时也便于游客观摩与项目展示。

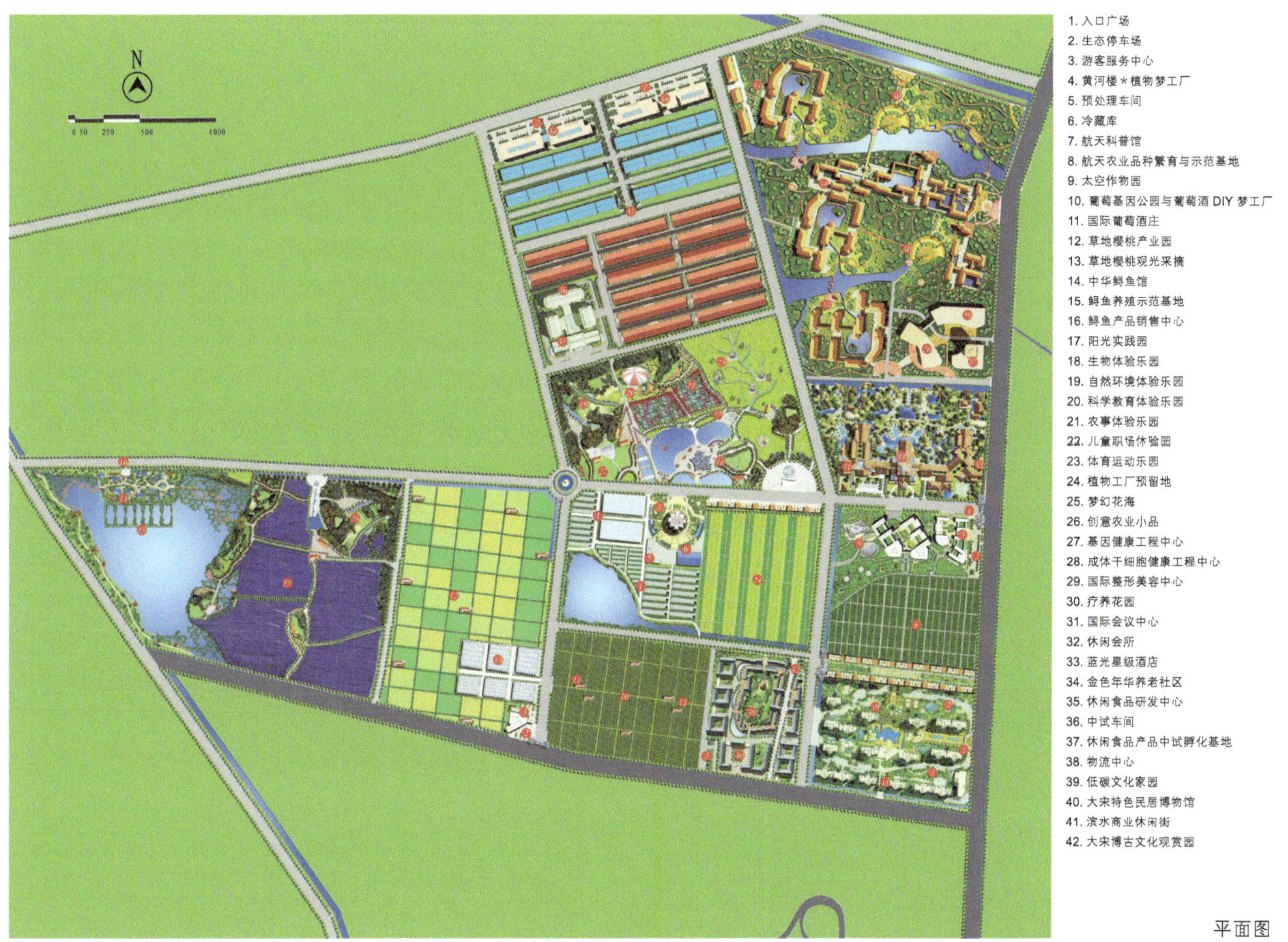

平面图

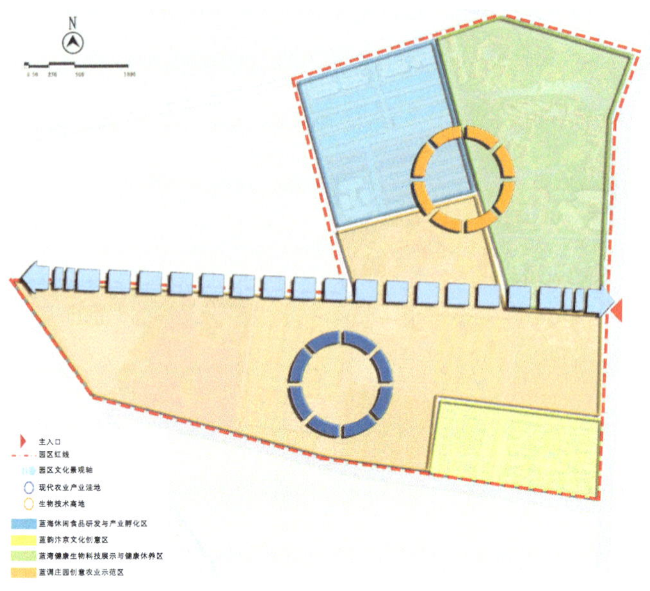

功能分区

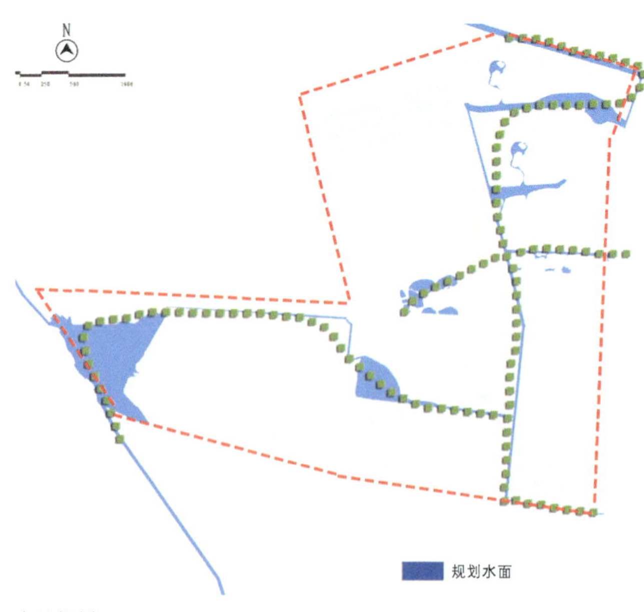

水景规划

（3）项目生态体系建设主线：水

项目区生态保育与生态体系构建，以“水”为主线展开。依托项目区内现有的丰富水体资源，打造形成独具特色的以水为主线的“亲水”、“濒水”、“沿水”景观带，构建以水为主线的景观体系和生态保育体系，形成具有开封特色、与黄河元素遥相呼应的独特生态景观。

（4）吉祥数：九

根据项目发展定位之一，“打造开封新名片，创造汴京第九景”，所以选择“九”为园区吉祥数字。

九者为大，九九循环不息；九九归一，寓意技术集成地、产业聚集区。

在园区标志性建筑物以及特色园区设计上，均以九为先，寓“九成”之意。如九个核心项目、九层黄河楼、九个品种的梦幻花海等。

11.2.5　规划定位

（1）中原首家现代都市农业产业集聚与示范区；

（2）中原首家生物产业硅谷（现代生物技术集聚区）；

（3）河南首家休闲食品创新中心与产业孵化基地（休闲食品技术研发、成果孵化与产品中试）；

（4）河南首家6大主题园和3大特色产业园集聚区；

（5）河南首家高端生态园林休养度假地和健康产业基地；

（6）开封新名片，汴京第九景。

11.2.6　总体布局与功能分区

（1）总体布局

项目的总体布局依据两条主线。一条主线是根据项目区现有地形、地貌和道路基础，按照“V”字形建设一条从园区入口至园区内主干道，以此作为整个园区空间布局和分区设置的发展轴和交通轴；另一条主线是在园区现有水塘基础上建立的一条环项目区的生态水系——滨水景观带，项目的设置依水系而建。

按照项目布局思路，开封都市现代农业综合示范基地项目总体布局概括为“一轴、两翼、四区”：

一轴：以入口景观大道为依托，建设集中原农业文化、现代农业科技文化与开封宋代历史文化为一体的文化景观轴。

两翼：以生物技术洼地、产业高地为主体，形成园区发展的南北两翼，成“V”字形的发展格局和态势。

四区：蓝调创意农业示范区、蓝湾健康生物科技展示与健康休养区、蓝海休闲食品研发与产业孵化区和蓝韵汴京文化创意区。

（2）功能分区

蓝调创意农业示范区：依托项目区平坦地势及适宜优质果蔬、花卉等生长的有利自然条件，融入科技创意、文化创意、服务创意、生态创意等理念，将现代农业科技展示与农业生产相结合，合理规划，通过航天农业科技示范园、植物梦工厂、葡萄基因园、草地樱桃产业园、中华鲟鱼园等特色项目及景观建设，实现现代农业产业的延伸，打造以生态休闲、田园风光、农业科研和创意农业为支撑，具有现代农业科技含量的高端都市现代创意农业产业示范基地。

蓝湾健康生物科技展示与健康休养区：建设由政府主导，企业运行的公益、半公益性质人类健康服务民生项目。打造中原地区健康生物科技展示与应用，健康休养示范基地。

蓝海休闲食品研发与产业孵化区：充分利用开封休闲食品的资源优势，建立休闲食品创新技术与创意产品研发中心和中试产业孵化基地，针对不同年龄和层次、需求的消费群，开展相关技术和产品研发、中试生产车间建设和产业孵化等工作；打造中原第一家休闲食品创新技术和创新产品的研发和产业孵化基地。

蓝韵汴京文化创意区：汴京文化创意区，将依托开封地区深厚的文化底蕴，建设包括大宋文化走廊、宋代民居博物馆，汴京小吃走廊，大宋博古走廊等内容，为综合示范基地提供游客接待、住宿、餐饮、购物等综合服务，为建设与开封旅游名城相得益彰的“都市现代农业综合示范基地”提供特色文化元素点缀。

交通体系规划

游览线路设计

11.3 浙江省平阳县蒙垟山生态休闲农业园总体规划

11.3.1 项目概况

（1）规划范围

项目位于浙江省温州市平阳县昆阳镇的蒙垟村，规划总面积335.2hm^2（合计5028亩）。园区中心蒙垟村的位置地理坐标为东经120° 32′ 40″，北纬27° 38′ 42″，海拔181m。园区境内最高峰刀鹰岩（黄底山）海拔285.4m。园区交通便捷，离县城仅3km，甬台温高速穿境而过。

（2）地块现状

项目所在地大体为低山丘陵，以山林用地为主，局部为农民居住用地和农用地。目前山上有下山搬迁村民遗留的老房子600余间，这些房子基本上无人居住。地块周边没有工矿企业，园区内有刀鹰岩（黄底山）、寨头山、蒙垟水库、洞桥头水库等自然景观，生态环境良好，目前有水稻种植区，韭菜、玉米、萝卜、土豆等无公害农产品生产基地，草莓大棚基地等项目。现有的休闲产业主要有农家乐餐饮、垂钓和游泳池等项目。园区境内为温州荷道农业开发有限公司、平阳县瓯南农业有限公司负责的省级休闲观光农业示范园，经营成效良好，已获得多项有关休闲农业及农家乐荣誉。其中瓯南农业有限公司负责人潘德明为平阳县休闲农业协会会长。

（3）项目建设的地方价值

项目建设正符合当前平阳森林城市、生态文明、美丽乡村建设以及扶持农业产业化经营等思想。可以凭借

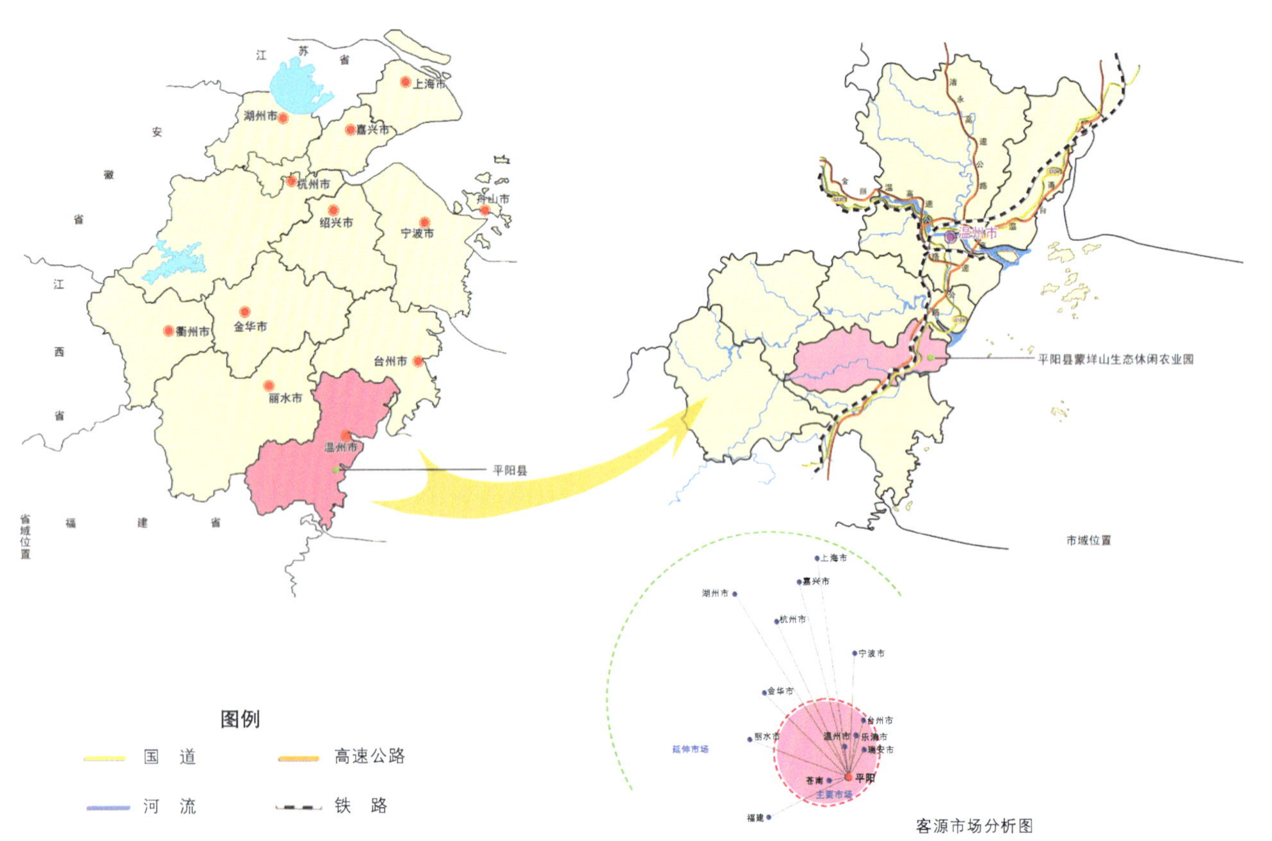

客源市场分析图

区位图

规划总平面图

政府大力发展休闲农业与乡村旅游、打造森林平阳、扶持农业产业化经营的契机，发挥项目地理位置的优势，通过植树绿化、造林养水和有机种植，在改造生态环境的同时，精心发展生态农业、休闲养生旅游等项目，使园区成为平阳森林城市、生态文明建设、农业产业化经营的重要功能组成区和典型基地之一。

项目建设正可以满足平阳及周边市民逐步高涨的休闲需求，成为平阳市民的休闲旅游乐园、大自然户外教室、养生度假胜地。

11.3.2 总体定位

以良好的森林生态环境为基础，以特有的人文和自然旅游资源、农业生产资源为依托，以低碳循环的农业生产、返璞归真的休闲养生为主导原则，以平阳创建“山水平阳，诗意乡村”及“浙南水乡，美丽平阳”形象为契机，充分发挥城郊区位和半自然环境优势，把本园区建设成为集农业生产与科普教育、农耕文化与山村生活体验、陶冶情操与养生禅修（身、心、灵提升）多功能于一体的复合型生态休闲农业基地。

11.3.3 规划目标

经过10年左右的生态环境培育和精品项目建设，把蒙垟山生态休闲农业园建设成为全国农业旅游示范点、全国休闲农业与乡村旅游高星级园区，温州地区生态休闲农业新亮点，鳌江流域生态农业、休闲养生最佳基地，平阳森林城市建设的重要功能组成、平阳药用植物种植与休闲养生典型基地，成为鳌江流域乃至温州地区最具代表性的兼具农业生产与休疗养功能的生态休闲农业园区。

11.3.4 空间布局与项目设置

1. 空间布局

综合考虑蒙垟山的自然条件、农业产业现状及旅游资源特征，以“生态、农业、休闲”为关键元素，通过植树绿化、固土涵水工程，遵循中国自然美学原则，旨在营造原生态精品农业生产、休闲养生大环境。结合园区定位、现有土地利用状态，依据项目条件分析、规划指导思想、规划原则、规划依据和规划目标，确保“生态保育、农业生产、休闲养生”三大功能，确定园区“一湖、一山、一村·三区”的功能布局，包括农业种植区、休闲养生区以及生态保育区，其中休闲养生区由于位于园区中心（包括一湖一山一村），而且对传统农业生产起着引领带动的作用，故以核心命名。

2. 项目设置

（1）休闲养生核心区

1）一湖：琴湖旅游服务中心

①地域范围：以蒙垟水库为中心，包括周边的湿地、丘陵地带，面积100余亩。规划现状为农家乐竹楼经营场所，水库内有养鱼。

②功能定位：第一意象区、园区管理中心、游客集散中心、环湖游憩。

③项目设置：门景区、旅游服务中心（日常办公、咨询、预订和购物等）、琴湖的环湖景观（融入廊桥、喷泉、水车、观赏鱼、天鹅、水生植物等元素）、临湖民宿和“七碗茶”茶馆、生态停车场、景观厕所等。

④体验内容：赏湖赏鱼赏美景，品茗闲聊话人生。

⑤规划思路：旅游服务中心是为休闲农业园的生产销售、经营管理服务而设置的功能区，具有意象传播、办公接待、旅游咨询、休闲品茶、特产展销、车辆换乘、安全保卫等功能和作用。该区在现有农家乐休闲区基础上加以改造，建筑布局设计在满足相应功能的同时，营造出舒适宜人、底蕴丰富的滨湖休闲环境。建筑风格受

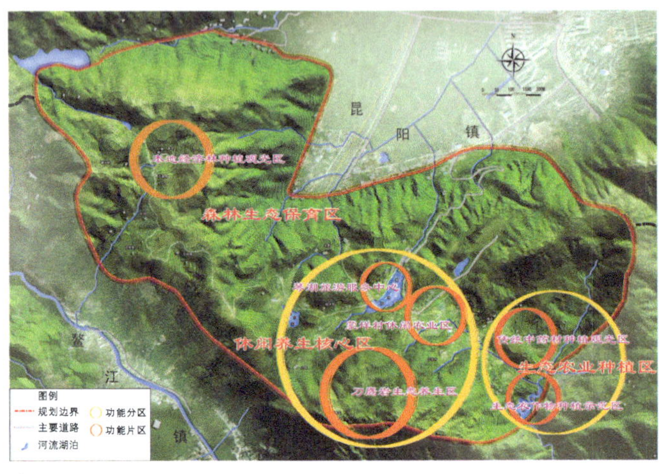

功能分区图

蒙垟山生态休闲农业园功能分区表 表11–2

序号	功能区	主要内容	功能定位	面积（亩）
1	休闲养生核心区	一湖：琴湖旅游服务中心 （做一名旅人）	综合接待服务 赏湖、观鱼、品茗	105
		一山：刀鹰岩生态养生区 （成一位隐士）	生态养生体验 森林浴、听书修学、养身静心、冥想修行	450
		一村：蒙垟村休闲农业区 （当一天农夫）	农业生产展示体验 吃农家饭、住农家屋、干农家活享农家乐	580
2	生态农业种植区	生态农作物种植示范区	生产展示、农事体验	865
		传统中药材种植观光区	生产展示、认知教育	500
		本地经济林种植观光区	生产展示、观光采摘	500
3	森林生态保育区	上述各功能区外园区范围内的其他区域	生态保育、固土涵水、调节气候	2028
合计				5028

地理环境和民俗文化影响，整体设计突出浙南民居特色，以木头、石材为主要建筑材料，局部设计则结合现代建筑风格特点，巧妙地将现代元素融合到建筑中去。

2）一山：刀鹰岩生态养生区

①地域范围：以刀鹰岩为中心，从山脚至山顶，包括猪头岩山体，总面积约450亩。山顶现为部分西瓜地，其余为林地。

②功能定位：养生静心、听书讲学、参禅修道。

③项目设置：蒙垟书院、生态养生会所、森林保健登山游步道、森林浴场、芳香植物园、天文观测与观景平台、农业气象自动监测站等。

④体验内容：幽静柔美黄底山，生态养身保健康。

⑤规划思路：此区域项目以“静”为主。充分利用刀鹰岩现有较为优越的森林植被条件，紧紧围绕“天人合一、顺应自然、四季顺养、形神合一”的中国式养生主旋律，营造宁静柔美、舒适恬淡、适合养生的生态环境，规划建设一系列以“养生”主题的休闲项目。在营造环境时，尽量保持原有自然风韵的基础上，进行景观的设计和药用植物的配置。同时根据园林植物造景的相关理论，将具有药用功能的乔、灌、草进行合理搭配，兼顾植物的视觉、嗅觉、听觉、触觉和食用功能，使其能够达到最优的景观效果。

建筑布局结合现有地形条件，因地就势规划种植、养生和科普等项目。在满足功能需求的同时，设计出适合“隐士”养身静心的一片世外桃源。

3）一村：蒙垟村休闲农业区

①地域范围：以蒙垟村为中心，向四周平地延伸，面积约580亩。现状有大棚基地、游泳池、民居、农田、宁国寺等。

②功能定位：农业生产、农事参与体验（品尝采摘等）、户外休闲运动等。

③项目设置：观赏采摘园、设施农业基地、农业综合研究所、户外休闲运动基地、生态花园餐厅、休闲会所、枫香民宿等。

④体验内容：摘一亩豆角，当一天农夫，其乐融融。

休闲养身核心区项目布局图

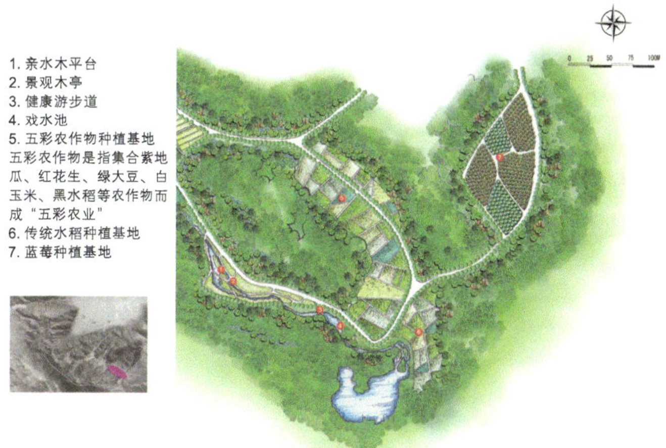

生态农业种植区项目布局图

效果图

⑤规划思路：此区域项目以“动”为主。位于园区中心，以休闲农业为主题，种植观赏价值高、采摘方便的农业品种，营造一处集农业生产、观赏、采摘、品尝、科教、研究于一体的休闲农业体验场所。主要建设项目包括观赏采摘园、设施农业基地和农业综合研究所。与此同时配套生态餐厅、休闲民宿和户外休闲运动基地，为游客提供食宿和会议服务。在满足功能需求的同时，营造出一派适合城市人来这里当一天“农夫”，既可种田、采摘，又可以食宿、休闲的田园风光。

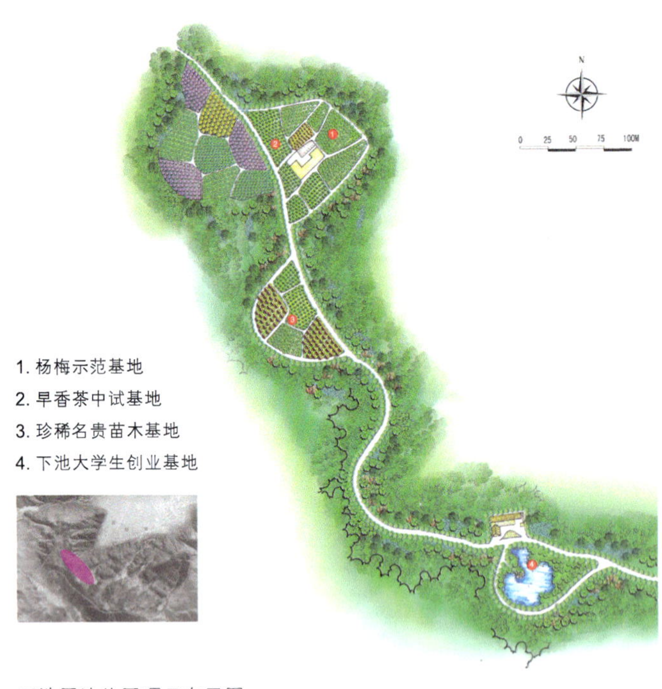

下池周边片区项目布局图

（2）生态农业种植区（包括3小区）

1）地域范围：分布于区域内适合农业种植的地块，包括蒙垟水库周边山顶、下屋、黄庄、洞桥头水库周边、下池地区以及寨头山，面积近2000亩。现状主要种植水稻、杨梅林、地瓜、土豆等。

2）功能定位：原生态精品农业生产、农事参与、生态认知与科普教育等。

3）项目设置：根据当地自然条件和品种选择，设置生态农作物种植示范区、传统中药材种植观光区、本地经济林种植观光区等。

4）体验内容：“手捏青苗种福田，低头便见水中天。六根清净方成稻，后退原来是向前。”（选自契此和尚的《插秧歌》），不仅体验传统劳作方式，当一天农夫，体验田园清静，还可以学佛修道，感悟人生。

5）规划思路：生态农业种植区主要是利用本地的优势条件，大力发展本地主导农产品并引进外地名、特、优、新农产品。通过对国内外先进农业技术的消化吸收和循环农业模式的大力推广，形成包括农作物、药材和经济林等不同特色的农业生产区域，使园区成为低消耗、低排放、高效率的原生态精品农业生产示范区。

（3）森林生态保育区

指除上述各功能区外园区范围内的其他区域，作为开展休闲旅游业的基础环境，主要功能是生态保育，面积2000余亩。可以在对现有植被进行严格保护的基础上，对部分接近休闲旅游区以及视觉焦点的位置进行林相改造和绿化，间植部分观叶、观花的景观树种，进而改善整个园区的视觉效果。

12 休闲农业园区景观规划设计

12.1 北京市绿野田园休闲农场景观规划设计

12.1.1 建设背景和现状分析

丰台区位于北京市西南，为北京4个近郊区之一。西部为山区；东部为平原，平原占全区面积的四分之三。周围相邻8个区县，东为朝阳区，北为原崇文区、原宣武区、海淀区和石景山区，西北为门头沟区，西南和东南为房山区和大兴区。

长辛店镇全镇总面积58.6km^2，人口2万余人，山坡丘陵地占56%，海拔高度130m，最高气温39.8℃，最低气温11.7℃，无霜期193天，平均降雨量400mm。土质为壤土，有机质含量1.1，pH值为7~7.5。地理环境和气候条件均适宜大枣生长。全镇已发展大枣1.2万亩，188万棵，是京郊最大的大枣产业园区。到2005年，枣发展将实现面积1.5万亩、200万株。目前，长辛店镇大枣种植户由原来的172户发展到242户，总面积达605hm^2，112万株，总收入168万元，并开始向采摘、观光、休闲旅游为一体的方向发展。

丰台区长辛店田园公园，处于城市观光旅游带与近郊休闲旅游带的交接地区，总面积74hm^2，距天安门仅19km，交通极为便利；周边主要有北宫森林公园、鹰山公园、豫佳园度假村、戒台寺、卢沟桥、抗日战争纪念馆、潭柘寺等景点，旅游资源也极为丰富。

12.1.2 景观规划设计指导思想

景观规划设计充分以原有绿化树种、农作物为植物材料进行园林景观的营造，园林小品风格自然淳朴，田园气息浓厚；各景观功能区突出以人为本，同时又要和生产相结合。根据不同地块、不同树种、品种的观赏价值进行安排，使人们在休闲体验中领略到农耕文化及乡土民风的神奇魅力。

12.1.3 景观规划设计宗旨

以绿色生态为主线，以开展乡村旅游、观光采摘为根本，以打造乡村旅游精品为目的，实现经济效益、社会效益、生态效益相统一。

12.1.4 旅游规划定位

旅游目的定位：目的地。

消费群体定位：城市有车族/青少年/居住于附近的居民/路经附近的旅游者等。

功能定位：休闲度假型田园公园。

形式定位：自然式。

品牌定位：辐射京西南的精品园区。

12.1.5 功能分区

整个园区共分为入口区、民俗农情体验区、山林休闲活动区、拓展训练活动区、采摘体验区、休闲垂钓区、乡村民宿体验区。

（1）入口区

主入口位于园区东侧，现状用地较为平坦，可规划三个景观空间：停车及缓冲空间、接待服务及展示空间、过度空间。

次入口位于园区西侧，可规划建设次入口，满足从不同的区域而来的游客更方便的入园观光采摘。

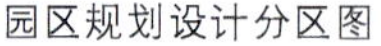
园区规划设计分区图

入口广场：成为举办节庆活动的重要场地

（2）民俗农情体验区

民俗农情体验区位于整个园区的中心位置，现状建筑陈旧过于杂乱，已严重影响了整个园区景观的统一协调。故在原有的基址上重新规划，建筑风格以四合院形式为主，利用田舍、大枣以及傍依的田园风光，吸引众多城市游客，使其成为整个园区的接待服务中心。“吃农家饭、品农家菜、住农家屋、娱农家乐、购农家品”，丰富市民们民俗体验需求。

（3）山林休闲活动区

以现代城市山林的理念，紧扣人、城市、文化和生态这一中心思想，运用不同林相景观处理及不同活动内容来设计，使其休闲活动的主题、立意、内容相互联系又有分隔，但不作简单机械的功能划分。在某些区域开展富有趣味性、参与性、保健性的森林娱乐项目。

（4）拓展训练活动区

拓展训练的课程主要由水上、野外和场地三类课程组成。由于地形条件的限制，拓展训练活动区可重点开发野外和场地两类课程。野外课程包括：远足露营、攀岩、野外定向、户外生存技能等；拓展场地课程是在专门的训练场地上，利用各种训练设施，如高架绳网等，开展各种团队组合课程及攀岩、跳越等心理训练活动。

（5）采摘体验区

在突出大枣采摘的基础上，合理地规划樱桃、杏、梨等果品的种植，延长采摘时间，丰富采摘品种。采摘体验区充分满足生产和观光采摘的功能需求，结合原有山地地形，合理规划设计园区内生产道路和游憩小路，完善采摘体验区内的道路系统，让游人更能方便地观光采摘。

（6）休闲垂钓区

园因水而活，该区充分利用基址中地形的湿地（水塘、溪流、沼泽）改造为生态湿地恢复区。在不进行大量土方改造的前提下，着重恢复水体岸边的植被，改善水质。

（7）乡村民宿区

依托园区优美的自然景观和丰富的乡土文化，改造利用空闲住宅，以家庭副业方式经营，提供旅客体验乡野生活的住宿。在这里，可出租整个院落给家庭或小团体，从而提供功能完整的家庭式度假民宿。

民俗农情体验区：建筑风格以四合院为主

山地植物景观配置意向

山林休闲活动区景观

拓展训练活动设施及项目

12.2 北京市海淀区四季青观光采摘园景观设计

1. 概况

海淀区四季青观光采摘园位于北京市西郊，西倚香山，北望玉泉山，东邻四环路，西邻五环路，风景优美，环境清新，是距离城区最近的观光休闲农园。它由1979年成立的四季青乡政府所属果林所兴办，现在发展成为一个集科技服务、科技示范、良种推广、科普教育等为一体的综合性科普示范基地（获全国农协会颁发的全国科普示范基地称号），2001年被北京市科学技术委员会挂牌为“北京市农业科技示范园区”。

2. 总体布局与规划

在已有景观的基础上，增加林木的观赏性、色彩的丰富性和层次感，在充分体现农业园区特色的同时，点缀观赏树种和花灌木，形成本园的特有风格，营造三季有花、四季常青的美丽景色。全园分为休闲娱乐区、园艺示范区、认养区、采摘区、园林区五个功能区，并重点对办公接待区、果艺馆、采摘区、服务设施、游憩路线进行改造设计。

（1）办公接待区

办公区接待区园林绿化设计要符合办公区的整体氛围，整齐划一，中央有大型水池，池中有喷泉，蒲公英型的高大喷泉洒出欢快的水花，配以灯光，增添夜景功能。池边相配合辟出一块台地，作为舞台，专为民艺和自乐表演之用。添加一处花架，一方自然水池，几件园林造型小品，数丛置石，还有四季各色花卉，作到三季有花，四季常青。

（2）果艺馆

果艺馆集宣传、教育与游人休憩、游艺于一体。规划中，采用现代材料的连廊将1号与2号建筑，2号与3号建筑串接起来，使建筑形成一个有机的整体，避免了零碎分散之感，并且遮风挡雨以方便游人。

在此可开展“果艺文化展”，通过对农业文化、饮食文化、果品知识、食用工艺、实际操作的具体展示，让游客在身心放松的同时更得到精神上的升华与享受。同时，可进行各种果品的展销，不仅可以让游人在参观过程中了解到果树园艺发展的历史，更可以在品评鲜美果品的同时，得到独特的艺术享受。

（3）春夏秋冬四季小园

海淀区四季青观光采摘园有先后引育的国内外樱桃品种百余个，是北京市樱桃品种最多的采摘园，并兼种有杏、油桃、海棠、枣等其他果品，园区种植樱桃面积百余亩，现已推出：四季青早红、红灯优系、巨红、佳红、美红、先锋、萨米托等名优品种30余个。2004年本观光园的“红艳”、“红蜜”、“红灯”等樱桃品种，在

节庆活动成为园区进行旅游产品开发的一大特色

“北京市名果大家评”活动中，被北京市农村工作委员会、市林业局、市果树产业协会、市果林学会、百万市民观光果园采摘活动组委会评为“金奖”、“一等奖”、“二等奖”、“三等奖”等四个奖项。

采摘区主要分为四部分，四部分分别设计一处小园，各自与春夏秋冬四季景色相呼应。春园以春花为主造型；夏园以水为主，池中有睡莲、荷花等名贵水生花卉；秋园以欧式喷泉为主景；冬园以松柏为主景。此外，园区种植规划重点强化了早、中、晚品种的配套，延长园区樱桃的成熟期、丰富采摘品种。目前，建成园区早春鲜花满园，春季有晶莹的樱桃、金黄的杏，夏季有鲜美的甜桃，秋季有大枣和海棠，到晚秋初冬还可以采摘到冬红果。

（4）服务设施

服务设施的建设本着保护景观、方便游客、因地制宜、合理布局的原则，尽力做到既有特色、质朴实用又有美学价值、适宜观赏，达到与幽静环境融为一体、相得益彰的作用。在现有基本建设的基础上，规划增建以下设施：如厕所、小卖、休息亭、加工作坊等。

（5）游憩路线

在原有生产道路交叉口、重点地段设置一些特色的路标、指示牌、介绍牌，甚至可以做一些卡通形象造型，介绍果品的栽培、繁殖、养护、采摘、保存等一系列的过程。开展道路系统的亮化美化工程，拓展夜间游园，早春月下赏花，花团锦簇；仲春灯下满树硕果，晶莹剔透。

1）绿荫大道

绿荫大道是园区的东西向主要观光道路，两侧高大乔木银杏已形成景观，但灌木层单一，规划设计种植常绿树种和时令花卉，大大丰富了绿荫大道景观层次。

2）采摘游憩道路

建设多条采摘游憩道路，购买观光车，建立系统全面的游憩道路系统。道路两侧也应进行必要的改造，采取植物造景的手法，以花灌木如迎春、黄杨、小檗、月季、马蔺等植物，点缀山石，形成简洁、大方、美观的园林景观。

海淀区四季青观光采摘园每年举办大型樱桃节，平均每年可接待观光采摘客人近万人。同时还借助樱桃节，以安全生产、发展生态农业、建设标准化农业生产基地为主题进行广泛宣传，使来园中观光采摘的客人以回归大自然、返璞归真、追求乡情野趣为时尚，在享受丰收的果实，增长学识的同时了解到很多农业生产及生态保护的相关知识，产生不可低估的社会效益。目前该园先后被北京市科委授予“北京市优秀标准化果品示范先进单位”，获得北京市食用农产品安全认证，被首都绿化委员会评为“首都绿化美化花园式单位”，被市农村工作委员会评为北京市首批30个观光农业示范园之一。

园区已成为国外游客及企业团体休闲度假的首选之地

园区被市农村工作委员会评为北京市首批 30 个观光农业示范园之一

城市建筑包围中的园区

富有“春果第一枝”美誉的樱桃

园区中用于观赏的石辗、石磨

绿树掩映中的办公接待区景观

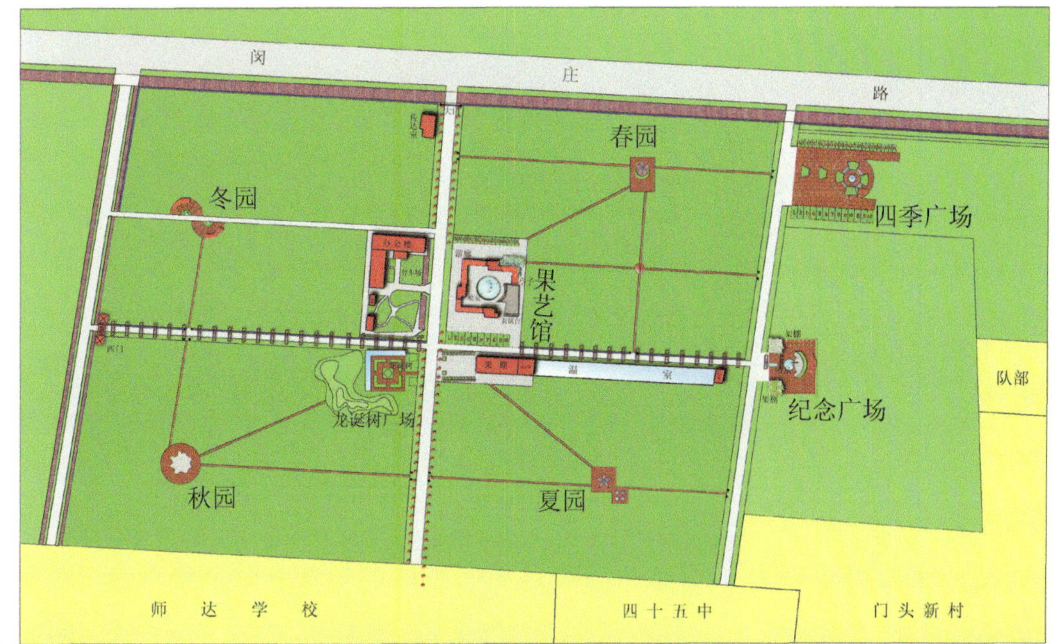

功能分区图

园区果艺馆
景观建筑——厕所

观光采摘——给了人们不同于城市公园所带来的休闲乐趣

具有交通、停车、休憩功能的绿荫大道

生产功能与观光采摘相结合的游憩道路

园区内简洁、质朴、美观的园林景观

12.3 山东省郯城县绿之苑休闲农庄景观设计

12.3.1 背景分析

郯城县是全国著名的“银杏之乡”，位于山东省最南部，南侧分别与江苏省东海县、新沂市、邳州市接壤，北部分别与临沂市经济区、临沭县、罗庄区相邻。郯城县土特产品主要以银杏、板栗、白柳、琅琊草和四大辣（辣椒、生姜、大葱、大蒜）而享誉海内外。

绿之苑休闲农庄总面积 66hm^2，一期规划建设面积 20hm^2。农庄紧依省级森林公园——神州古栗园，是新村乡老万亩银杏园和清泉寺两处省级森林公园旅游线路中间的休憩点。利用便捷的交通区位，建设以农林业生产为主体，生态、休闲度假等多功能的综合性农庄成为本规划设计需要解决的首要问题。

12.3.2 设计定位

充分考虑农林业生产与观光休闲功能的结合，将农庄设计成郯城县土特产品生产示范基地、鲁东南著名的休闲度假农庄。

12.3.3 功能分区

绿之苑休闲农庄一期规划建设共分为办公区、观光风景区、科研驯化区、精品展示区、休闲采摘区、种植体验区六个功能区。

（1）办公区

设计中考虑办公与服务管理相结合，为农庄的综合管理服务中心。

（2）观光风景区

充分利用农庄沿线 580 多米长的地段，打造观光风景带和若干旅游休憩点。

（3）科研驯化区

主要培育特色绿化苗木和经济林新品种，为全县绿化和农业生产提供新品种苗木，共分为特色绿化苗木引种区和特色经济林新品种种植区。

（4）精品展示区

主要种植鲁南地区精品乡土苗木和果品，以 2~3hm^2 不等为一个区域种植不同的品种，提升该区的生产展示展销、科普教育功能，使游客可在此观赏到多种新奇特优的优质精品树种。

（5）休闲采摘区

增加基础配套设施，以旅游观光、采摘为目的，深入挖掘文化内涵和按照休闲农业理念的经营，种植樱桃、桃、杏、苹果等适合采摘的果品，为游客提供精品休闲采摘的园区。

（6）种植体验区

划分若干种植小区，对外进行租赁、认养，让游客体验亲身种植、采摘、品尝的乐趣，享受健康快乐的田园风光。

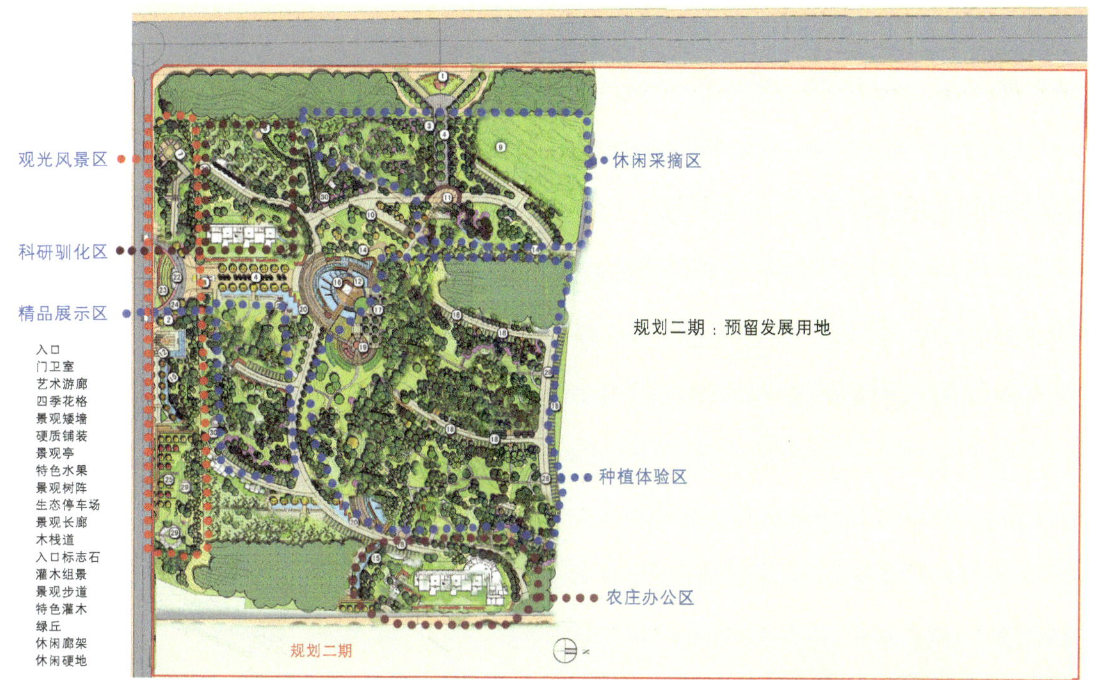

规划总平面图

立面图

景观意向

夜景效果

入口区景观效果图

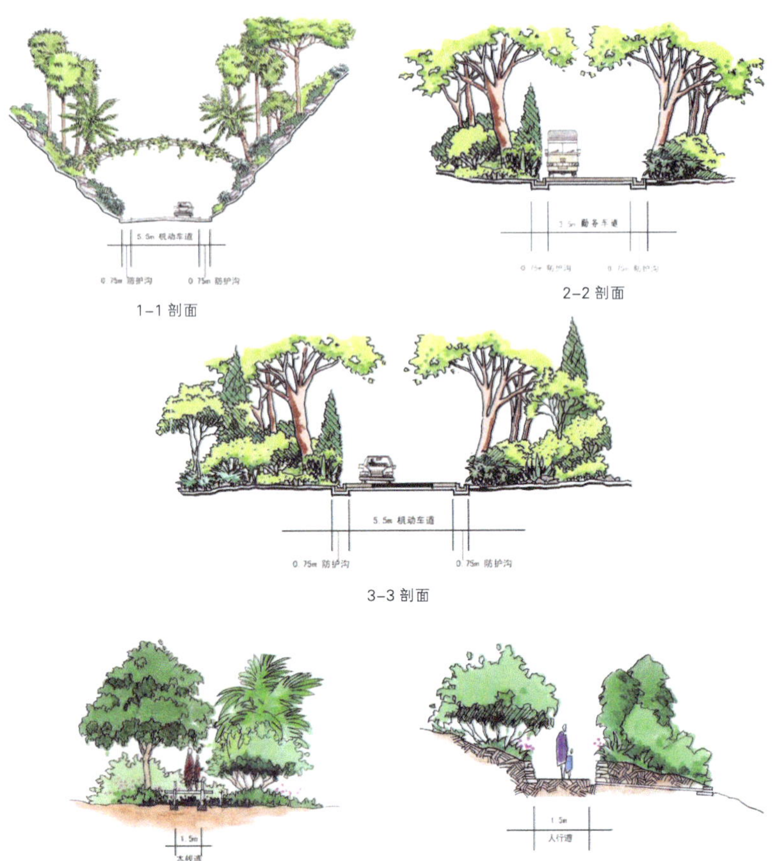

农庄道路断面意向图

农庄人家景观效果图

绿之苑休闲农庄一期项目规划效果图

精品展示区效果图

农庄餐厅效果图

农庄景观墙

科研驯化区效果图

农庄餐厅效果效果图

实例分析篇

目前，依托农业资源发展起来的休闲农业的范围相当广泛，从我国北京、湖南、台湾等省市及地区休闲农业园区发展来看，已呈现多元化发展的趋势。主要有乡村花园、观光农园、休闲农场、市民农园、教育农园、休闲牧场、观光采摘园、休闲农庄等类型。这些以农业旅游为主导的休闲农业园区在旅游、教育、环保、医疗、经济、社会等方面发挥了重要作用，已成为发展前景良好的新兴产业之一。

实例分析篇选取了全国发展较好、颇具代表性的休闲农业园区进行了具体的展示和分析。

13 实例分析

13.1 北京市小汤山现代农业科技示范园区

13.1.1 区域位置

北京小汤山现代农业科技示范园区地处燕山南麓平原地区，园区位于亚运村以北 17km 处，东邻首都国际机场 10km，西距八达岭高速公路 5km，六环路、京承高速路穿园而过。园区总体规划面积 111.6km^2，涉及小汤山、兴寿、崔村、百善 4 个镇 54 个行政村，8.1 万亩耕地，4.1 万人口。这里水资源丰富，交通便捷，土地肥沃，温榆河、葫芦河、蔺沟河等八条河流环绕其间，其中地热资源可开发利用面积达 100km^2。

13.1.2 规划建设定位

北京小汤山现代农业科技示范园依据“科技示范、辐射带动、旅游观光”的总体功能定位，确定了把小汤山现代农业科技示范园区建设成为首都农业率先基本实现现代化的展示窗口；现代新兴农业科技成果转化的孵化器；生态型安全食品的生产基地。

小汤山现代农业科技示范园区不仅满足着广大消费者对高档绿色食品的需求，还努力使园区日益成为满足人民精神需求的旅游休闲地。在农业观光已经成为市民旅游新时尚的今天，园区大力发展农业观光项目，完善旅游配套设施建设。在这如诗如画的美景中，游客不但

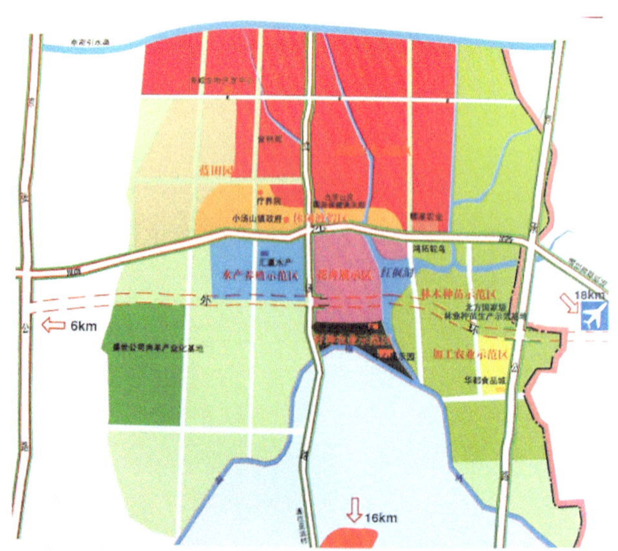

园区规划示意图

园区规划建设模型

可以了解到许多世界领先的农业科技知识，还可以尽情地品尝园区特有的蔬菜、水果、鸵鸟肉、温水鱼等一系列绿色安全食品，亲自体验到采摘的乐趣。

13.1.3 规划建设分区

园区依据现有企业分布和未来发展方向，划分为七区一园，即以工厂化育苗为主的林木种苗区；以生产、推广、科研为主的设施农业区；以鲜切花基地和园林苗圃为主的花卉区；以鲟鱼孵化和罗非鱼生产为主的水产养殖区；以饲料、食品加工为主的加工农业区；以地热温泉娱乐健身为主的休闲度假区；以“盛世富民”为龙头的肉用乳羔羊示范区；以植物克隆、蔬菜育种、兰花种苗组培为主的籽种农业示范园。

13.1.4 园区景观资源开发

小汤山现代农业科技示范园区以丰富的科技文化内涵，打破了旅游业淡、旺季之分，这里四季花常开、菜长绿、果长鲜，吸引游人纷至沓来。

盛夏时节路两侧3000m的长廊上绿藤缠绕，2m长的丝瓜、1m长的蛇豆、形态各异的葫芦抬眼可见。1000m的葡萄长廊下清新凉爽，香甜的美国红提，醉人的香妃等各色葡萄挂满枝头，引得人们驻足观望。占地10万m^2的现代化连栋智能温室，蝴蝶兰、仙客来、一品红、丽格海棠、长寿花及日本大花惠兰等几十种名贵花卉一年四季竞相绽放。“综合农业高新技术展示温室”内绿意盎然，“番茄树”、“立柱栽培”、“现代工厂化育苗生产线”、“蘑菇栽培新技术”、灵芝盆景、榕树盆景更是令游人大开眼界、赞叹不已。养殖园内丹顶鹤、猕猴、蓝孔雀、山野猪等珍禽异兽，让人们体验到人与自然的和谐。

在冬季，园区充分利用小汤山独特的地热资源，既保证了温室内的温度能够保持不变，又节省了能源，减少了对环境的污染，使每一位来园的游客在感受温暖的同时能呼吸到清新的空气，看到蔚蓝的天空。

与此同时，园区还努力打破地域的局限，园林广场从南方引进的植物长势良好，实现了“南树北栽、南花北开”。与河南洛阳天甲牡丹有限公司合作，从河南洛阳引进了包括姚黄、魏紫、欧家碧等多种名贵珍稀牡丹品种，在园区建成了“百种万株”牡丹园，使北京人不必远行，就可以看到洛阳的牡丹。

在充实观光项目的同时，园区加大了旅游配套设施的建设。可同时容纳200人就餐、住宿、开会及温泉洗浴的综合设施已建成。18000m^2的绿色生态餐厅，可让游客在大自然的怀抱中尽享美味。即将开业的热带植物温室长126m，宽63m，高20m，占地面积达8000m^2，从南方引进的热带高大乔木和濒临灭绝的树木，让身处其中的您好似进入了热带雨林之中。而已落成投入使用的摄影棚更是气势宏大，棚长196m，宽82m，最高处高达28m，占地15000m^2，为不少影视摄制组提供了一个好的拍摄场所。

目前、小汤山现代农业科技示范园区已被科技部、国家旅游局、北京市政府、国家外国专家局等部门命名为“国家级农业科技园区”、“全国农业旅游示范点”、“北京市科普教育基地”、“北京市爱国主义教育基地”、“引进国外智力成果推广示范基地”、“科学实验基地”等。

园区入口景观

3000m 的瓜果长廊：2m 长的丝瓜、1m 长的蛇豆、形态各异的葫芦抬眼可见

1000m 的葡萄长廊：香甜的美人指，醉人的香妃等各色葡萄挂满枝头

10 万 m^2 的现代化连栋智能温室，蝴蝶兰、仙客来、一品红、丽格海棠、长寿花及日本大花蕙兰等几十种名贵花卉一年四季竞相绽放

现代化连栋智能温室室外景观

园区综合农业高新技术展示温室内生机盎然

园区动物养殖园

园区办公服务楼

园林化的园区景观

园区广场景观

小汤山农业园依据独特的地热资源，建成以温泉文化、生态农业旅游为主题的休闲度假胜地

13.2 北京市蟹岛绿色生态度假村

13.2.1 基本概况

蟹岛绿色生态度假村位于朝阳区东北端的金盏乡，地处温榆河畔，距东直门 12 km，首都机场 10km，有多条公交线路直达，区位优势明显，交通十分便利。

北京蟹岛集团年产值达到 5000 万人民币，是全国农业产业化重点龙头企业，也是北京规模最大、最具特色、最具魅力的环保型农业旅游产业集团。

13.2.2 经营理念

蟹岛绿色生态度假村遵循“生态、环保、可持续”的经营理念，以生态农业为轴心，有效地将种植业、养殖业、水产业、微生物工程、再生能源、水资源利用、有机农业技术开发、农产品加工、销售、餐饮住宿、旅游会议等产业构建成为相互依存、相互转化、互为资源的循环闭系统，实现了作物、动物、微生物之间的生态平衡，构建了一个生态结构较完善的复合生态系统和综合性农业产业化基地。

13.2.3 总体布局与分区

蟹岛采用典型的“前店后园”的经营格局，规划合理，功能齐备，共划分为农业种植养殖区、可再生能源利用区、湖滨生态展示区、环保生态产业园区、休闲度假区等，形成了农林牧渔综合发展，环保、高效、和谐的经济生态园区。

13.2.4 重点建设项目

（1）三点钟农业园

三点钟农业园是蟹岛农业都市旅游农业大全中的核心构成部分，农业园主体建筑为集生态农业生产、农业展示、农业设施产业化经营于一体的现代化连栋温室大棚，占地 3.2 万 m^2。整个大棚采取“园中园”的布局形式，在瓜果菜粮等农作物的自然分割下，形成了 1800 个餐位的，集农家菜、粤菜、火锅、日餐四种风味的“浓农菜园”，20 余片乒乓球和羽毛球场的“农健园”，室内垂钓的“蟹宫”，聚集欧洲 300 余个顶级品牌的“欧洲商品城”共四大区域。

蟹岛三点钟农业园在展农业文化、忆农耕历史、现农村风貌的同时，更是开创了一种“三点游”（即区别于全天度假及单纯健身、餐饮的单项休闲，用时在三小时左右的休闲旅游模式）的全新旅游模式。无论是寻求精神放松的白领个体，还是其乐融融的老少一家，无论是公司团队，还是政府机关部门，只需要百忙之中抽出短短几个小时的闲暇，花上两个小时左右的时间，或购物，或垂钓，或打球，或采摘，或参观实践，然后再根据口味享受一顿丰美的大餐，也只需要三个小时左右即可。仅在三点钟农业园，游客朋友就可以根据自己的需求享受到动静结合，能够满足各个消费阶层、不同年龄群体的吃、喝、玩、娱、购、游全方位的休闲放松，从而可让游客大大缓解紧张的工作和生活压力。

（2）蟹宫

蟹宫是华北地区面积最大、品种最丰富的室内垂钓馆，辅以室外垂钓池，淡水鱼类品种齐全，可以供游客四季垂钓。钓螃蟹项目是蟹宫最大的经营特色，每年 9~11 月定期举办蟹岛螃蟹节，吸引着众多的游客前来体验。另外蟹岛室外水上娱乐项目众多，主要有划船、走特种桥、杆钓、水上步行球等活动。

（3）开饭楼

蟹岛的餐厅起名“开饭楼”，取自村长招呼村民的喊叫“开～饭～喽”的谐音。开饭楼餐厅建筑面积 4000m^2，可容纳约 1000 人同时就餐，主要经营农家菜、家常菜。大厅楼顶是透明的阳光大餐厅，操作间全部是

蟹岛园区导览图

三点钟农业园

浓农记菜园与农健园

室内垂钓池

室外摸鱼池

明档操作，客人可以透过大玻璃看到厨师操作的全过程。二楼是别具一格的包间，包间的名称是以蔬菜的名字而定名。开饭楼的饭菜非常丰富，品种不下100种，小吃也别具特色，尤其是具有农家风味的饭菜更是让人大开胃口。每天晚餐和节假日午餐时，蟹岛艺术团表演的杂技、歌舞都会为顾客助兴。

（4）会议楼

蟹岛会议楼是蟹岛标志性建筑之一，按四星级标准设计建造，共有客房500余间，房型以欧式单人间为主，配以水床，独立卫生间，适宜商务会议、团队旅游住宿。现有10~400人不同规模的会议室24个，所有会议室均配备齐全的声光电会议设备，目前已被中央国家机关和人大机关、北京市政府、朝阳区政府确定为会议采购定点单位。会议楼严格遵循蟹岛绿色、生态、可持续的经营理念，使用生态化建筑技术，符合现代人绿色环保的居住需求。整个建筑呈阶梯式，自然采光的透顶天窗，

水上娱乐区

开饭楼

园区会议楼

采光面积达到普通建筑的四倍。

（5）仿古农庄

仿古农庄是蟹岛的最美丽的住宿区，围绕农庄小河建有16种风格24套老北京四合院，每个四合院的风格及内饰物品与院名相一致，完整再现了北京古村庄的生活文化。小院根据格局大小可以入住2~24人不等，顾客在院内可享受到免费的温泉泡浴。

（6）宴蟹楼

宴蟹楼餐厅位于蟹岛会议楼B区，可以同时容纳300人就餐，餐厅装修豪华，拥有一个大厅、两个VIP包房和四个雅间，以经营地道的粤菜海鲜为主，是品尝蟹宴的最佳选择地。

仿古农庄

（7）赶海宫

蟹岛赶海宫建筑面积20000m^2，是集赶海拾贝、海鱼垂钓、海边餐饮、海边烧烤、海中戏水、海滩沙浴、沙滩演艺、桑拿洗浴、儿童乐园、钟点房小憩、商务总统套房、观景台于一体的海洋文化馆。

（8）体育中心

体育中心是集室内网球、保龄球、台球、乒乓球、沙弧球、模拟狩猎、射箭、棋牌、大型游戏机等于一体的超大规模的室内体育健身娱乐中心。优雅的环境、完善的设施吸引着众多的游客前来健身娱乐，可以充分享受其中的美妙感觉。

（9）高尔夫练习场

蟹岛高尔夫练习场于2005年5月开业，共有52个打位，及一个可容纳20人的雪茄吧，高尔夫练习场还有独立的教学工作室，并有专业教练为您指导，配有专业的教学软件，可迅速提高球技，是高尔夫初学者的最佳选择地。

（10）蟹岛恋歌楼

蟹岛恋歌楼内设大型演艺广场（可供会议使用400人）及迪厅，另设有30余间豪华KTV包房，采用现代最先进的音响设备，每天演艺不同精彩节目，是大型会议、演艺、商务洽谈、朋友聚会首选的高档娱乐场所。

（11）城市海景水上乐园

城市海景水上乐园是中国最大的人造海滨浴场，总占地面积为60000m^2。园内浓缩热带海滨风情，建有大型人造海浪池，广阔的沙滩区，其间椰树环抱，阳伞林立，并有多项附属娱乐、服务设施，是广大市民夏日休闲避暑，就近享受海景的绝佳去处。

（12）科普爱心动物园

科普爱心动物园成立于2003年10月，目前有动物标本150余件，各种被救助的动物300多只。科普中心还可提供婚庆花轿、旅游观光包车、陶艺制作骑乘骆驼、马、驴、羊车、狗车等服务。

园区水系景观

园区标识牌

园区水系景观

13.3 浙江省湖州市安吉中南百草园

13.3.1 基本概况

中南百草园（原）是长三角地区最大的休闲观光农业旅游景区之一，地处著名“中国竹乡”——浙江省安吉县境内，占地 250hm^2。景区内林深花奇、鹿奔雁翔，丰富多样的珍奇野生动植物随处可见；景区植被覆盖率达 95%，景色极其秀美，是个天然的绿色大氧吧。

中南百草园（原）景区荣获国家 4A 级景区、全国野生动物保护科普教育基地、全国农业旅游示范点、浙江省野生动物驯养繁殖基地、浙江省首批生态教育示范基地、浙江省科普教育基地等称号；是上海市和浙江省多所高校的生态环境教育实践基地，并为联合国环境与可持续发展教育提供活动空间；承办过国际旅游小姐总决赛、国际山地极限运动、全国小轮车比赛等多项高档赛事。

13.3.2 总体布局与分区

景区是奇特的综合型休闲园林，已形成设施完善、功能强大的七大功能区：生态植物观光区、野生动物繁殖区、户外体育运动区、原始淡竹迷宫、高效生态农业区、湿地漂流区和休闲度假区。

（1）生态植物观光区

本区域占了整个景区近一大半面积，也是包含特色景点最多的一块，包括 100hm^2 天然阔叶林，25hm^2 美国湿地松林，13hm^2 杉树林，6hm^2 大草坪。

（2）野生动物繁殖区

本区域几乎包括整个景区，但主要区域集中在农家馆附近。 主要野生动物包括马鹿、梅花鹿、东北虎、黑天鹅、白天鹅、白鹳、丹顶鹤、金丝猴、鸵鸟、鳄鱼、绿孔雀、小熊猫、狼、鸳鸯等国家一级、二级保护动物。

（3）户外体育运动区

本区域主要集中在景区东大门附近，项目内容包括 BMX 训练场、沙滩游泳场、浑水摸鱼、水上步行球、滑草场、跑马场等，另外户外拓展运动主要集中在景区北大门的马尼拉大草坪内。

（4）黄浦江源湿地水上漂流

本区域主要集中在景区东大门旁近 40hm^2 湿地淡竹林，一条“母亲河”——西苕溪，蜿蜒地围着淡竹林流过，就如一条纱带，清澈的河水养着安吉人，它的源头是黄浦江源头。

（5）原始淡竹迷宫

本区域主要集中在景区东大门旁近 40hm^2 湿地淡竹林内，林中穿插、交叉着几条林间小道，踏着石板，一望无际的淡竹林，在没有导游或不熟悉的情况下，容易在林间迷路。

（6）高效生态农业示范园区

本区域主要集中在湿地淡竹林附近，包括毛竹、白茶、蚕桑、吊瓜、板栗、稻子等培训试验基地，向周边马鞍山村、三官村、狮子山村、荷花塘村四村村民提供技术支持和实地示范帮助。

（7）休闲度假区

度假酒店位于涌泉湖畔，建筑精美，宽敞新颖；设施齐全、环境优雅、依山傍水，为游客休闲度假理想场所。

身居度假酒店可东视茶园、西望青山、南观碧水、北眺原野。这儿，或树摇波起，清风拂面；或风挟松香，啾啾鸟语；无市井之喧哗，似山野之情趣。

13.3.3 重点建设项目

景区拥有八景十八园。八景是：碧水晨曦、虎啸飞泉、虹彩夕照、丹枫流霞、松林晚樵、狮熊追月、淡竹迷宫和百草映雪。十八园是：白茶园、橘园、桂花园、观赏竹园、玫瑰园、红枫园、梅园、葡萄谷、樱花园、紫竹园、湿地松林、杉木林、兰花园、药材园、香樟园、天然阔叶林、采摘果园、淡竹林。

景区拥有国际 BMX 小轮车赛场（BMX 是 2008 北京奥运会的比赛项目）、游泳池、漂流河道、跑马场等多

ZHONGNAN BAICAO YUAN
感悟万物生命之源　寻觅人杰地灵宝境
生态植物观光区
野生动物繁殖区
户外体育运动区
原始淡竹迷宫
高效生态农业示范区
黄浦江源湿地水上漂流
休闲度假区
生态植物与野生动物混合区
淡竹林
淡竹迷宫
西苕溪
苗木种植
农业实验基地
东大门
五福坝码头
竹筏漂流
水上游乐场
滑草场
空中花园
观景台
BMX(小轮车)训练场
高空溜索
飞车表演
果园
混水摸鱼
户外活动
金鱼塘
跑马场
别墅区
鳄鱼池
横渡鳄鱼桥
野外拓展训练基地
游泳场
户外烧烤区
学生公寓
农家馆
阿佤山寨
老鹰山
海狮表演馆
山地越野车
古罗马竞技场
城市动物园
野生动物活动区
野生动物驯养繁殖区
山顶会议室
黄鹿山
养生池
樱花园
灵鹫护主
职业培训学校
湿地松林
紫竹园
茶艺馆
白茶园
虹彩夕照
静湖
茶园
杉木林
马尼拉大草坪
百草映雪
乌岛
桂花园
桔园
五星度假酒店待建区
香樟园
度假酒店
涌泉湖
药材园
野外生存俱乐部
CS真人野战
度假酒店入口
景区入口
安吉县城
公路
停车场
康山
百草园游览图

种传统的和新颖的体育运动场地和设施；景区的露天舞台派对、草地排球赛、登山挑战赛、水枪大战、钓鱼钓虾、篝火晚会、野餐烧烤、攀绳飞渡、过独木桥、穿越地网、翻越竖墙、帐篷野营等活动得到了青少年的普遍喜爱和广泛参与。

景区内的度假酒店设施完备、服务上乘，另有建在丛林中的甘泉别墅、比翼巢。景区内设有宾馆餐厅、农家馆、烧烤场、大草坪自助餐，可供千余人同时用餐；供应多种风味的各色菜肴，竹乡特色菜和园内自产野味更是鲜香可口，堪称美食。

百草园鸟瞰图

百草园静湖

茶园景观

度假酒店客房区

花木长廊

梅花园

樱花林

园区马尼拉大草坪

小轮车场地

涌泉湖

动物饲养区

13.4 河北省秦皇岛北戴河集发农业观光园

温室栽培

13.4.1 基本概况

集发生态农业观光园坐落在风景秀丽的北戴河景区，东与联峰山公园唇齿相依，西与南戴河风景区隔河相望，南与海滨浴场襟袖相连，交通便利。集发农业生态观光园既体现着自然的绿色之美，又闪耀着现代化高科技农业的光辉。

集发生态农业观光园先后被河北省政府、水利部、河北省科技协会等 13 家政府部门评为节水示范、科普示范基地，是全国 99 个农村科普示范基地之一。在 2002 年被国家旅游局评定为全国首家生态农业 4A 级景区，2004 年被评为全国农业旅游示范点之一。集发生态农业观光园连续多年被省、市、区政府评为“文明服务单位”和“诚信服务优秀景区”，并多次获得青年文明号、省科技引资单位、市食品安全先进企业等不同奖项的荣誉，并且通过了 ISO9001 和 ISO14001 质量和环境管理体系双认证。

13.4.2 总体布局与分区

集发生态农业观光园始建于 2000 年，占地面积 240hm^2，园区沿着戴河道分布，分为综合活动区、采摘游乐区、观赏展示区，具有观、住、吃、购、玩五大功能。集发生态农业观光园已开发建设了近 200 个景点和娱乐项目，先后推出了冬欢节、农家趣味运动会、乡村游等综合旅游项目，每年接待来自中外的游客 80 多万人次，受到中外游客的好评。

“集来五洲珍稀种，发在戴河两岸边”是集发的努力方向。目前园区不断向 10 余个农村、8 个社区辐射，带动周边农村经济建设，为当地农民提供致富创收的渠道。

13.4.3 重点建设项目

（1）游客中心

游客中心位于观光园南部，占地 1500m^2。在这里免

住宿接待：集发大宅院

集发大场院

费提供报刊、饮用水、休息用床、婴儿床、婴儿车、残疾人轮椅、各种棋类等服务项目。在游客中心内集发观光园的宣传简介片循环播放。

（2）连栋智能温室

坐落在园区中北部的连栋智能温室，给人以新、奇、特、美的感受。温室内大多蔬菜采取无土技术栽培，如立柱式、管道式、墙体式的新奇栽培方法，展现出“蔬菜绕柱，西红柿上树”的景观。连栋智能温室内利用高新技术栽培出番茄树，将生长期一年的番茄延长至三年，最高产果量可达 12000~16000 个左右。此外还培育出茄子树、黄瓜树、大豆树等，品种繁多。

（3）乡村度假

集发生态农业观光园乡村度假设施齐全，既有古香古色装点的大宅院、别墅村，还有可供游客品尝农家传统菜肴的绿色饭庄。在这里采摘无公害的食品、瓜果，不仅吃着放心，还可体验农村田园风光。

（4）民俗文化

以不同的画面和真情景物展示我国古老传统民俗文化，传统的农村农副产品加工表演、织布纺线、饮食起居的古老家具、服饰等都成为园区展现古老民俗化的重要载体。

（5）热带植物园

园区内规划建设了一条 1500m^2 的植物长廊和两个 4500m^2 的热带、亚热带富有高新科技内涵的热带植物园。高 9m，占地近 0.2hm^2 的热带植物园，种植着来自热带、亚热带的大型植物近六十余种四百多株。

（6）工艺品一条街

工艺品一条街为带有传统古典的生态建筑。

民俗表演：斗羊

民俗表演：斗鸡

餐饮接待设施

工艺品一条街

南瓜长廊

丝瓜长廊

13.5 台湾南投县台一生态教育休闲农园

13.5.1 园区概况

台一生态教育休闲农园位于南投县山清水秀、气候温和的埔里盆地内，农园占地面积共达 10hm²，从 1991 年 8 月成立至今已达 24 年，由多年担任台湾大学实验农场主任的张国珍先生经营。因埔里镇位于台湾地区的地理中心，隶属于南投县北部，地形上四面环山，属于陷落型盆地地形。北部有眉溪，南部有南港溪，东边有耶马溪等重要溪流流贯，充沛的水量为山城埔里带来了丰润与富康的农业，也为埔里的田野带来了优美的地貌与景观。台一生态教育休闲农园凭借埔里镇丰富的农业资源和人文环境，由以提供埔里地区农民蔬果及菜类种苗培育为主，大力开发农业旅游及科普教育资源。经营者在“台一种苗场”的基础上，寻求多元化发展，先后规划建设了台一生态教育休闲农园，清境小瑞士花园，经营面积由最初的 0.45hm² 扩增至 50hm²，场地分布于埔里镇、仁爱乡及鱼池乡三乡镇，员工人数由原先6位增至百余位。如今走进农园内，一块块的苗圃，植满五颜六色的花卉，连成一片花海，甚是壮观。农园内另有压花生活馆，除了展示美丽的压花作品外，游客也可以自己动手作压花；教育农园则让游客认识到植物的生长过程，并提供栽种蔬菜的机会，体会农家的生活。

13.5.2 规划建设理念

“从一粒种子观察生命的奥妙，用花香装扮多彩人生”，用专业贡献社会，提供知性观光资源，这是台一相关事业体设立“生态教育休闲农园”的服务宗旨和理念。宇宙万物都有其“消息生长”之规律及准则，人类亦然。能让游客看到从“一粒种子”随其机缘被植播在穴盘之中经农场人员细心灌溉、呵护而由幼苗茁长成株，继之开花、结果等过程；或看它与蜂、蝶、昆虫、动物、人类的互动供需；或了解其在大自然中对整个地球生态的角色扮演等等，在此只要静心加以参思，必有颖悟了然于心。生态教育休闲农园还增加了造园用花草培育、美绿化工程的设计与施工承包服务，更利用现有设备与自然环境多样性的田园景观提供充满多态、盎然生意的美好空间与设施，让大家在花香蝶舞中体会生命的珍贵、成长的喜悦；培养积极、乐观的随机应变能力，超然走出逆境，品味美好人生。

13.5.3 园区规划布局

园区内现规划的重要公共设施，包括两处大型停车场、DIY 押花教室、文化艺廊、水上花园餐厅、浪漫花桥、花神庙许愿池、亲子戏水区、水生植物生态区、仙人掌生态教学区、根的世界、花卉栽培区、蔬菜苗圃区、机械播种解说区、缤纷花廊、休闲木屋区、梦幻花屋品茗区、蝴蝶生态馆、有机栽培区和百香果区等。各设施的造型及颜色，均考虑到整体环境的调和效果，同时，也能表现出农村风味。景观设计上，配合生态资源做最适当的建构，所使用的材质均以木材、竹材或农村所习惯使用的自然材料为主，此种做法虽然成本耗费大，需不定期更换、保养所使用材质，但为维护最自然的生态环境，开发建设尽量以不破坏生物栖息环境为原则。在园区绿色植栽选择上，多以种植本土植物为主，种类丰富的本土植物，不只是一项特色，更是一场本土植物的飨宴。此外，为让民众能体验到农村的生活文化，园区内的设施设计尚包括农业生产的工具及设备，如水车、风鼓等，利用这些景观元素作为设施材料，增添了民众对农村文化的认同与情感。

为提升园区内知性休闲品质，特别礼聘知名艺术、文史人士黄劲挺、潘祈贤等担任咨询顾问，将古今中外与花卉相关的题材用绘画、诗词、碑刻墨拓、书法、雕刻、摄影、陶瓷、金玉等各项艺术文物品目及表现材质、技法，将花草之美融入园内景观，多元性的建造理念皆以教育为主旨，以便推行亲子生态教育，让亲子能同步学习与成长。

除了上述的硬件设施外，园区内也有专业亲切的解说员，带领游客走访全程约一个半小时的美丽园区，介绍园区内丰富的植物种类与生动的田园生活景观，为游客留下一段难忘的生态教学之旅。农园另提供给游客一个百分百闲情住宿选择，童话小木屋区为园区内最早的住宿小木屋，斜屋顶的建筑、精巧的房间坐落在园区里。童话小木屋也称为地震纪念屋，因当时九·二一百年大地震时，埔里的居民不管房子有无倒塌都不敢进到屋内睡觉，整个埔里地区到处都是帐篷族，因此为了百年大震留下纪念，园区内采用帐篷的样式盖了这12间小木屋。

另外园区中又设置水上花屋，依山傍水高雅的建筑搭配屋顶上的花草植物将整个花屋装点得雍容华贵。探访园区另一角落设置一栋欧式三层楼建筑称之“花卉驿栈”，里面共有15个房间，不仅房形多样化，有二人房、三人房、四人房、六人房，还有一间楼中楼及观星屋。

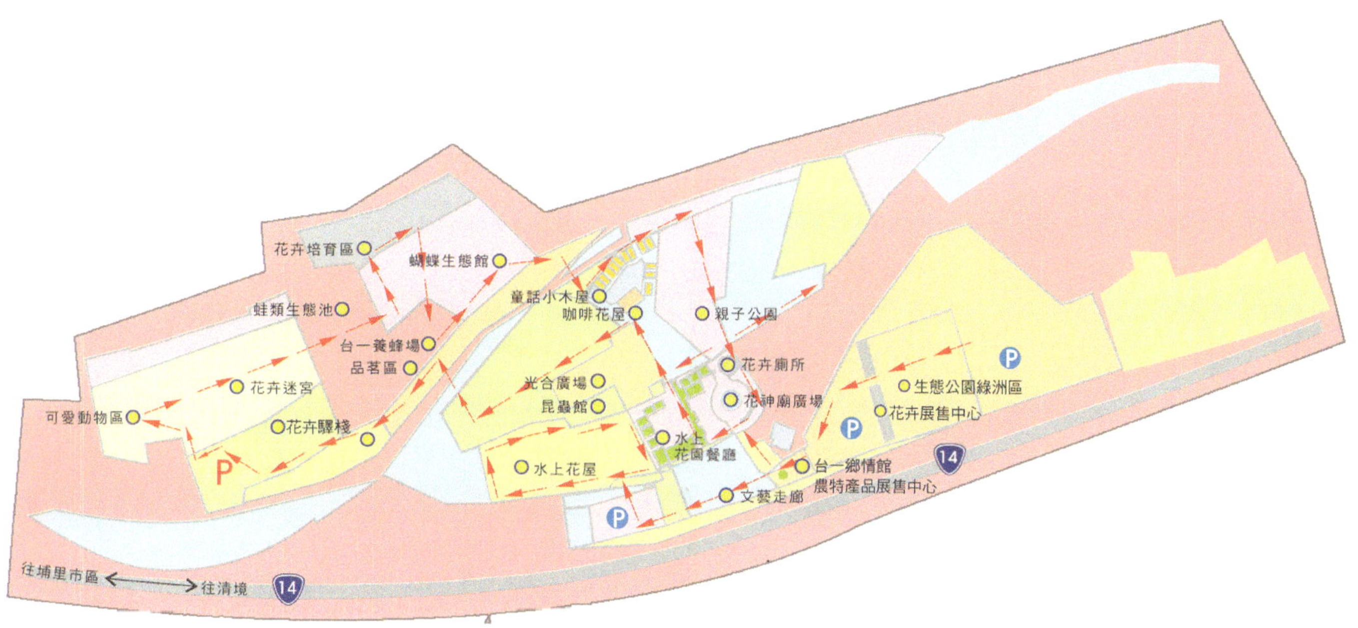

园区平面导览图

园区浪漫花桥景观

浪漫花桥走廊布置

浪漫花桥走廊一角

由木材与竹子建构而成的浪漫花桥，在其屋顶及梁柱栽植花卉与观叶植物，不仅风格独具且景观优美

园区花卉展销中心入口景观

园区花卉展销中心室内景观一角

园区花卉展销中心室内原木艺术作品展示

园区花卉展销中心室内花卉品种展示

缤纷花廊：不管是花廊的梁与柱，都种植上各类草花与绿色植栽，统一协调而又生机盎然

从浪漫花桥俯瞰花神庙广场景观

花神庙景观

台湾9·21大地震时，由于花神庙的所在地迸裂，缝隙长出奇花异草，因此选择在这个自然奇迹处搭建花神庙

花卉厕所——外形流线可爱的建筑物被如花瓣状的花卉植被装扮成缤纷彩宇

园区有机栽培区：种植于由荷兰进口的泥炭土包上的各类瓜果，包括西红柿、彩色甜椒、草莓等

富于变化的园区游憩道路

园区指示牌与园区导览图

园区内绿色长廊景观

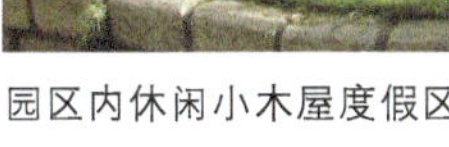

园区内休闲小木屋度假区

生态公园：在硕大的温室中，规划、模拟了各种植物的生长环境，从药用植物、香草植物、多肉植物、蕨类植物等，同时也提供各种花卉盆栽

利用多种农业废弃有机物质打造而成的蝴蝶生态馆，是一个容易由亲近观察而了解蝶类生态的活课本

园区内花卉迷宫，是儿童体验娱乐的乐园

生态知识解说

园区水上花园餐厅

伫立在水面上的独栋木屋——水上花屋，被称为会呼吸的房子，高雅的建筑搭配屋顶上的花草植物将整个花屋装点得雍容华贵

13.6 台湾宜兰县香格里拉休闲农场

香格里拉休闲农场位于台湾宜兰县中山休闲农业区，冬山河流域上游，为冬山河发源地之一，区内有大量涌泉及伏流，如小埤湖、丸山等，属于典型的农场景致。中山地区主要的农产品有冬山素馨茶、冬山文旦柚、冬山山水梨等。由于地质及水质的关系，所生产之农产品品质极佳，深受消费者喜爱。中山休闲农业经营以休闲农场、观光果园、乡土餐饮、乡村住宿及茶园体验为主体，是宜兰县休闲农业发展最早也是最快速的地方。中山休闲农业区除了生产优质农产品外，景观相当丰富，全区地形三面环山，出口处面向太平洋，在此可远眺兰阳平原，山林、河川、丘陵、田埂、岛屿等。区内知名风景点有仁山苗圃、新寮瀑布、丸山遗址等。

香格里拉休闲农场占地 $55hm^2$，海拔 250m，四面环山，景致十分清丽。附近景点有太平山森林游乐区，礁溪温泉、冬山河亲水公园、明池森林游乐区、鸠之泽温泉（原仁泽温泉）、上新花园休闲游乐区、梅花湖、协天庙、台湾戏剧馆、罗东运动公园、南方澳渔港、中国历代神木园区、宜兰县政府公园、苏澳进安宫、北回铁路、兰阳溪口、冬山三清宫、宜兰运动公园、宜兰酒厂等，可提供舒适的宜兰旅游体验。

在香格里拉休闲农场，以乡土餐饮、品茗、住宿度假全方位的休闲体验为主体，可漫步森林游乐区及农业体验采果区，农场不定期推出放天灯、打陀螺、搓汤圆等民俗活动。农场栽种大百香果、金枣、柳橙、莲雾等十多种水果，按种类分区种植，看板解说特色和成长过程。而森林游乐区配合地势及原有林木，在林荫处设置吊床、简易山训活动场、烤肉区等，供游客在享受采果尝鲜之余，也能有另类的享受。香格里拉休闲农场也是一间最丰富的自然教室，生物种类包罗万象，有猕猴、树蛙、萤火虫、蝴蝶（凤蝶）和各式植物，适合各个年龄段的居民来这里学习属于大自然的珍贵知识，具有生态环保教育意义，是集生活、生产、生态与教育等于一体的多功能的游憩地。

香格里拉休闲农场入口区景观

俯瞰休闲农场园区景观

休闲农场停车场

休闲农场接待服务中心景观

儿时的回忆——肥皂泡体验

休闲活动体验——彩绘陀螺

园区接待服务中心室内独具特色的风铃

休闲农场生态导览牌

园区家禽饲养角

园区小品景观——鸟巢

农业体验采果区

附　香格里拉休闲农场课程教学计划

第一部分　植物写真集

（香格里拉农场之行）

一、适用年级：小学一、二年级。

二、设计理念：小学一、二年级的小朋友对自然界的各种事物虽然认识不多，但总是充满好奇心，本教学活动不在强调小朋友对植物的知识，而是希望藉由这个活动，引发孩子对家乡自然环境的兴趣。

三、教学时间：5~6 节。

四、教学路线：柯林小学→香格里拉休闲农场。

五、课程架构图：见右图。

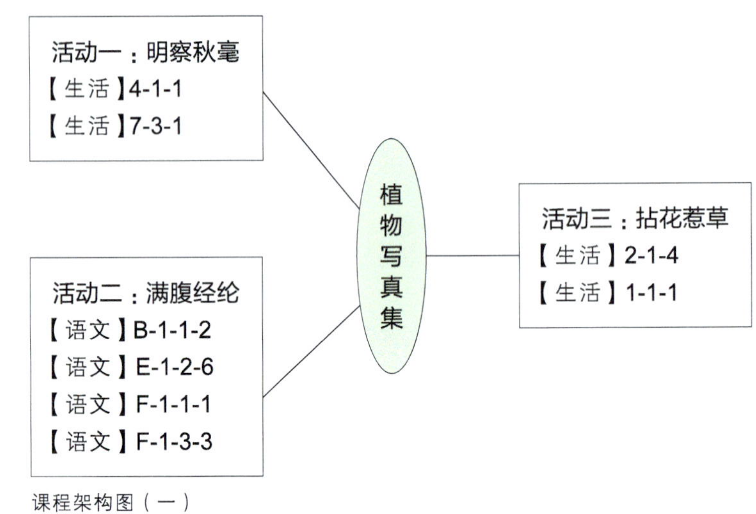

课程架构图（一）

六、课程架构

表 13–1

活动名称	单元内容	能力指标
活动一：明察秋毫（休闲农场）	指导学生观察树、叶和花的方法。 学生能观察花、树、叶的形状、颜色、大小、气味。 制作植物写真集。 画下形状特征并写下特点	【生活】4-1-1 藉由接近自然，进而关怀自然与生命。 【生活】7-3-1 运用五官观察物体的特征（如颜色、敲击声、气味、轻重等）
活动二：满腹经纶（图书馆内）	1. 指导学生搜集相关的植物诗词和故事。 2. 指导学生欣赏植物的诗词《王维杂诗》《白居易草》《杜甫春望》。 3. 指导学生阅读《杰克与魔豆》的故事。 4. 引导学生创作与植物相关的童诗或故事，或写出对植物的感觉	【语文】B-1-1-2 能自然安静的欣赏。 【语文】E-1-2-6 能从阅读过程中，了解中国语文的优美。 【语文】F-1-1-1 能学习观察简单的图画和事物，并练习写成一段文字。 【语文】F-1-3-3 能认识并欣赏童诗
活动三：拈花惹草（教室内）	指导学生欣赏植物歌曲并进行唱游教学。如茉莉花、老松树、兰花草。 带领学生捡拾落叶和花瓣制作落叶标本、落叶拼贴制成卡片、利用水彩拓印制成书卡	【生活】2-1-4 透过演唱和欣赏儿歌、童谣，培养爱好音乐的态度。 【生活】1-1-1 藉由生活的经验与体认，运用视觉艺术创作的形式，表现自己的感受和想法

注意事项：

1. 提醒学生注意安全与有毒植物的危害；
2. 教学前请学生先行搜集资料；
3. 水彩的运用。

注（低年级路线补充资料）：

1. 唐诗网址 (http://cls.admin.yzu.edu.tw/300/ALL/ALLFRAME.htm);
2. 植物歌曲和诗词故事及网址 (http://www.littlewriter.com.tw/);
3. 植物网址 (http://www2.nsysu.edu.tw/bio86/)

第二部分　茶柚故乡

（香格里拉农场之行）

一、适用年级：小学三、四年级。

二、设计理念：家乡，是一个伴随着我们成长，记录着点点滴滴回忆的地方。认识家乡、认同家乡的方法有很多种，经由本课程期待学生们对于家乡物产变迁有进一步的了解，并激发学生具有以乡土为荣的情怀。

三、教学时间：7 节。

四、教学路线：三清宫停车场 → 茶园（茗茶探访）→ 香格里拉休闲农场 → 农场观光果园（柚香柚甜）→ 农场大厅（T 恤彩绘 DIY）。

五、课程架构图：见右图。

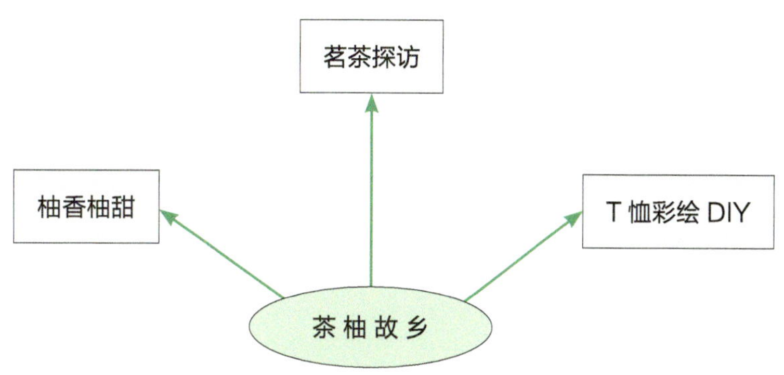

课程架构图（二）

六、课程内容

表 13–2

活动名称	单元内容	注意事项	能力指标
茗茶探访	教师简单说明茶叶的生长环境，让学生了解冬山“素馨茶”的著名原因及其由来。参观茶园，了解茶叶的制作过程	茶园皆位于山坡地，参观时应避免推挤	【社会】 1-2-1 描述地方或区域的自然与人文特性
柚香柚甜	教师介绍冬山乡的特产之一“文旦柚”及其可延伸加工制造的产品，并简单介绍“兰花文旦”产业策略联盟。 参访农场观光果园，品尝素负盛名的冬山柚子并体验农村生活的简单娱乐	教师可在事前的课堂中即先介绍文旦，亦可配合中秋节进行其他活动。 进入果园后应注意安全，小心蚊虫	【社会】 1-2-1 描述地方或区域的自然与人文特性。 7-3-5 了解产业与经济发展宜考量本土的自然和人文特色
T 恤彩绘 DIY	利用各种叶子不同纹路的叶脉（如柚子叶、茶叶等）再搭配特殊染料，制作独一无二的 T 恤。	制作 T 恤前可请学生分组到外面摘一些叶子。 T 恤染料不易清洗，应避免沾到其他东西	【艺术与人文】 1-2-5 尝试与同学分工、规划、合作，从事艺术创作活动。

第三部分　原来是这么一回事

（香格里拉农场之行）

一、适用年级：小学五、六年级。

二、设计理念：

引发孩子生活上的经验，让生活中的一切与学习做个完整的联结，从平时吃的果实，联结植物的茎、叶、花、种子等各种原始的形态，让孩子们有机会去认识我们的大自然。

除了自然知识的获得外，认识自己的家乡及家乡的主要产业活动、形态与经营，对五、六年级的孩子来说不啻是另一种课堂之外的延伸学习。

让孩子们认识与了解当地的人文发展与自然景观，藉由这样的活动，培养孩子们爱乡的情怀，进而爱我们的县、爱我们的国家。

三、教学时间：6 节。

四、教学路线：

由学校春风走廊集合出发→香格里拉农场（本馆）→参观果园（认识当季的水果）→果园休憩及游乐区→香格里拉农场本馆（益智游乐区）→赋归。

五、课程架构图：见下图。

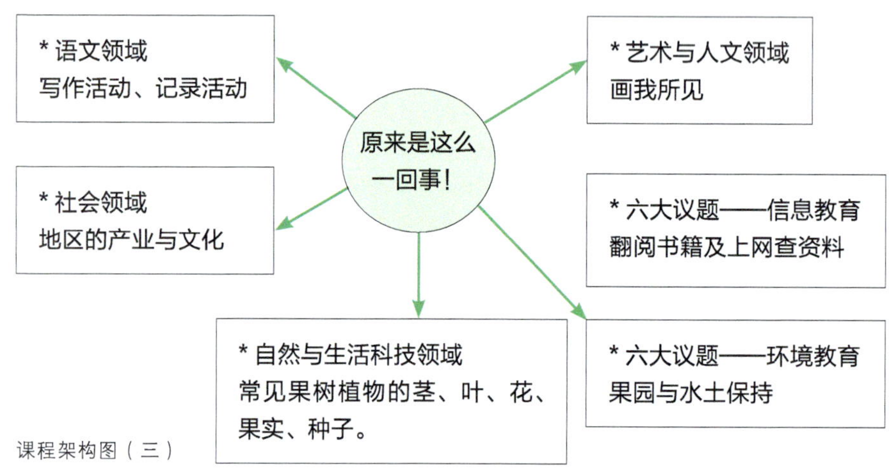

课程架构图（三）

表 13–3

活动名称	单元内容	能力指标
我们的社区	1. 请学生分组查找资料（上网及查询书籍皆可），共分四组： (1) 冬山乡的产业发展特色； (2) 冬山乡的水土保持及容积率管制； (3) 冬山乡的历史演进、历史古迹及人文； (4) 当季的水果种类，与水果图片。 2. 请学生查找资料后，各组整理并汇整资料，形成 A4 大小的报告，分组上台发言。 3. 教师统整各组教材及补充，并联结香格里拉农场的各项信息	【语文】 B-3-1 能具备良好的聆听素养。 1-3-7 能用完整的语句，说出想要完成的事。 2-3-5 能正确、流利且带有感情地与人交谈。 2-3-8 能利用电子科技，整合信息的内容，作详细报告。 3-3-7 能系统思考，并合逻辑地归纳重点。 3-8-8 能练习利用计算机，编印班刊、校刊或自己的作品集。 3-5-7 能将搜集的材料，加以选择，并做适当的运用。 【艺术与人文领域】 3-3-1 比较本地（县市）与其他地区文物、古迹及民俗文物，并说明其文化特色。 【六大议题——信息教育】 3-3-6 能针对日常问题提出可行的解决方法。 3-5-1 能找到合适的网站资源、图书馆资源，会档案传输。 【社会领域】 1-3-2 了解各地风俗民情的形成背景、传统的节令、礼俗的意义及其在生活中的重要性

续表

活动名称	单元内容	能力指标
我们的社区		1-3-4 利用地图、数据、坐标和其他信息，来描述和解释地表事项及其空间组织。 1-3-6 描述农村与都市在景观和功能方面的差异。 1-3-9 分析个人特质、文化背景、社会制度以及自然环境等因素对生活空间设计和环境类型的影响。 1-3-10 列举地方或区域环境变迁所引发的环境破坏，并提出可能的解决方法。 7-3-5 了解产业与经济发展宜考量本土的自然和人文特色。 【六大议题——环境教育】 4-1-2 能运用收集数据与记录的方法了解与认识校园与住家环境问题，并能具体提出生活环境问题的解决方案。 4-2-1 能归纳思考不同区域性环境问题的原因与研判可能的解决方式。 4-3-1 在面对环境议题时，能倾听（或阅读）别人的报告，并且理性地提出质疑。 5-2-1 能参与调查与解决生活周遭环境问题的经验。 【自然与生活科技领域】 1-3-5-4 愿意与同侪相互沟通，共享活动的乐趣
旅游信息家	（将学生们调查的资料再次浓缩、删减，并制作水果原貌调查表，制作成参观农场的学习单） 1. 到香格里拉农场的本馆，说明各项注意事项，及课程说明。 2. 将全班分成四组，分头进行常见水果原貌的调查及各组查找资料的印证。 3. 进行农场的景观写生。	【自然与生活科技领域】 1-4-1-1 能由不同的角度或方法做观察 2-3-2-1 察觉植物根茎叶花果种子各具功能。光照、温度、湿度、土壤影响植物的生活，不同栖息地适应下来的植物也各不相同。发现植物繁殖的方法多种。 2-4-2-1 探讨植物各部位的生理功能，动物各部位的生理功能以及各部位如何协调成为一个生命有机体。 2-4-2-2 由植物生理、动物生理以及生殖、遗传与基因，了解生命体的共同性及生物的多样性。 4-3-1-1 能依据自己所理解的知识，做最佳抉择。 4-3-1-2 知道细心、切实的探讨，获得的数据才可信。 【艺术与人文领域】 1-3-3 透过各种艺术形式，展现自己的特质，并自我评析。 【语文领域】 3-5-7 能将搜集的材料，加以选择，并做适当的运用。 【社会领域】 1-3-6 描述农村与都市在景观和功能方面的差异。 1-3-9 分析个人特质、文化背景、社会制度以及自然环境等因素对生活空间设计和环境类型的影响。 1-3-10 列举地方或区域环境变迁所引发的环境破坏，并提出可能的解决方法。 7-3-5 了解产业与经济发展宜考量本土的自然和人文特色
农场知多少	1. 进行农场之旅的感想写作与发表。 2. 进行水果原貌的发表与发现。 3. 讨论及统整本单元所学。	【语文领域】 C-3-4 能自然从容发表、讨论和演说。 2-3-7 说话用词正确，语意清晰，内容具体，主题明确。 2-3-4 他人与自己意见不同时，仍乐意与之沟通。 【自然与生活科技领域】 2-4-2-1 探讨植物各部位的生理功能，动物各部位的生理功能以及各部位如何协调成为一个生命有机体。 2-4-2-2 由植物生理、动物生理以及生殖、遗传与基因，了解生命体的共同性及生物的多样性

注意事项：1. 进入教学活动的预备。2. 引导学生利用生活信息，分工合作，整合各种信息。

本课程由台湾宜兰县香格里拉休闲农场提供。

13.7 台湾苗栗县飞牛休闲牧场

13.7.1 发展概况

1975 年，台湾派送到美国接受完酪农专业训练回来的青年，在苗栗县通霄镇南和里的保安林地旁，一个俗称九层窝、种满相思树林的山坡地，开垦为“中部青年酪农村”，作为全省专业乳牛养殖示范区，这是现在飞牛休闲牧场的前身。成立之初以生产鲜乳为主，该牧场原默默无名，因牧场曾出借给电视公司拍电视连续剧——《一剪梅》而声名大噪。过去在我国台湾，很少见到一大片草原，观众为这片草原感到惊艳，常常擅自进入牧场参观。1989 年，因面临经营困境，经营者有意开发为观光游乐区。有关部门在规划《乡土旅游计划》时，将该村纳入旅游点。经过改良设施、停车场、污水处理厂、风车、造景及服务中心陆续完工后，于 1995 年 6 月正式开放。为台湾西部首屈一指的休闲牧场。如今，牧场除了畜牧的本业外，转型成农村体验、生态保育、休闲度假的游憩场所。

13.7.2 规划建设理念

从 1975 年去美国受训回来成立中部青年酪农村（飞牛休闲牧场前身）的 17 位青年，至今只剩 2 位牧场主人继续坚持着当初的理想。迄今已迈入第 30 个年头的飞牛休闲牧场，秉持着休闲农业的三生（生产、生活、生态）为主轴，除了不忘酪农本业外，也强调自然生态的保育与复育，并提供给游客全方位的休闲生活服务，期望能与更多人一同分享自然、健康与欢乐的优质休憩空间。目前，飞牛休闲牧场已成为台湾中部地区强调自然生态的大众化休闲牧场，为游客提供全方位的休闲生活服务，并针对学校户外教学设计套装行程。此外，在 DIY 体验活动上也不断推陈出新。飞牛休闲牧场以生产、生活、生态（三生）为主轴，针对喜欢牧场体验的目标社群，提供客制化、精致化的产品与服务，以期创造游客的终身价值，牧场的永续经营以及自然生态的保育、复育三赢的目标。

13.7.3 规划建设特色

飞牛休闲牧场占地 45hm^2，结合了日本牧场设计与美国的景观设计，造就了今日的美景。园区规划建设了六大主题生态区：乳牛、蝴蝶、可爱动物、水域、自然农园、丛林生态区；规划的服务及休憩设施有：烤肉区、露营区、住宿区、餐厅及会议室；休憩设施方面：青清草原活动区、水域生态区、乳牛生态区、黑肚绵羊生态区、蝴蝶生态区、森林浴步道区、有机生态农园及童玩区。牧场主要的自然生态资源为乳牛及蝴蝶，在标志设计上以“飞牛”二字做为结合，更以天空、草原和牛奶的颜色调和出“飞牛休闲牧场”独特景观。

13.7.4 景观旅游资源开发

园区内设有牧草区、牧场区、水池、农舍、乳牛舍等，别具牧场原野特色。开放以来，以“农村体验、生态保育、自然休闲”为经营宗旨，故台湾地区的新西兰之名不胫而走。起初，飞牛休闲牧场只提供场地供游客休闲游憩之用，游客到牧场后，除体验草原风光外，散步及烤肉成为牧场的重点活动。牧场主要收入以门票及卖鲜奶及牛乳棒冰为主，虽然牧场亦提供住宿及餐饮，但除了借用会议室开会外，很难吸引游客停留下来过夜或用餐，牧场收入自然也较少。野餐烤肉是藉由经营者场地设施的提供，而使消费者得到休闲乐趣，经营者与消费者少有互动；当消费者休闲方式改变时，纯粹提供场地已无法满足消费者需求，亦无法增加收入。近年来在牧场经营策略改变下，发展出许多体验型活动以吸引顾客，延长游客在场停留时间与消费、增加与消费者双向互动等，有效增加了重游率。

牧场休闲体验活动内容分别以四大主轴呈现，包括“乳制品 DIY”、“牧场活动竞技”、“自然生态探索”、“创作美学体验”，每项都别出心裁且具有特色，如“榨乳表演”、“彩绘肥牛”、“鲜奶冻制作”、“冰淇淋摇摇乐”、“农庄艳抹”、“彩绘环保背包”、“蝴蝶生态解说”等，以上活动的推出的确为牧场增加了许多收入。

牧场入口景观

有台湾地区新西兰美誉的牧场景观

有台湾地区新西兰美誉的牧场景观

儿童的乐园

飞牛餐厅

以飞牛为主题的旅游纪念品开发

以飞牛为素材设计的景观小品

丛林生态区景观

牧场休闲广场

牧场景观建筑——厕所

牧场独具特色的乡土景观

景观优美、舒适便捷的牧场道路

明快、清新的牧场周边景观

景观建筑——牧场工房

牧场室外休闲体验活动

13.8 台湾台东县原生应用植物园

13.8.1 发展概况

台东县位于台湾东南东隅，滨临太平洋，沿海岸线黑潮经过，整个区域系由纵向分布的中央山脉与海岸山脉以及纵谷而构成之山川景色，全年雨量充沛（年平均雨量为2400mm）且每月分配亦颇为平均，当全台发生干旱时，台东很少发生。另台东之外海亦分布有全世界为数不多的深海海沟（从大武至长滨沿岸之外海深度3000~5000m）与1000m深之海底盆地（约1000余hm^2）。长条形的台东辖区刚好是处于大陆板块与菲律宾板块挤压上升的陆地断层带，所以各种土壤之质地种类均有。由于上述诸多的天然因素造就了台东这块天然生物多样性甚丰的宝地；就绿色维管束植物而言，约有5000种之多，具保健、养生或治病功效的药用植物，依中国医药学院甘伟松教授初步调查，至少有1000种。例如有可治疗肺结核与毒蛇咬伤的“千金藤”、可治疗蛇毒的“七叶莲”、可治疗疟疾的“金鸡纳树”等等特殊且不易看到的品种，可以称得上是“台湾药草的故乡”。

台东县原生应用植物园位于台湾东南海岸的卑南乡山区，为台东县药用植物发展学会及相关产、官、学界所共同推广的示范植物药园。整个园区中主要建设面积大约20hm^2左右，另有200hm^2的药草园区，种植有2000多种药草，而且99%是台东原生种。为了让台东的药草更有效地被认识与应用，园区分别以中国医药研究所等学界及台东农业改良场合作园圃经营为背景创立生物科技（股）公司，并结合多家温泉饭店与相关业者共同出资成立了“台东原生应用植物园”，并于2005年3月初正式开幕。

13.8.2 规划设计理念

为了摆脱一般人对传统的植物园印象，原生应用植物园以“创新”的设计理念，创造了令人耳目一新的“植物园”。园区以流畅的规划手法将人潮导入建筑体内，再以宽广的空间、多变化的设计，共同营造出乡村自然纯朴的风格。经营方凭借着“无污染有机栽种”及“生物科技”技术发展出完整的药用植物种原培育技术，并推广出一系列预防疾病及对人体健康有帮助的高科技养生保健食品，以达到健康、休闲、知性、生技的“原生精神”。

台东原生应用植物园的经营背景为“创立生物科技股份有限公司”，其经营团队由台东多家知名饭店的经营团队、专业农业博士及台东观光旅游业界组成，除专业背景外更拥有东台湾丰富的观光资源整合能力，透过台东观光资源的优势，吸引观光客的消费，建立起休闲健康保健食品的发展理念。在现代人讲究养生的观念深植下，强调无污染、有机栽种上百种植物药草的原生应用植物园。

13.8.3 园区总体布局

园区设置有植物探索影音剧场、原生探索植物园、植物养生馆、植物生活伴手馆、DIY花草教室、植物生技研究中心、牧场餐厅、中央观景栈道、亲子牧场区、喷泉绿动广场、温室、育苗区等等。

1. 水幕入口大厅

气势磅礴的水幕大厅，结合了石板的刚毅和流水的柔情，水瀑中生意盎然的绿意，使游客一入园便可倍感新奇与神怡。

2. 植物探索影音剧场

植物探索影音剧场（约15分钟）每一小时分别播放一场，告诉游客人类与植物密不可分的关系，使入园游客对园区先有感性认识。

3. 原生探索植物园

为主要的观赏区，此区依照植物类型和特性又分为水生、芳香、百草茶、保健药草、药膳、地被性药用植物共6区，外围规划成环园步道，设有专人解说，提供游客知识探索之旅。

4. 牧场养生餐厅

除了认识原生植物的原貌和特性，养生餐厅推出的“养生川烫锅”，符合现代“吃的健康”的理念，取材全为园区自产的天然养生蔬菜，如八参叶、白凤叶、马齿苋、角菜等。最特殊之处则是特调的各式美味蘸酱，如山药香椿、洛神香草、梅醋刺葱、养生枸杞酱，都是一般餐厅吃不到的创意蘸酱，搭配着自己栽种的养生蔬菜，口感清爽而健体。

5. 生活伴手馆

居中的圆形玻璃建筑物是植物生活伴手馆，伴手馆里汇集了无污染的台东原生药用植物系列商品及健康保健特产，还有手工药草麻糬、植物药酒特色产品等，亦全出自天然材料制作，不失为送人自用两相宜的伴手礼。

6. 亲子牧场区

在蓝天绿地的亲子牧场中，小朋友和乳牛做朋友，体验牧场的滚草乐，享受都市没有的悠闲和童趣。

7. 中央观景栈道

由于此处拥有俯瞰台东的绝佳位置，设计师坚持设计了这条突兀却让人忘我的栈道，中央观景栈道为沿生活伴手馆轴线的延伸，可俯瞰园区景观，使人流连忘返。

8. 神农亭

在这里不用效法神农氏尝百草，就可以无后顾之忧地亭受百草之疗效：大口饮啜一口药草饮品、尝鲜药草香肠或茶叶蛋等，体验健康保健食品的乐趣不言而喻。

目前该园每个月到访旅客数达3万人，为了提供旅客更多休闲选择，每年8月份将推出动态的“药演再现”，结合原住民和药用植物特色，让访客从表演中吸收知识。

入口大门景观

园区标识

伴手馆二楼俯瞰探索植物园区景观

园区游憩长廊景观

远眺植物生活伴手馆景观

植物生活伴手馆室内养生产品展示

养生餐厅

濒临绝种、稀有罕见的国宝级植物——台湾原始观音座莲的宣传与保护

观光平台景观

园区中央观景栈道

中央观景栈道俯瞰园区景观

先农亭景观

13.9 台湾南投县清境小瑞士花园

清境小瑞士花园位于台湾南投县仁爱乡境内，中横台 14 甲公路，雾社北端 8km 处，是台一生态教育休闲农园相关企业之一。清境小瑞士花园位于清境农场旁（是合欢山景观道路的中心点），海拔 1800m，空气清新、视野辽阔，景色宜人，因具北欧风光之美素有“台湾小瑞士”的美誉，置身此地常会让人流连忘返，故而取名为“清境小瑞士花园”。

清境小瑞士花园年平均温度为 15~23℃，可谓全台最佳避暑胜地，主题花园随春夏秋冬更换，园区遍植世界各国奇花、异草与自然休闲景观，在广场品尝薰衣草花茶套餐，让人仿佛成为置身于欧洲花园啜饮花茶的王室贵族。园区主要景观景点有挪威森林广场、精致餐饮中心、纪念品贩卖部、阿尔卑斯双塔、欧式喷泉花园、主题花园、幽谷溪瀑、如茵桥、摸鱼区、天鹅湖、星空野营区、野营服务站、亲水健康步道、清境观景台、落羽松步道、香花植物区、赏枫区等等。另外，花园设有大型停车场、露营烤肉区、精致餐饮中心、露天咖啡广场、印第安花屋等，景观优美，是一座真正的世外桃源。

一折青山一扇屏，一湾碧水一条琴的意境使清境小瑞士之美名不胫而走，吸引着众多的旅游观光者。

园区导览图

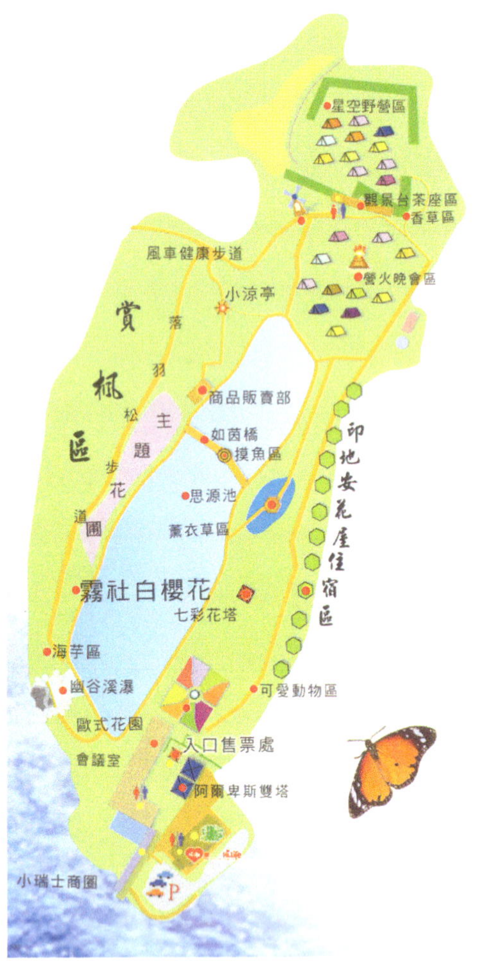

园区导览平面图

园区入口景观，右侧为台湾海拔最高的便利商店

台湾海拔最高的便利商店室内

挪威森林广场景观

“丘比特之箭”盆花组合景观

穿过原始林区挪威森林广场后的主题花园出入口景观

不同视角看过去的欧式喷泉花园花境景观

阿尔卑斯双塔与精致餐饮中心景观

富有情趣的小房子与以瓢虫为题材的雕塑景观

园区内废弃的木材和汽车部件组合而成的景观

“孔雀开屏”植物造景景观

印第安花屋

闲庭散步的家禽，使园区更添生动活泼的乡土气息

简洁而明快的花架景观

粗犷而不失美观的道旁绿化

主题花圃景观

与周围环境相协调的凉亭与风车

从如茵桥观看秀丽的园区景观

13.10　台湾南投县丰年菇类农场设计

丰年灵芝菇类生态农场坐落于埔里的农场，占地3hm²，主要制造各种食用、药用菌种供应农场栽培，农场本部大量栽培灵芝、珊瑚菇、猴头菇、巴西蘑菇、日寒松、秀珍菇、补血珍菇、舞茸等珍奇菇蕈。

为配合政府推展休闲农业政策，将原有厂房设施加以规划整理，并增建游客服务中心、生态教室、室外生态区及外围设施。再加上本农场拥有各种菌母培养技术、生产技术以及最多菇蕈类的栽培场优势条件，为游客提供了一个丰富、缤纷的菇类之旅。园区规划有自行采收区，让游客可以自行到不同的菇类栽培区参观，更可以亲手将香菇采收下来，不管是带回家或是直接烤来吃都可以，深受大小朋友的喜爱。为了让游客可以体验更深刻，农场还可以预约导览解说，可以自己动手制作菇类菌种包和甲虫彩绘 DIY。

靈芝系列產

豐年食用菇類生態教室
藥用
台灣食藥用菇類

豐年有機銀耳
彩菇
豐年祭

特
產
菇蕈泡菜
大特價

后　记

在本书出版之际，我们感谢农业部农村社会事业发展中心、科学技术部农村技术开发中心、中国科学院地理科学与资源研究所、中国科学院海峡两岸科技合作中心、北京市首都规划建设委员会、中国地理学会乡村景观与休闲产业研究会、北京市园林绿化局、北京市农业局、天津市农委、延庆县旅游局、北京市观光休闲农业行业协会、中国休闲农业网、北京乡村旅游网、上海农业网、中科地景规划设计网、湖南省观光休闲农业行业协会、浙江省农业厅、台湾亚洲大学、台湾统茂休闲旅馆集团、台湾大学、台湾屏东科技大学、台湾景文技术学院、台湾辅仁大学、台湾休闲农业学会等单位的关注和支持。

感谢中国科学院地理与资源研究所郭焕成研究员、蔡建明研究员、刘家明研究员、任国柱副研究员、刘敏博士、杨存栋博士、孙艺惠博士、刘爱利博士在休闲农业、乡村旅游与城乡发展研究领域的帮助和意见。

感谢台湾复仁大学景观设计学系叶美秀教授、台湾亚洲大学郑键雄教授、林铭昌教授等，他们作为我们志同道合的朋友，在农业园区规划设计方面给予了许多有价值的帮助和启迪。

感谢北京古建园林设计研究院毛子强博士、潘子亮工程师、徐琳等在项目合作中的无私帮助和亲密合作。

感谢深圳市四季青园林花卉有限公司北京分公司谢琳工程师和北京中农富达农业公司王静总经理等为本书提供的规划项目，从而更加丰富完善了本书的内容。

感谢中国绿色科学乡村宣传展示组委会、魅力城乡网、浙江林学院张建国和孟明浩老师、北京园林绿化局新闻宣传中心韩广奇老师、北京蟹岛田园度假村、浙江湖州市安吉中南百草园、广西田阳县布洛陀芒果风情园、内蒙古哈达门高原牧场旅游区、辽宁省葫芦岛葫芦山庄、河北秦皇岛北戴河集发农业观光园等单位为本书提供了部分园区的实景照片。

纸上得来终觉浅，觉知此事要躬行，为人做事大抵也是这个道理，是为后记。

编者

2010 年 4 月 20 日初稿

2014 年 9 月 12 日修订

参考文献

[1] 宣杏云等编著．西方国家农业现代化透视 [M]. 上海：上海远东出版社，2004.
[2] 王梅，张华盛．中国农业发展模式的探讨 [J]. 生产力研究，2003(6): 28-32.
[3] 朱丽．城市包围农村 英国“下乡”成时尚 [J]. 国际先驱论坛报，2005-8-24.
[4] 杰弗瑞•戈比．你生命中的休闲 [M]. 昆明：云南人民出版社，2000.
[5] 杰弗瑞•戈比．21 世纪的休闲与休闲服务 [M]. 昆明：云南人民出版社，2000.
[6] Werner Nohl. Sustainable landscape use and aesthetic perception-preliminary reflections on future landscape aesthetics[M]. Landscape and Urban Planning，2001,544.
[7] Vink,A.P.A.. Landescape ecology and land use[M]. Longman Inc.New York,1983.
[8] Werner Nohl. Sustainable landscape use and aesthetic perception-preliminary reflections on future landscape aesthetics[M]. Landscape and Urban Planning.
[9] Lv，Mingwei. Landscape Planning Of Metropolis Tourist Orchard (Key Note speech)[C]. International Workshop on Urban Agriculture、Agro_tourism and City Region Development. Beijing, China.
[10] Foy G. Economic sustainability and the preservation of environmental assets[J]. Environmental Management, 1990,14(6).
[11] Kozlowski J, Hill G. Towards Planning for Sustainable Development: A Guide for the Ultimate Environmen- tal Threshold (UET) Method[M]. Vermont (USA): Avebery, Asggate Publishing Company, 1993.
[12] Geoffrey Godbey. Leisure In Your Life_ An Exploration 4TH Edition[M]. Venture Publishing Inc, 1994.
[13] Marcuse. Selections From Marcuse[M]. Shanghai SanLian Books,China,1995.
[14] Robert Lanquar. Le Tourism International,5e edition[M]. Presses Universitairs, de France Paris,1993.
[15] 吴人伟，杨建辉．农业园区规划思路与方法研究 [J]. 城市规划汇刊，2004(1)：53-56.
[16] 艾伦·卡尔松．张敏译．农业景观的生产性和欣赏 [C]. 第五届国际环境美学会议论文摘要，2003.
[17] 梅基宁．张敏译．农业美学——一种公众的权利 [C]. 第五届国际环境美学会议论文摘要，2003.
[18] 张敏．农业景观中生产性与审美性的统一 [J]. 湖南社会科学，2004(3)：10~12.
[19] 刘黎明主编．乡村景观规划 [M]. 北京：中国农业大学出版社，2003.
[20] B·约瑟夫·派恩，詹穆斯·吉尔摩著．夏业良，卢炜等译．体验经济 [M]. 北京：机械工业出版社，2002.
[21] 王云才著．乡村景观旅游规划设计的理论与实践 [M]. 北京：科学出版社，2004.
[22] 郭焕成，吕明伟．我国休闲农业发展现状与对策 [M]. 经济地理，2008(4).
[23] 郭焕成，吕明伟，任国柱．休闲农业园区规划设计 [M]. 北京：中国建筑工业出版社，2007.
[24] 吴忆明，吕明伟编著．观光采摘园景观规划设计 [M]. 北京：中国建筑工业出版社，2005.
[25] 吕明伟．北京市观光采摘园规划理论探讨 [J]. 开发研究．2004(5)(综合版).
[26] 吕明伟，胡晓雷．传统园林艺术中文人园的隐逸精神 [J]. 中国园林，2003(12).
[27] 吕明伟等．观光休闲农业园区景观规划设计的理论与实践 [M]. 郑健雄．郭焕成主编．休闲农业与乡村旅游发展．北京：中国矿业大学出版社，2005.
[28] 吕明伟等．乡村游憩地景观规划设计．郑健雄．郭焕成主编．休闲农业与乡村旅游发展 [M]. 北京：中国矿业大学出版社，2005.
[29] 吕明伟．园林艺术中的植物景观配置 [J]. 山东绿化，2000(2): 31-32.
[30] 吕明伟等．生产、生态、生活——三生一体的台湾休闲农业园区建设 [J]. 中国园林，2008(8).
[31] 吕明伟，郭焕成．台湾农业旅游与休闲产业发展 [J]. 海峡科技与产业．2000(6).
[32] 吴必虎．区域旅游规划原理 [M]. 北京：中国旅游出版社，2001.
[33] 浙江省农业厅组编．浙江观光休闲农业一百例 [M]. 北京：中国农业科学技术出版社，2006.
[34] 吴必虎. 大城市环城游憩带 (ReBAM) 研究—— 以上海市为例 [J]. 地理科学，2001，21(4): 354-358.
[35] 钟国庆．北京市休闲果业发展研究 [D]. 北京林业大学硕士论文，2005.
[36] 北京市农村工作委员会 [J]. 北京观光休闲农业产业发展现状调查，2005(7).
[37] 孙艺惠，杨存东等．我国观光农业发展现状及发展趋势 [J]. 经济地理，2007(9): 835.
[38] 仪平策．从现代人类学范式看生态美学研究 [J]. 学术月刊，2003(2).